Korean Society Seen Through

SPORTS MOVIES

스포츠 영화로 보는
한국 사회

스포츠 영화로 보는 한국 사회

초판인쇄	2024년 10월 25일
초판발행	2024년 10월 30일
지은이	임정식
발행인	조현수, 조용재
펴낸곳	도서출판 더로드
기획	조용재
마케팅	최관호 최문섭
편집	이승득
디자인	오종국 (Design CREO)
주소	경기도 파주시 광인사길 68 , 201- 4호
물류센터	경기도 파주시 산남동 693-1 1동
전화	031-925-5364, 031-942-5366
팩스	031-942-5368
이메일	provence70@naver.com
등록번호	제2015-000135호
등록	2015년 06월 18일

정가 18,800원
ISBN 979-11-6338-469-4 03690
파본은 구입처나 본사에서 교환해드립니다.

Korean Society Seen Through

SPORTS
MOVIES

스포츠 영화로 보는
한국 사회

임정식 지음

도서
출판 **더 로드**
The Road Books

스포츠 영화를 통해서 한국 사회의
특징과 변화를 살펴보자

　　　　　스포츠는 현대 사회에서 가장 영향력 있는 대중
문화이다. 올림픽, 월드컵, 프로야구, 축구 한일전과 같은 대형 이벤
트가 열리면 온 나라가 스포츠 열기에 휩싸인다. 유명 스포츠 스타
가 셀리브리티 대접을 받는 것도 자연스럽다. 영화는 또 어떤가? 총
인구가 5,000만 명을 조금 넘는 나라에서 1년에 천만 영화가 3~4
편씩 나온다. 대중은 봉준호, 박찬욱과 같은 영화감독들이 해외 영
화제에서 수상하면 함께 기뻐하고, 그들의 영화를 감상하면서 자부
심을 느낀다. 이처럼 스포츠와 영화는 대중과 함께 호흡하고, 그들
에게 기쁨과 위안을 주는 현대 대중문화의 핵심 분야이다.

　그러한 점에서 스포츠 영화가 대중문화 안에서 차지하는 위상과
역할은 특별하다. 스포츠 영화는 스포츠와 영화가 결합한 대중문화
로서 주로 스포츠와 관련한 인물들의 행적을 그린다. 서사 측면에서

경기 장면이 중요한 비중을 차지하는 것도 특징이다. 스포츠 영화는 영화계 안에서는 비주류 장르이지만 제작 당시의 사회 현상과 이데 올로기, 대중들의 무의식과 가치관을 다른 어떤 영화 장르보다 구체적이고 사실적으로 반영한다. 스포츠와 영화가 정치, 경제, 젠더, 교육과 같은 여러 사회 현상과 불가분의 관계에 있기 때문이다. 따라서 스포츠 영화는 한국 사회를 읽어내는 중요한 창이 될 수 있다.

실제로 스포츠와 영화는 대중들의 정서와 시대 의식을 구체적으로 재현한다. 어떤 시기에 특정 스포츠 종목이 인기를 끌거나 특정 영화가 흥행하는 현상은 우연이 아니다. 2000년대에 접어들어 권투의 인기가 하락하면서 권투 영화의 제작이 시들해진 반면 야구영화는 꾸준히 제작되는 것이 대표적인 사례이다. 2000년대에 비인기 종목 혹은 여성이 주인공으로 등장하는 작품이 급증한 것도 스포츠 영화가 한국 사회의 변화를 민감하게 반영한다는 사실을 잘 보여준다. 1980년대에 〈이장호의 외인구단〉이 군사독재정권의 폭정에 신음하던 대중들의 꿈과 정치적 무의식을 정확하게 담아내 흥행에 성공한 것도 같은 맥락이다.

그렇다면 스포츠 영화를 통해서 한국 사회의 특징과 변화를 살펴보는 작업이 필요하다. 스포츠 영화는 스포츠와 영화를 아우르면서 한국 사회의 시대적 흐름을 가장 선명하게 보여주는 대중문화이기 때문이다. 『스포츠 영화로 보는 한국 사회』는 스포츠 영화의 이러한 특징을 종합적으로 정리한 책이다. 즉 스포츠 영화라는 프리즘을 통해 한국 사회의 특징과 시대별 변화 양상을 탐색하고, 이를 통해 향후 제작되는 스포츠 영화에 방향을 제시한다. 따라서 이 책은 스포츠 영화의 감상과 텍스트 분석을 출발점으로 삼는다. 이때 각각의 작품이 한국 사회의 어떠한 측면을 반영하고 재현하는지를 세심하게 살펴본다.

1부에서는 한국 스포츠 영화의 시대별 변화 양상을 정리한다. 우리나라 최초의 스포츠 영화인 권투 영화 〈꿈은 사라지고〉(1959)부터 2020년대 작품 〈낫아웃〉(2021)에 이르기까지 60년이 넘는 한국 스포츠 영화의 주요 작품과 발전 과정을 시대별로 살펴본다. 2부에서는 스포츠 영화의 내용을 정치, 젠더, 돈, 교육, 윤리라는 다섯 개의 키워드로 구분하고, 각 주제와 관련한 작품 분석을 통해 한국 사회의 특징을 정리한다. 이때 일제강점기부터 1970~80년대 군사독재 시대를 배경으로 한 작품들도 포함한다. 이를 통해 스포츠 영화의 인물, 주제, 사건이 한국 사회를 재현하고 반영하는 시대별 양상을 파악할 수 있다. 스포츠 윤리와 관련하여 긍정적, 부정적 사례들을 살펴본 점도 의미가 있다.

이어서 3부에서는 흥행에 성공한 세 편의 영화를 통해 스포츠 영화의 핵심적인 특징인 리더십 유형과 그 사회적인 맥락을 조명한다. 이러한 관점은 특정 영화가 흥행에 성공한 것은 그 작품이 대중들의 정서 및 이데올로기와 일치하기 때문이라는 점과 연결된다. 분석 대상 영화로는 〈이장호의 외인구단〉(1986), 〈우리 생애 최고의 순간〉(2008), 〈국가대표〉(2009)를 선정한다. 4부의 키워드는 영웅이다. 2000년대에 실화를 각색한 스포츠 영화가 증가하고, 이러한 작품들이 고대 영웅 신화의 인물과 주제를 현대적으로 변주한 양상을 탐색한다. 〈말아톤〉과 〈글러브〉의 분석을 통해서 스포츠 영화의 주제가 승리보다 인물의 내면 성장과 정신적 재탄생에 있음을 확인할 수 있다. 또 경쟁의 초월과 존중이라는 청년 세대의 새로운 가치관도 함께 파악할 수 있다.

『스포츠 영화로 보는 한국 사회』는 스포츠 영화의 인물들이 고난과 시련을 극복하고, 자신의 꿈을 이루기 위해 나아가는 모습을 조명한다. 이 책이 다룬 스포츠 영화 속 인물들의 행적은 우리에게 고난 극복과 희망의 메시지가 될 수 있다. 미천한 혈통의 주인공이 경기에서 패했는데도 불구하고 영웅으로 추앙받는 서사와 메시지도 주목할 만하다. 결과보다 과정을 중시하는 스포츠 영화의 주제는 승리 지상주의와 성공 신화에 매몰된 한국 사회에 묵직한 질문을 던진다. 즉 이 책은 스포츠 영화에 나타난 특징을 한국 사회의 여러 현상과 연결해 관객들에게 희망과 위로를 전해준다.

스포츠 혹은 영화를 정치, 사회, 이데올로기의 관점에서 설명한 국내 저서는 많지 않다. 『스포츠 영화로 보는 한국 사회』는 우리나라 스포츠 영화의 발전 과정을 정리하고, 스포츠 영화를 통해 한국 사회의 특징과 시대별 변화 양상을 살펴보고, 나아가 스포츠 영화의 인물과 메시지를 분석해 바람직한 가치관을 제시한다는 점에서 의미를 지닌다. 대중들에게 친숙한 스포츠와 영화, 두 분야를 접목한 스포츠 영화를 다루는 점은 독자와의 소통을 강화하는 데 효과를 발휘할 것이다.

이 책의 내용은 저자가 집필한 스포츠 영화 관련 평론과 학술논문에 토대를 두고 있다. 하지만, 이 책이 딱딱한 평론과 학술논문의 내용을 그대로 옮겨놓은 것은 아니다. 학술논문에서 주로 신화학자 조셉 캠벨의 영웅 신화 이론으로 작품을 분석했다면, 이 책에서는 스포츠 영화의 인물, 주제, 사건이 한국 사회와 맺는 관련성에 주목한다. 즉 대중문화의 하나인 스포츠 영화를 통해 한국 사회의 특징과 시대상을 조명하는 것이다. 20년 이상 스포츠기자, 영화평론가, 스포츠 영화 연구자로 활동한 경력은 저자가 이 책을 저술한 기반이 된다.

이 책에 등장하는 작품 관련 정보는 한국영상자료원의 한국 영화 데이터베이스(KMDB)를 토대로 삼았다. 특히 1980년대 이전 영화의 제목, 개봉 연도, 스토리 등은 KMDB의 자료를 참조했음을 밝힌다. 또 학술논문, 신문 기사, 평론 등을 다양하게 활용해 최대한 쉽게 정리하고자 했다. 나름대로 정확성을 유지하려고 노력했으나 혹시 미진한 부분이 있을지도 모른다. 여러분의 많은 조언을 부탁드린다.

2024년 10월
임정식

이 책은 방일영문화재단의
지원을 받아
저술·출판되었습니다.

"

Contents
차 례

01

제1부

한국 스포츠 영화의
발전과 변화

스포츠 영화는 1959년 처음 등장했고,
2000년대에 높이뛰기와 멀리뛰기를
동시에 하면서 비약적인 발전을 했다.
이제 우리나라 스포츠 영화의 시대별
제작 추이와 특징을 간략하게 살펴보자.

제1부
한국 스포츠 영화의 발전과 변화

　　우리나라 영화 시장은 2000년을 전후로 크게 성장했다. 작품성이 뛰어난 세계 유명 영화제 수상작과 흥행에 성공한 블록버스터가 잇달아 나왔고, 작품 숫자와 관객도 폭발적으로 증가했다. 질적, 양적 측면에서 비약적인 발전을 이룬 것이다. 그렇다면 이 시기에 대중에게 가장 사랑받은 장르는 무엇일까. 액션? 코미디? 스릴러? 여러 장르를 손꼽아보지만, 아쉽게도 스포츠 영화는 그 리스트에 포함되지 않는다. 실제로 스포츠 영화는 영화계의 주류 장르라고 말하기 힘들다. 미국이나 유럽에서도 그 사정은 비슷하다. 그런데 흥미로운 점이 있다. 인기 장르가 아니면서도 스포츠 영화는 꾸준히 만들어지고 있다. 이야기 구조와 메시지가 단순 명쾌하고, 관객의 감동을 자아내는 요소가 풍부하고, 잊을 만하면 흥행작이 등장하기 때문일 것이다.

　　지금까지 우리나라에서 제작된 스포츠 영화는 대략 70편쯤 된다. 국내 스포츠 영화의 역사가 60년이 넘는 점을 고려하면, 작품의 절대적인 숫자가 많은 편이 아니다. 여기에서 '대략'이라고 표현한 데에는 이유가 있다. 스포츠 영화는 장르 영화로서의 개념이 아직 명확하게 정립되어 있지 않다. 따라서 작품 분류 기준이 비교적 느슨하고, 연구 성과가 풍부하다고 말하기도 힘들다. 이 책에서는 스포츠 영화의 범위를 '운동선수뿐만 아니라 감독, 코치, 가족 등 스포츠와 관련된 인물의 이야기를 다룬 영화'로 폭넓게 설정한다. 학생 혹은 동호인 선수가 주인공인 작품도 당연히 스포츠 영화에 포함된다. 다만 서사 전개에서 경기 장면이 중요한 비중을 차지해야 하는 점은 기본 조건이다.

우리나라 스포츠 영화의 역사는 꽤 길다. 1959년에 개봉한 권투 영화 〈꿈은 사라지고〉가 국내 스포츠 영화의 첫 번째 작품으로 꼽힌다. 1960~70년대에는 스포츠 영화 제작이 드문드문 이루어졌고, 1980년대에는 권투 영화와 야구영화가 반짝 증가했다. 그 이후 스포츠 영화 제작이 다시 뜸해졌다가 2000년대에 접어들어 본격적으로 활성화됐다. 이 시기에는 흥행작이 눈에 띄게 증가했고, 작품 내용과 주제, 인물의 성격 등에도 큰 변화가 발생했다. 우리나라 스포츠 영화는 2000년대에 높이뛰기와 멀리뛰기를 동시에 한 셈이다. 이러한 대략적인 정보를 염두에 두고, 우리나라 스포츠 영화의 시대별 제작 추이와 특징을 간략하게 살펴보자.

스포츠 영화의 탄생과
인기 종목의 부침

1. 권투, 야구, 축구 영화의 등장: 1959~60년대

　　　　　1959년과 1960년대는 우리나라 스포츠 영화가 싹트기 시작한 시기이다. 이 무렵의 스포츠 영화는 대중에게 인기가 높은 종목을 주로 다루었는데, 그중에서도 권투 영화가 가장 많았다. 〈꿈은 사라지고〉를 시작으로 〈피 묻은 대결〉(1960), 〈내 주먹을 사라〉(1965), 〈나는 왕이다〉(1966) 등의 권투 영화가 앞서거니 뒤서거니 개봉했다. 국내 최초의 야구영화 〈사나이의 눈물〉(1963)과 축구 영화 〈맨발의 영광〉(1968)도 이 시기에 등장했다. 이 작품들은 초기 작임에도 불구하고 스포츠 영화의 인물과 서사, 주제와 같은 장르적 특징을 전반적으로 제시하고 있다. 흥행 성적도 그다지 나쁘지 않은 편이었다.

스포츠 영화가 1960년대에 본격적으로 등장한 배경은 시대 상황과 관련이 있다. 우선 1960년대는 한국 영화의 첫 번째 황금기였다. 이 시기의 한국 영화 시장 현황은 숫자로 확인할 수 있는데, 그 규모는 현재 시점에서 살펴봐도 놀라운 수준이다. 6·25 전쟁의 상처가 채 아물기 전인 1959년에 무려 109편의 한국 영화가 만들어졌다. 이어서 1963년 144편, 1967년 172편, 1968년 212편으로 증가했다. 관객 수도 매년 빠르게 늘어났다. 1964년에 1억 459만 명이었던 관객 수가 1968년에는 1억 8,298만 명에 이르렀다(이영일, 2004). 그런데 1960년대에 나온 극영화는 총 1,360여 편이다. 1968년과 1969년에는 잇달아 200편을 돌파했다. 1960년대 전체를 평균으로 따져보면 1년에 156편이나 제작한 꼴이다. 1960년 한국 인구가 2,499만 명이었던 것을 고려하면 당시 영화 제작 편수나 관객수가 얼마나 대단했는지 알 수 있다. 국민 1명이 1년에 평균 6편 이상의 영화를 관람한 셈이다. 참고로 관객 수 2억 2,668만 명을 기록한 2019년 국민 1인당 영화 관람 횟수는 4.37회였다.

1960년대에는 한국영화사를 수놓은 유명 감독과 배우들도 왕성하게 활동했다. 김기덕, 김기영, 김수용, 신상옥, 유현목, 이만희, 정진우, 정창화, 한형모 등 한국 영화계를 대표하는 감독들이 자신만의 예술관과 영화 스타일로 다양한 장르의 작품을 발표했다. 거장 임권택 감독은 1962년 〈두만강아 잘 있거라〉로 데뷔했다. 1960년대에는 또 미남 청춘스타 신성일을 포함해 김지미, 엄앵란, 최은

권투, 야구, 축구영화의 본격 등장.

희 그리고 1세대 트로이카 여배우인 남정임, 문희, 윤정희가 대중의
엄청난 사랑을 받으며 전성기를 구가했다. 그래서 이 시기에는 감독
한 명이 1년에 5~6편씩 연출하고, 스타 배우가 두세 편의 영화를 동
시에 촬영하는 일도 흔했다.

　1960년대에 한국 영화 제작 편수가 급증한 데에는 정치적, 제도
적인 요인도 작용했다. 박정희 정권은 1962년 영화법을 개정하고
영화사 등록제를 시행했다. 한국 영화 보호와 육성이라는 명분을 내
세웠지만, 사실은 정부가 영화계를 손쉽게 장악하고 관리하려는 의
도였다. 박정희 정권은 제작사가 1년에 15편 이상 제작하지 못하면
등록을 취소했다. 이로 인해 소수의 대형 제작사만 살아남았고, 정
부는 그들만 통제하면 됐다. 박정희 정권은 또 국내 영화 3편을 제
작해야 외국영화 1편의 수입 판권을 주었다. 제작사들은 이 조건을

최대한 활용했다. 돈이 되는 외국영화 수입 판권을 얻기 위해서 국내 영화 제작에 몰두했다. 스포츠 영화는 이러한 시대 상황 속에서 어렵게 존재감을 키워나갔다.

스포츠 영화의 탄생 초기에는 권투 영화가 주류를 형성했다. 우리나라 최초의 스포츠 영화이자 권투 영화인 〈꿈은 사라지고〉는 김석야가 대본을 쓴 같은 제목의 인기 라디오드라마를 각색한 작품이다. 한국영상자료원에 의하면, 〈꿈은 사라지고〉는 1959년 2월 20일 개봉해 10만 명의 관객 수를 기록했다. 〈꿈은 사라지고〉의 필름은 남아 있지 않으며, 현재는 시나리오와 주제가만 확인할 수 있다. 배우 최무룡이 남자주인공 인철, 문정숙이 여자주인공 혜련으로 출연했다. 이 영화를 연출한 노필 감독은 1949년 비행사 안창남의 전기 영화 〈안창남 비행사〉로 데뷔했으며, 1966년 최무룡과 태현실이 출연한 〈밤하늘의 블루스〉를 마지막 작품으로 남기고 38세에 요절했다.

김묵 감독의 〈피 묻은 대결〉도 권투 영화이다. 이 작품에는 권투선수 출신 배우 박노식이 남자주인공 준식, 엄앵란이 여자주인공 영숙으로 출연했다. 영화의 줄거리는 다음과 같다. '준식은 형이 권투 시합에서 목숨을 잃자, 형의 라이벌 상철에게 원수를 갚기 위해 권투선수가 된다. 이어 권투선수였던 애인(영숙)의 아버지 임 코치의 지도를 받아 동양 선수권 타이틀에 도전한다. 준식은 상철과의 대결에서 승리해 챔피언이 된다. 임 코치는 영숙의 장래를 준식에게 부탁한다.'라는 내용이다. 신성일, 엄앵란이 주인공으로 출연한 〈가슴에 꿈은 가득히〉(1963)도 권투 영화이다. '사생아로 태어나 성격이 다소 비뚤어진 영호는 집에서 쫓겨나 공장에서 일한다. 영호는 우연한 기회에 여대생 영희를 만나고, 그녀의 설득으로 권투를 시작해 피나는 노력 끝에 권투계 왕좌에 오른다. 영호는 이미 여승이 된 생모까지 만난다.'라는 내용이다.

1960년대 스포츠 영화 중에서 가장 널리 알려진 작품인 〈내 주먹을 사라〉도 권투를 소재로 한 작품이다. 한국영상자료원에 의하면, 이 영화는 1965년 8월 7일 개봉해 관객 수 5만 명을 기록했다. 〈5인의 해병〉(1961)과 〈맨발의 청춘〉(1964)으로 널리 알려진 김기덕 감독이 연출했다. 특히 〈내 주먹을 사라〉에는 '동양의 철권'으로 불리던 권투 선수 김기수가 주인공 윤정호로 출연해 주목을 받았다. 김기수 선수는 1950년대 말부터 우리나라를 대표하는 최고 인기 복서였다. 그는 1958년 도쿄에서 열린 제3회 아시안게임 웰터급에서 금메달을 획득했고, 1965년 1월에는 일본 선수를 물리치고 동양 태평양 미들급 챔피언에 올랐다. 이러한 김기수 선수의 영화 출연은 대단한 화제를 모았다. 〈조선일보〉는 1965년 8월 1일 자 신문에서 관련 기사를 세 꼭지나 작성해 영화의 스토리, 촬영 뒷얘기 등을 자세하게 보도했다.

〈내 주먹을 사라〉의 줄거리는 다음과 같다. '미들급 챔피언 윤정호는 시합에서 상대방 선수의 급소를 타격하여 숨지게 한다. 윤정호는 이에 충격을 받아 은퇴하고, 그 후 상대방 선수의 어린 두 동생인 남상희-상기 남매를 돕는다. 그러나 윤정호는 최 코치의 간곡한 유언과 그가 돌보던 남상희-상기 남매의 안타까운 호소 때문에 다시 복싱계로 돌아간다. 링에 복귀한 그는 타이틀전에서 KO승을 거두고 동양 챔피언에 오른다.'라는 내용이다. 김기수 선수 외에 액션 배우 박노식이 최 코치, 김지미가 여주인공 남상희로 출연했다. 〈내 주먹을 사라〉는 촬영하면서 권투계의 전폭적인 지원을 받았다. 현역으로 활동하던 권투선수 20명과 국내 유일의 국제심판이 출연해 경기 장면의 리얼리티를 높여주었다.

〈내 주먹을 사라〉는 윤정호가 상대 선수를 죽음에 이르게 하는 장면으로 시작한다. 이 돌발 사건은 영화 서사의 출발점이 된다. 윤정호는 이 사건으로 링을 떠나 자동차 서비스공장에서 일한다. 졸지에 가장을 잃은 남상희-상기 남매는 각각 바걸과 구두닦이를 하며 어렵게 생활한다. 영화의 메인 플롯은 윤정호와 두 남매의 관계를 중심으로 구성된다. 이어 윤정호를 링에 복귀시키려는 최 코치와 윤 사장의 에피소드가 서브플롯으로 전개된다. 여기에 최 코치의 애절한 유언, 윤정호가 경기를 돈으로 거래하는 장면, 윤정호와 두 남매가 원한 관계에서 유사 가족으로 변하는 과정, 윤 사장의 음모 등이 빠르게 전개된다.

〈내 주먹을 사라〉에서 가장 인상적인 장면은 역시 결말의 타이틀전이다. 윤정호는 교통사고로 입원한 상기의 수술비를 마련하기 위해 링에 복귀한다. 그리고 이 경기에서 KO승을 거둔다. 김기덕 감독은 이 경기 장면을 자세하게 그리고 사실적으로 연출한다. 실제로 두 선수가 치열하게 주먹을 주고받는 액션 장면은 지금 봐도 꽤 생생하다. 김기수 선수는 물론 상대역도 현역 권투선수였기 때문에 진짜 경기와 같은 역동적인 장면을 만들어낼 수 있었다. 또 김기덕 감독은 하나의 쇼트를 길게 찍는 롱테이크 기법을 활용해 관객의 몰입도를 최대한 끌어올렸다. 그래서 휴머니즘적인 주제와 생생한 경기 장면이 어우러진 〈내 주먹을 사라〉는 1960년대를 대표하는 스포츠 영화가 되었다.

임권택 감독은 1966년 신성일을 캐스팅한 권투 영화 〈나는 왕이다〉를 연출했다. 신성일은 심판의 결정에 불복했다가 제명당한 아마추어 권투선수 영철 역할을 맡았다. 〈나는 왕이다〉의 주요 인물은 영철과 고급 술집의 마담, 영철의 재능을 알아보고 그를 권투 선수로 이끄는 맹두호 코치이다. 이어서 영철과 마담의 관계, 마담을 둘러싼 영철과 코치의 갈등, 코치의 음모, 아내로부터 외면받는 영철의 시련과 좌절, 영철의 챔피언 등극, TV로 영철의 경기를 보면서 죽음을 맞이하는 코치, 영철의 뒤늦은 화해 등이 펼쳐진다. 〈나는 왕이다〉는 권투선수가 주인공이지만 경기 자체보다 다른 인물과의 갈등이 중심을 이룬 작품으로 평가받는다.

한편, 김기덕 감독의 야구영화 〈사나이의 눈물〉은 5만 명의 관객을 기록했다. '야구 감독인 민영은 야구 하나밖에 모르는 탓에 가족들로부터 신임을 받지 못한다. 항상 패배하기만 하는 야구팀의 감독이었던 그는 팀 창설 이래 처음으로 승리를 거두고 기쁜 소식을 전하러 집으로 달려간다. 그러나 시름시름 앓고 있던 아내는 이미 세상을 떠난 후였다.'라는 내용이다. 김승호가 주인공 민영 역할을 맡았고 신성일, 엄앵란, 주증녀, 박노식이 출연했다. 〈사나이의 눈물〉은 야구 감독이 주인공이면서 멜로, 로맨스 장르의 성격이 강한 작품이다.

김수용 감독이 연출한 〈맨발의 영광〉은 서울시립 아동보호소 축구팀의 실화를 각색한 영화이다. '서울시립 아동보호소 축구팀은 헝겊으로 공을 만들어 연습한 후 전국 아동 축구대회에 출전해 패한다. 하지만 현역 축구 코치가 선수들의 강인한 투지를 높이 평가해 조력자로 등장한다. 서울시립 아동보호소 축구팀은 그 코치의 지도를 받아 맹훈련하고, 전국 아동 축구대회에서 승자가 된다.'라는 내용이다. 즉 〈맨발의 영광〉은 고아 축구 선수들이 감격의 승리를 하기까지 겪은 시련과 피눈물 나는 모험담을 다룬다. 신영균, 윤정희, 김동원 외에 〈저 하늘에도 슬픔이〉에서 주인공 윤복 역할을 맡아 빼어난 감정 연기를 선보인 김천만이 출연했다.

2. 고교야구 열풍과 야구영화 붐: 1970년대

1960년대가 프로권투와 프로레슬링의 시대였다면 1970년대는 고교야구의 전성기였다. 프로권투와 프로레슬링의 인기가 없었다기보다 고교야구의 인기가 더 뜨거웠다는 표현이 적절하다. 한국 야구는 1960년대 중반 이후 크게 성장했다. 박정희 정권의 체육진흥 정책으로 전국 거점 도시에 야구장이 지어졌고, 1963년에는 서울에서 열린 아시아 야구선수권대회에서 한국대표팀이 사상 처음으로 일본을 꺾고 우승했다. 그러면서 야구에 대한 대중들의 관심이 높아졌고, 은행의 실업 야구팀 창단이 급격히 늘어났다. 1960년대에도 은행은 최고 직장의 하나였다. 그런데 실업팀 창단으로 야구선수의 은행 취업이 가능해지면서 고등학교 야구팀 숫자가 급증했다. 실업계 고교 중에서도 상업고등학교 야구부가 유난히 많았던 배경이다.

1970년대 초반의 고교야구 최강팀은 경북고였다. 경북고는 1971년 주요 4개 대회를 포함해 무려 6개 대회에서 우승했다. 하지만 고교야구 인기에 불을 지핀 팀은 군산상고였다. 군산상고가 1972년 황금사자기대회에서 우승하면서 부산, 인천, 서울, 대구가 차지했던 패권 지형에 변화가 발생했다. 군산상고의 결승전 상대는 부산고였다. 부산고는 대회 8강전에서 경북고를 완봉으로 꺾은 강팀이었다. 그런데 군산상고는 1대4로 뒤지던 9회 말에 4점을 얻어 5대4로 승리했다. 호남지역 학교가 전후 최초로 전국대회에서 우승한 순간이었다. 1968년 창단된 군산상고는 당시 강팀이 아니었다. 1971년 전국체전에서 우승한 것이 전부였고, 이른바 4대 대회(청룡기, 대통령배, 황금사자기, 봉황기) 결승에는 진출한 적이 없었다. 그런데

고교야구 열기를 이어받은 야구영화들.

군산상고는 이날 한국야구 역사상 최고의 역전 드라마를 썼고, 그때부터 '역전의 명수'로 불렸다.

군산상고의 역전 우승은 엄청난 화제를 모았다. 국립영화 제작소는 군산상고와 부산고의 결승전을 〈승리의 기록〉(1976)이라는 문화영화로 제작했다. 지역 사회의 반응도 뜨거웠다. 군산상고 선수들은 우승한 이틀 뒤 전북도지사가 주관하는 환영식에 참석했고, 군대에서 제공한 지프를 타고 이리(익산) 공설운동장까지 왕복 카퍼레이드를 했고, 시민대회에도 참석했다. 이날 환영 행사에 참여한 시민이 군산 시민만 7만 명이었다고 한다. 당시 군산시 인구가 12만 명이었으니, 시민들의 흥분과 열기가 어떠했을지 충분히 짐작할 수 있다. 그 이후 고교야구 열기는 충청권으로 번졌다. 공주고가 1977년

대통령 배 대회에서 충청권 최초로 우승하고, 천안북일고도 1980년 봉황기 대회 정상에 오르면서 고교야구 인기는 들불처럼 번졌다. 이를 계기로 영남, 호남, 충청을 포함한 지역대결 구도가 형성됐고, 고교야구는 국민스포츠로 자리 잡았다(김은식, 2022).

고교야구의 뜨거운 인기는 스크린으로 이어졌다. 경북고 야구부 이야기를 다룬 김기덕 감독의 〈영광의 9회 말〉(1977)과 군산상고 야구부원들이 주인공인 정인엽 감독의 〈고교 결전 자! 지금부터야〉(1977)가 같은 해에 개봉했다. 김기덕 감독은 원래 군산상고의 역전 우승 이야기를 영화로 제작할 계획이었고, 최관수 군산상고 감독과 구두 합의까지 했다. 하지만 연방 영화사가 군산상고 교장에게 야구부 지원을 약속하며 영화 제작에 뛰어들면서 김기덕 감독의 연출은 무산됐다. 그러자 서영무 경북고 감독이 '내가 도와주겠다'라고 나섰고, 김기덕 감독은 경북고 선수들의 도움을 받아 〈영광의 9회 말〉을 만들었다(공영민, 2016). 두 영화의 개봉 시기도 미묘했다. 〈영광의 9회 말〉이 6월 4일, 〈고교 결전 자! 지금부터야〉가 7월 16일 개봉했다. 하지만 두 편 모두 흥행에는 실패했다. 〈영광의 9회 말〉은 1만 2,628명, 〈고교 결전 자! 지금부터야〉는 1만 9,942명에 그쳤다. 특정 종목의 인기가 영화 흥행의 보증수표는 아니었다.

〈영광의 9회 말〉은 최동수 감독과 경일고 야구부 선수들이 열악한 환경을 극복하고 성장하는 구성을 취하고 있다. 이 영화에서 경일고는 전국대회 결승전에 진출해 0대3으로 뒤진 상태에서 9회 말을 맞이한다. 하지만 경일고는 군산상고처럼 역전승을 거두지 못한다. 스포츠 영화에서 주인공이 승리하지 못하는 결말은 당시에는 꽤 파격적이었다. 이 영화가 승리를 통한 성취보다 패배 후 다음 시합을 준비하는 마음가짐에 초점을 둔 점도 주목할 만하다. 실제로 최동수 감독은 선수들에게 "졌을 때는 깨끗하게 승복하고 다음에 지지 않기 위해 더 많은 훈련을 쌓아야 하는 게 가장 중요하다."라고 여러 차례 강조한다. 그가 야구는 협동, 희생, 인내를 바탕으로 하는 스포츠라는 점을 반복하는 것도 같은 맥락이다.

〈영광의 9회 말〉의 최동수 감독은 국가대표팀의 에이스 출신 투수이다. 그는 소속팀에서 어깨 부상을 숨긴 채 무리하게 공을 던지다가 선수 생활을 마감한다. 그리고 감독의 권유와 애인의 설득으로 지방의 신생 야구부인 경일고 감독으로 부임한다. 최동수 감독은 패배주의에 물든 학생들을 채찍질하면서 강도 높은 훈련을 시킨다. 그와 동시에 선수들에게 땅콩, 곰과 같은 별명을 붙여주며 친근하게 다가선다. 선수들과 함께 직접 러닝을 하고, 여자 친구 문제로 다른 학교 학생들과 싸운 후 결석한 주장을 찾아가 '사나이 대 사나이'로서 주먹 대결을 해 설득하기도 한다. 최동수 감독은 모든 훈련에 솔선수범하고 헌신적으로 행동한다. 비가 내린 다음 날, 운동장에 고인 물을 입으로 빨아 말리는 행동이 대표적이다.

〈영광의 9회 말〉은 김기덕 감독의 야구 사랑이 맺은 결실이다. 그는 경기중학교에 재학하던 때부터 야구에 관심이 많았고, BFC

라는 사회인야구 모임의 포수이자 회장으로 활동한 야구광이었다. 제1회 전국 사회인 야구대회를 주관했고, 야구협회 본상을 놓친 선수 중에서 팀 공헌도가 높은 선수를 선정해 상을 주기도 했다. 김기덕 감독은 권투와 야구를 좋아한 스포츠 마니아였는데, 특히 야구는 방송에서 해설할 정도의 수준이라고 자부했다고 한다. 실제로 그는 1960~70년대에 굵직한 스포츠 영화를 세 편이나 연출했다. 〈내 주먹을 사라〉, 〈사나이의 눈물〉, 〈영광의 9회 말〉이다. 그는 23만 명의 관객을 기록하며 신드롬을 일으켰던 신성일·엄앵란 주연의 청춘 영화 〈맨발의 청춘〉에 프로레슬링 장면을 슬쩍 끼워 넣기도 했다.

〈고교 결전 자! 지금부터야〉는 정인엽 감독이 연출했다. 군산상고 운동장에서, 군산상고 야구부원들을 엑스트라로 활용해 촬영했다. 배우 하명중이 최관수 감독, 진유영이 완태 역을 맡았다. 하명중은 이 영화로 제23회 아시아태평양영화제 남우조연상을 받았다. 영화의 스토리는 '전 국가대표 선수였던 차 감독이 K고교 야구 감독으로 부임한다, 탁월한 지도력으로 오합지졸 같은 무명 선수들을 이끌어 전국을 제패한다'라는 내용이다. 이 영화는 최관수 감독의 애환, 신체장애를 극복하고 승리투수가 되는 선수의 고난과 시련, 야구선수 아들을 지켜보는 어머니, 피눈물 나는 역경을 극복한 끝에 영광을 차지하는 선수들의 사연을 담아낸다.

3. 야구영화와 권투 영화의 엇갈린 명암: 1980~90년대

    1980년대는 야구영화와 권투 영화의 명암이 엇갈린 시기이다. 이 시기에 제작된 작품 편수는 권투 영화가 더 많다. 권투 영화로는 〈울지 않는 호랑이〉(1984), 〈신의 아들〉(1986), 〈지옥의 링〉(1987), 〈카멜레온의 시〉(1988)가 잇달아 개봉했다. 하지만, 이 시기에 제작된 권투 영화는 권투의 대중적인 인기를 이어받지 못했다. '비운의 복서' 김득구 선수의 실화를 각색한 〈울지 않는 호랑이〉의 관객 수는 2,305명에 불과했다. 인기 만화를 각색한 영화들의 흥행도 지지부진했다. 박봉성 원작의 〈신의 아들〉은 1만 1,263명, 이현세 원작의 〈지옥의 링〉은 1만 8,747명, 허영만 원작의 〈카멜레온의 시〉는 겨우 9,779명의 관객을 기록하는 데 그쳤다.

    프로권투는 1960년대부터 1980년대까지 인기 스포츠였다. 홍수환, 유제두, 염동균, 김태식, 장정구, 유명우, 박종팔 선수 등이 잇달아 세계 챔피언에 등극해 영웅 대접을 받았다. 1970년대에 프로권투 붐을 일으킨 선수는 홍수환이었다. 홍수환 선수는 1974년 남아프리카공화국에서 WBA 밴텀급 챔피언이 됐다. 이때 그가 엄마와 통화하면서 나눈 "엄마, 나 챔피언 먹었어!"와 "그래, 대한민국 만세다."라는 대화는 유행어가 됐다. 또 홍수환 선수는 1977년 슈퍼밴텀급 세계 타이틀전에서 11전 11KO승의 강타자인 파나마의 카라스키야 선수를 KO로 물리치고 한국 권투선수 최초로 '2관왕'이 됐

권투영화는 1980년대에 부침을 겪었다.

다. 이 경기에서 홍수환 선수는 2회에 네 차례나 다운당한 후 3회 1
분 4초 만에 통쾌한 역전 KO승을 거두면서 '4전 5기'의 신화를 만
들어냈다. 홍수환 선수 이후 WBA 슈퍼웰터급 유제두(1975년), WBC
슈퍼밴텀급 염동균(1976년), WBC 라이트플라이급 김성준(1978년),
WBC 슈퍼라이트급 김상현(1978년), WBC 플라이급 박찬희(1979년)
선수가 잇달아 세계 챔피언에 올랐다.

　　1980년대에도 프로권투의 열기는 식지 않았다. WBA 플라이급
김태식(1980년), WBC 슈퍼플라이급 김철호(1981년), WBA 라이트플
라이급 김환진(1981년) 선수 등이 잇달아 세계 챔피언이 됐다. 1980
년대 초중반에는 장정구와 유명우 선수가 쌍두마차였다. 두 선수는
잇달아 세계 라이트플라이급 챔피언에 올라 프로권투의 인기를 이

끌었다. 1982년 데뷔한 유명우 선수는 1985년 WBA 라이트플라이급 세계 챔피언에 오른 뒤 무려 17차례나 타이틀을 방어했다. 이는 한국 프로권투 사상 최다 방어 기록이다. 그는 36연승 기록도 보유했다. 또 우리나라는 백인철, 유명우, 문성길, 김봉준, 이열우 선수 등 5명이 동시에 세계 챔피언에 오른 시절도 있었다. 그만큼 한국은 프로권투 강국이었고, 대중들의 관심도 뜨거웠다.

1980년대 이후에도 WBA 밴텀급 박찬영, IBF 슈퍼미들급과 WBA 슈퍼미들급과 박종팔, WBC 플라이급과 WBA 플라이급 김용강, WBA 밴텀급과 WBC 슈퍼플라이급 문성길, WBC 라이트플라이급과 WBA 플라이급 이열우, WBA 미니멈급 김봉준, WBA 슈퍼미들급 백인철, WBC 미니멈급과 IBF 라이틀 플라이급 최점환, WBA 미니멈급과 WBA 라이트플라이급 최희용, WBA 페더급 박영균, WBC 밴텀급 변정일, WBA 슈퍼플라이급 이형철, WBA 슈퍼 페더급 최용수, WBC 슈퍼플라이급 조인주, WBC 라이트플라이급 최요삼, WBA 슈퍼 페더급 백종권, WBC 페더급 지인진 선수가 세계 정상에 올랐다. 하지만 장정구와 유명우 선수가 링을 떠난 뒤 프로권투는 옛날의 영광을 되찾지 못하고 있다(한보영, 2004).

1980년대에는 프로권투의 인기가 권투 영화의 인기로 이어지지 않았다. 1980년대에는 세계 최고 수준의 박진감 넘치는 경기가 자주 열렸고, 대중들은 텔레비전으로 그 경기를 보며 환호했다. 컬러TV가 꽤 보급된 시기여서 대중은 피와 땀이 뒤섞인 선수들의 생생한 경기 장면을 총천연색으로 지켜보며 환호했다. 반면 이 시기의 권투 영화는 느슨한 스토리와 허술한 경기 장면으로 인해 대중의 관심을 끌지 못했다. 텔레비전을 통해 손에 땀을 쥐게 만드는 역동적인 경기에 익숙해진 대중이 몇 대의 카메라로 엉성하게 촬영한 권투 영화에 매혹될 리 없었다. 그렇다면 권투 영화는 스토리 혹은 감동적인 메시지의 힘으로 이러한 단점을 극복해야 하는데, 1980년대의 작품들은 천편일률적인 내용과 주제로 일관했다.

1990년대에는 김성수 감독의 〈태양은 없다〉(1998)가 권투를 소재로 한 영화의 명맥을 이어갔다. 〈태양은 없다〉는 12·12 군사정변을 소재로 한 〈서울의 봄〉(2023)으로 '천만 감독'이 된 김성수 감독의 초기 작품이다. 영화의 줄거리는 다음과 같다. '도철은 경기에서 KO패를 당한 후 권투를 그만두고 흥신소에서 일한다. 그곳에서 압구정동 30억짜리 빌딩 주인이 꿈인 홍기를 만난다. 도철은 심부름센터에서 일하면서도 권투에 대한 미련을 버리지 못한다. 그는 펀치 드렁크 증세로 인해 자신도 모르게 폭력을 행사한다. 도철은 홍기의 애인 미미에게 사랑의 감정을 느끼지만, 내레이터 모델 미미는 스타의 꿈을 좇으며 도철을 멀리한다. 한편 홍기는 도철의 돈을 갖고 도망치고, 도철은 다시 권투를 시작한다. 홍기, 미미와 결별한 도철은 펀치 드렁크 증세에도 불구하고 마지막 경기를 치른다.'라는 내용이다.

〈태양은 없다〉는 권투선수가 주인공이면서도 청춘 영화의 성격이 강한 작품이다. 꿈과 현실이 자꾸 어긋나기만 하는 스물여섯 살

동갑내기의 청춘 스케치라고 할 수 있다. 도철은 펀치 드렁크 증세로 고통받고, 홍철은 건물 주인이 되기는커녕 빚 때문에 쫓기는 신세이다. 김성수 감독은 현실에 발목이 잡혀 허우적거리는 두 청춘의 좌절과 아픔을 페이소스가 넘치는 화면으로 표현했다. 특히 미남 배우 정우성과 이정재가 껄렁한 자세로 언덕배기를 거들먹거리며 오르는 모습은 한국 영화의 명장면으로 남아 있다. 홍기로 출연한 배우 이정재는 제35회 백상예술대상 영화 부문 인기상, 제20회 청룡영화상 남우주연상, 제19회 한국영화평론가협회상 남자연기상을 받았다. 〈태양은 없다〉는 작품성에 대한 호평에도 불구하고 32만 명의 관객을 기록하는 데 그쳤다.

1980~90년대에 권투 영화가 내리막길을 걸은 것과 달리 야구영화는 최고의 흥행작 〈이장호의 외인구단〉(1986)으로 기세를 올렸다. 더구나 〈이장호의 외인구단〉의 흥행 기록이나 화제성은 1980~90년대에 한정되지 않는다. 즉 〈이장호의 외인구단〉은 우리나라 스포츠 영화의 대표작이라고 할 수 있다. 이 영화는 1982년 출범한 프로야구, 1983년 출간된 이현세의 원작 만화 〈공포의 외인구단〉의 인기를 고스란히 이어받았다. 인기 권투 만화를 각색한 권투 영화 세 편이 잇달아 흥행에 실패한 것과 차이가 난다. 〈이장호의 외인구단〉에 관해 영화계는 대체로 '원작을 영상으로 재현하는 데 그쳤다.'라는 부정적인 평가를 했다. 하지만 〈이장호의 외인구단〉은 28만 7,712명의 관객을 동원하며 관객의 마음을 확실하게 사로잡았다.

2000년대 스포츠 영화의
부활과 특징

1. 영화 시장의 팽창과 스포츠 영화의 발전

스포츠 영화는 2000년대에 접어들어 크게 도약했다. 스포츠 영화 제작 편수가 급증했고, 작품의 질도 크게 향상됐다. 2000년대에 스포츠 영화가 성장한 배경은 세 가지 관점에서 살펴볼 수 있다. 먼저 영화 시장 규모가 급속도로 팽창하면서 하위 장르의 필요성이 커졌고, 촬영 기술의 발달로 경기 장면을 역동적으로 연출할 수 있게 된 점을 꼽을 수 있다. 또 스타 선수가 잇달아 출현해 스포츠의 인기가 가파르게 치솟은 점도 스포츠 영화의 활성화에 긍정적인 영향을 미쳤다. 즉 2000년대에는 스포츠 영화를 둘러싼 내적, 외적 환경이 절묘하게 맞아떨어지면서 스포츠 영화 대표작들이 잇달아 제작됐다. 이 시기의 대표적인 스포츠 영화로는 〈말아톤〉(2005), 〈우리 생애 최고의 순간〉(2008), 〈국가대표〉(2009)가 있다.

2000년대는 한국 영화의 르네상스였다. 이 시기의 영화 발전에 불을 댕긴 작품은 강제규 감독의 〈쉬리〉(1999)였다. 〈쉬리〉는 개봉 21일 만에 서울 관객 100만 명을 넘어섰다(103만 5,741명). 임권택 감독의 〈서편제〉(1993)가 가지고 있던 한국 영화 최고 흥행 기록을 단숨에 새로 썼다. 〈쉬리〉는 그 기세를 몰아 695만 명의 관객을 동원하면서 '쉬리 신드롬'까지 불러일으켰다. 이어서 2000년 9월 개봉한 박찬욱 감독의 〈공동경비구역 JSA〉는 최단기간에 200만 명을 돌파했고, 최종적으로 579만 명의 관객 수를 기록했다. 하지만, 이 기록은 1년도 지나지 않아 또 깨졌다. 2001년 3월 31일 개봉한 곽경택 감독의 〈친구〉가 820만 명이라는 최고 흥행 기록을 세웠다. 이처럼 매년 블록버스터급 흥행작이 나오면서 한국 영화계는 1960년대에 이어 두 번째 황금기를 맞이했다.

2000년대 초반 한국 영화 산업 및 영화 시장의 발전은 숫자를 통해서도 확인할 수 있다. 영화진흥위원회 자료에 의하면, 한국 영화 제작 편수는 1990년대만 해도 한 해에 50편 남짓이었다. 1996년 65편, 1997년 59편, 1998년 46편, 1999년 49편이었다. 2000년대 초반에는 한국 영화 개봉 편수가 완만하게 늘어났다. 2000년부터 2005년까지 60~80편을 유지했다. 그러다가 2006년에 드디어 100편을 넘어 108편을 기록했다. 그리고 나서 2014년 217편, 2016년 302편, 2018년 455편, 2019년 501편, 2020년 614편으로 폭발적인 증가세를 보였다. 영화 제작과 개봉 편수, 스크린 수가 늘어나면서 자연스럽게 관객 수도 늘어났다. 한국 영화와 외국영화를 합친 관객 수는 2002년 처음 1억 명을 돌파했다(1억 513명). 그리고 2013년 2억 1,335명을 기록한 뒤 코로나19가 창궐하기 전인 2019년까지 꾸준히 2억 명 대를 유지했다.

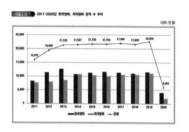 

〈한국영화진흥위원회 한국 영화 연감 자료〉

영화 시장의 팽창은 스포츠 영화의 제작에도 영향을 미쳤다. 실제로 2000년대에 제작된 스포츠 영화만 거의 40편에 이른다. 〈꿈은 사라지고〉(1959) 이후 1990년대까지 40년 동안 제작된 스포츠 영화가 30여 편인 점을 고려하면, 2000년대에 스포츠 영화의 제작이 얼마나 활발했는지 알 수 있다. 스포츠 영화는 여전히 영화계의 주류 장르가 아니지만, 작품 편수가 급증한 점은 긍정적이다. 이러한 현상은 장르의 다양화와 관련이 있다. 영화 시장이 빠른 속도로 확대되면서 주류 장르만으로는 시장의 수요를 감당할 수 없게 되었고, 관객의 요구에 따라 다양한 장르의 영화를 제작할 필요성이 커졌다.

이로 인해 다양한 하위 장르가 활발하게 만들어졌는데, 스포츠 영화도 그러한 흐름의 영향을 받았다.

2000년대 스포츠 영화는 작품 숫자만 증가한 것이 아니다. 흥행에 성공하거나 작품성을 인정받은 작품도 여러 편 나왔다. 흥행의 측면에서 보면 정윤철 감독의 〈말아톤〉은 514만 명, 임순례 감독의 〈우리 생애 최고의 순간〉은 404만 명, 김용화 감독의 〈국가대표〉는 848만 명의 관객 수를 기록했다. 한국영상자료원이 2012년 10월 '한국 스포츠 영화 열전'이라는 기획전을 진행한 것도 주목할 만하다. 이 기획전은 스포츠 영화의 작품 숫자가 충분히 축적돼 있다는 점을 반영하기 때문이다. 한국영상자료원은 이 기획전에서 〈내 주먹을 사라〉부터 〈맨발의 꿈〉까지 17편의 스포츠 영화를 상영했다.

스포츠 영화는 이 시기에 작품의 완성도 측면에서도 의미 있는 성과를 거두었다. 국내 주요 영화제에서 작품상, 감독상 등을 수상한 작품이 잇달아 등장했다. 〈말아톤〉은 제25회 한국영화평론가협회상 10대 영화상에 선정됐고, 정윤철 감독은 이 작품으로 제26회 청룡영화상과 제42회 대종상에서 신인 감독상을 받았다. 〈우리 생애 최고의 순간〉은 제29회 청룡영화상 최우수 작품상, 제44회 백상예술대상 영화 작품상을 받았다. 또 김용화 감독은 〈국가대표〉로 제30회 청룡영화상과 제46회 대종상영화제 감독상의 주인공이 됐다. 〈말아톤〉과 〈우리 생애 최고의 순간〉, 〈국가대표〉는 비인기 종목을 소재로 삼아 2000년대 스포츠 영화의 새로운 흐름을 주도했다는 점에서도 의미가 있는 작품들이다.

촬영 기술의 발달도 2000년대 스포츠 영화의 활성화에 긍정적으로 작용했다. 예를 들어 〈국가대표〉는 캠캣(CamCat)을 사용해 TV의 스포츠 중계처럼 시속 100km 속도로 움직이며 스키점프 선수들의 동작을 생생하게 촬영했고, 〈미스터 고〉(2013)는 고릴라의 털이 바람에 나부끼는 모습까지 세밀하게 포착한 3D 영상으로 스포츠의 역동성을 전달했다. 〈국가대표〉와 〈미스터 고〉를 연출한 김용화 감독은 두 작품의 기술력을 바탕으로 VFX(Visual Effect) 기업 덱스터 스튜디오를 창립했고, 할리우드에 뒤지지 않는 VFX의 새로운 영토를 개척했다. 김용화 감독이 '천만 영화'인 〈신과 함께-죄와 벌〉, 〈신과 함께-인과 연〉에서 선보인 최고 수준의 VFX 기술력은 스포츠 영화에서 출발한 셈이다.

2000년대에는 스포츠 영화의 내적인 측면에도 주목할 만한 점이 많다. 우선 스포츠 영화의 활성화에도 불구하고 권투 영화의 인기는 여전히 주춤한 상태이다. 실제로 권투 영화는 1980년대 이후 오랫동안 반전의 계기를 마련하지 못하고 있다. 2000년대에는 김득구 선수의 삶을 그린 〈챔피언〉(2002)과 〈주먹이 운다〉(2005)가 권투 영화의 명맥을 이어갔다. 하지만 〈챔피언〉은 흥행에 참패했고, 류승완 감독의 〈주먹이 운다〉는 172만 명의 관객을 기록하며 체면을 유지하는 수준에 머물렀다. 물론 권투 영화의 퇴조를 영화의 만듦새

탓으로만 돌릴 수는 없다. 2000년대에는 권투 종목의 인기가 급격하게 떨어졌기 때문이다.

권투 영화의 퇴조와 달리 야구영화는 2000년대에도 꾸준히 제작되고 있다. 이 시기에 만들어진 야구영화로는 〈YMCA 야구단〉(2002), 〈슈퍼스타 감사용〉(2004), 〈퍼펙트게임〉(2011), 〈글러브〉(2011), 〈투혼〉(2011), 〈미스터 고〉(2015) 등이 있다. 또 롯데 자이언츠 선수들이 등장하는 〈나는 갈매기〉(2009), 국내 최초의 독립야구단 고양 원더스의 역사를 담은 〈파울볼〉(2015), 1984년 한국시리즈에서 괴력을 발휘한 '무쇠팔' 최동원 선수의 야구 인생을 담은 〈1984 최동원〉(2020), 한화 이글스 구단의 2021년 경기와 프런트 등의 행적을 담은 〈한화 이글스: 클럽하우스〉(2022)는 프로야구 다큐멘터리이다. 〈야구 소녀〉(2020)와 〈낫아웃〉(2021)은 고등학교 야구선수들의 꿈과 도전을 담고 있다.

스포츠 영화 안에서 권투 영화가 차지했던 영역은 비인기 종목들이 채워나가고 있다. 2000년대에는 핸드볼, 스키점프, 역도, 레슬링, 경마, 아이스하키, 수영, 검도 등을 소재로 한 스포츠 영화가 활발하게 제작되고 있다. 이 스포츠 영화들은 대형 스포츠 이벤트를 통해 널리 알려진 경기를 다루기도 하지만, 더 많은 작품은 선수 이름이나 규칙조차 생소한 종목을 소재로 한다. 예를 들어 〈국가대표〉가 개봉하기 전에 스키점프는 텔레비전을 통해서나 가끔 봤던 종목일 뿐이었고, 스키점프 국가대표팀은 대중에게 그 존재도 잘 알려지

비인기 종목을 소재로 한 스포츠 영화들.

지 않은 상태였다. 그런데 비인기 종목을 다룬 2000년대 스포츠 영화들은 권투의 빈자리를 채우는 데 그치지 않고 장르의 영역을 확장해 나가고 있다.

　2000년대 스포츠 영화 중에는 실화를 소재로 한 작품이 유난히 많은 것도 특징이다. 〈챔피언〉, 〈역도산〉, 〈슈퍼스타 감사용〉, 〈말아톤〉, 〈우리 생애 최고의 순간〉, 〈국가대표〉, 〈킹콩을 들다〉, 〈글러브〉, 〈코리아〉, 〈히말라야〉 등이 실화를 각색한 스포츠 영화이다. 그런데 스포츠 영화의 소재가 된 실존 인물들의 면면을 살펴보면 특이한 사실이 눈에 띈다. 누구나 알 만한 스타 선수가 많지 않고, 오히려 이름조차 낯선 인물이 주류를 이룬다. 이러한 현상은 스포츠 영화의 주제와도 관련이 있다. 스포츠 영화는 기본적으로 미천한 혈통의 인물이 가난, 부상, 능력 등 여러 가지 고난과 시련을 이겨내는 과정에 초점을 맞추고 있기 때문이다. 스포츠 영화의 이러한 특징은 작품에 영웅 신화의 서사구조가 내재 되어있다는 점에서도 살펴볼 수 있다.

2. 스포츠 열기의 확산과 스포츠 영웅의 탄생

2000년대에 스포츠 영화가 발전한 요인으로 스포츠 열기의 확산도 빼놓을 수 없다. 물론 그전에도 스포츠가 대중의 관심 영역에서 벗어난 적은 없었다. 1980년대에는 프로스포츠의 출범과 1986년 아시안게임, 1988년 서울올림픽 같은 대형 스포츠 이벤트가 전 국민의 관심을 끌었다. 하지만 1990년대 후반~2000년대 초반의 스포츠 열기는 이전 시대와 차원이 달랐다. 특히 IMF 외환위기를 거치면서 스포츠 스타는 국민에게 꿈과 희망을 주는 영웅으로 떠올랐다. 박찬호, 박세리, 김연아, 이승엽, 박지성 선수와 같은 슈퍼스타는 청소년의 역할 모델이자 국민적인 영웅으로 자리잡았다. 특히 2002한일월드컵을 공동주최하면서 우리나라는 이전 시대와 다른 의미의 '스포츠 공화국'이 되었다.

2000년대 초반의 최대 스포츠 이벤트는 2002한일월드컵이었다. 이 대회에서 한국은 전무후무한 4강 신화를 이룩했고, 온 나라는 상상을 초월하는 축구 열기로 뒤덮였다. 2002한일월드컵 이전까지 한국은 세계 축구계의 변방이었다. 월드컵 본선에 단골로 진출하기는 했지만 대부분 예선에서 탈락했다. 하지만 2002년 대회에서는 달랐다. 조별리그 D조 예선에서 2승 1무로 16강에 진출했다. 이어 토너먼트 16강에서는 안정환 선수의 결승 골로 이탈리아를 2대1로 제압했고, 8강전에서는 0대0으로 비긴 후 승부차기 끝에 스페인에 5대3으로 승리했다. 한국은 4강전에서 독일에 0대1로 패해 결승 진출이 무산됐다. 하지만 2002년 6월 4일 열린 예선 1차전부터 6월 29일 터키와의 3, 4위 결정전까지 한국은 그야말로 축구의 나라였다.

한국이 포르투갈, 이탈리아, 스페인과 같은 세계 최고의 강팀들을 잇달아 제압하자 온 나라는 승리의 희열로 붉게 물들었다. 무엇보다 '붉은 악마'로 불린 응원단과 시민들의 거리 응원 열기는 6월의 태양처럼 뜨거웠다. 응원단은 서울의 시청 앞과 광화문 광장, 전국 도시의 운동장과 거리를 가득 메우고 "대~한민국"을 목 놓아 외쳤다. 당시 우리나라는 금 모으기 운동과 같은 일치단결한 힘으로 IMF 외환위기를 막 벗어난 참이었다. 김대중 대통령은 2001년 8월 23일 IMF 사태의 종결을 선언했다. 그러한 상황에서 2002한일월드컵 4강 신화는 스포츠가 국민의 마음을 하나로 모으고, 남녀노소 모두에게 큰 용기를 불어넣을 수 있다는 점을 다시 확인시켜 주었다.

한편, 박찬호 선수는 1900년대 후반부터 2000년대 초반을 주름잡은 최고의 스포츠 영웅이었다. 그는 한양대 2학년을 마치고 메이저리그에 진출했고, 1994년 4월 8일 명문구단 LA 다저스 유니폼을 입고 데뷔전을 치렀다. 이어서 1996년 4월 7일 시카고 컵스전에서 한국 선수 최초로 메이저리그 승리투수가 됐다. 박찬호 선수는 메이저리그에서 1997년 14승, 1998년 15승, 1999년 13승, 2000년 18승, 2001년 15승을 거뒀다. 이러한 성적을 바탕으로 2002시즌을 앞두고 텍사스 레인저스와 5년 6,500만 달러라는 초대형 FA 계약을 했다. 박찬호 선수는 메이저리그에서 17년간 총 476경기에 출전했고, 메이저리그 동양인 최다인 124승을 기록했다.

이 무렵, 국내 스포츠 신문사들은 박찬호 선수를 전담 취재하는 미국 특파원을 파견했고, 그의 경기 기사를 3~4개 면에 걸쳐 대대적으로 보도했다. 점심시간에 직장인들이 식당의 TV 앞에 모여서 박찬호 경기를 보며 응원하는 모습은 당시의 특이한 풍속도였다. 박찬호 경기를 중계한 낮 방송 시청률이 25% 이상 나왔을 정도였다. 박찬호 선수의 인기가 높아지면서 중계권료도 급등했다. 1997년에는 KBS의 박찬호 경기 중계권료가 30만 달러였다. 경인방송(iTV)은 이듬해 100만 달러, 1999년과 2000년에는 각각 150만 달러와 300만 달러에 계약했다. MBC는 2001년부터 4년간 3,200만 달러를 투자했다. 이어서 IB스포츠는 2005~2008년에 4,800만 달러에 계약했다. 경기 중계권료가 9년 만에 40배나 폭등할 만큼 박찬호 선수의 인기도 하늘 높이 치솟았고, 그는 한국 스포츠계를 대표하는 아이콘이 됐다.

박세리 선수는 국내 여자 프로골프의 개척자이자 2000년대 초

스포츠영웅의 탄생

반 LPGA(미국 여자프로골프)를 한국 천하로 만든 장본인이다. 박세리
선수가 스포츠 영웅으로 각인된 결정적인 계기는 1998년 7월 열린
US여자오픈 우승이었다. 박세리 선수는 유서 깊은 이 대회 정규 연
장전 18번 홀에서 티샷이 연못(워터 해저드)에 빠지는 위기를 맞았다.
그러자 박세리 선수는 주저 없이 신발과 양말을 벗고 연못으로 들
어갔고, 절묘한 피칭 샷으로 러프 탈출에 성공했다. 이어진 서든데
스(녹아웃 방식 연장전)에서는 92홀까지 가는 명승부를 벌인 끝에 제니
추아시리폰 선수를 물리치고 우승을 차지했다. 박세리 선수의 이날
맨발 샷은 US여자오픈 역대 명장면 5걸에 선정될 만큼 전 세계 골
프 팬들에게 깊은 인상을 남겼다.

　이 경기에서 박세리 선수가 보여준 맨발 투혼은 IMF 사태로 실

의에 빠져있던 우리나라 국민에게 커다란 용기를 주었다. 스포츠신문은 물론 종합지, 경제지들까지 1면 톱을 포함해 3, 4개 지면을 할애해 박세리 선수의 이 경기 내용을 보도했다. 공직자 골프 금지령을 내렸던 김대중 대통령까지 박세리 선수에게 축전을 보냈고, 하이라이트인 맨발 투혼 장면은 '정부수립 50주년 기념 캠페인 광고'에 '상록수'라는 노래와 함께 삽입되기도 했다. 박세리 선수는 LPGA 통산 25승(메이저대회 5승)을 기록한 후 은퇴했다. 이어 2016년 리우데자네이루올림픽에 '세리 키즈' 선수들을 이끌고 참가해 국가대표 감독으로서 금메달을 차지하기도 했다.

김연아 선수는 피겨라는 생소한 종목에서 스포츠 영웅으로 떠올랐다. 특히 열악한 훈련 환경과 지긋지긋한 부상을 딛고 '피겨 여왕'으로 등극해 국민에게 감동을 주었다. 김연아 선수는 중학교 1학년 때 최연소 국가대표로 선발됐고, 2004년 국제무대에 데뷔했다. 이 시기에는 일본의 아사다 마오 선수가 일인자였다. 김연아 선수는 2006년 시니어 무대에 데뷔했고, 이때부터 10년 이상 '피겨 여왕'의 자리를 굳건히 지켰다. 2009년 3월 미국 로스앤젤레스에서 열린 ISU 세계선수권대회에서 세계 최초로 여자 싱글 부문 200점을 넘는 대기록을 작성했다. 이러한 성과는 발에 맞는 부츠가 없고 중족골(발등과 발바닥을 이루는 뼈), 허리, 인대, 고관절 부위의 심각한 부상속에서 이루어냈다는 점에서 그 의미가 남다르다.

김연아 선수가 최고의 스포트라이트를 받은 대회는 2010년 캐나다 밴쿠버동계올림픽이다. 이 대회에서 김연아 선수는 쇼트 78.50점, 프리 150.06점, 종합 228.56점으로 세계신기록을 작성하며 금메달을 목에 걸었다. 김연아 선수는 라이벌 아사다 마오 선수가 개인 첫 200점을 돌파하는 모습을 눈앞에서 지켜본 뒤 이 같은 성적을 기록해 팬들에게 놀라움을 안겨주었다. 김연아 선수는 2014 소치동계올림픽에서 최악의 판정 논란 끝에 은메달을 차지한 후 선수 생활을 마감했다. 당시 김연아 선수는 "모든 짐을 내려놓게 돼 행복하다."라고 말해 깊은 여운을 남겼다. 김연아 선수는 은퇴 후에도 '피겨 여왕'으로서 갈라쇼, CF 모델, 평창동계올림픽 유치 활동 등 다양한 활동을 했다.

이처럼 2000년대 초반은 스포츠 영화가 활성화되기에 알맞은 환경이었다. 영화계 내부적으로는 블록버스터 제작 경쟁이 시장 팽창으로 이어졌고, 다양한 장르의 필요성이 대두되면서 스포츠 영화가 하위 장르의 한 축을 차지했다. 스포츠 분야에서는 박찬호, 박세리, 김연아 선수와 같은 슈퍼스타들이 등장해 스포츠에 관한 관심이 고조됐다. 2002한일월드컵 4강 신화는 스포츠가 국가적인 이벤트이자 국민의 마음을 하나로 묶어준다는 사실을 다시 보여주었다. 따라서 영화계가 IMF 구제 금융으로 위축됐던 국민에게 꿈과 용기를 전해준 스포츠에 관심을 가지는 것은 자연스러운 일이었다. 2000년대의 이러한 흐름은 스포츠 영화가 대중문화로서 각 시대의 사회 현상과 대중의 정서를 적극적으로 반영한다는 점을 다시 확인시켜 주었다.

02

제2부

스포츠 영화의 시대적
표상과 이데올로기

스포츠 영화는 한국 사회를 바라보는 창이다.

스포츠 영화의 인물, 주제, 사건을 통해

일제강점기부터 현대에 이르는

한국 사회의 특징과 시대별 변화 양상을

구체적으로 살펴볼 수 있다.

1장

스포츠와 정치: 제국주의와
분단국가의 폭력

I. 일제강점기의 항일 운동과 스포츠 민족주의

우리나라에서 일제강점기를 배경으로 하는 영화
는 2010년대에 집중적으로 제작됐다. 친일파 암살 작전을 그린 〈암
살〉(2015)이 1,270만 명의 관객을 기록하면서 흥행에 크게 성공하
고, 일본군 위안부의 실화를 다룬 〈귀향〉(2016)이 개봉하면서 사회
적 관심이 크게 높아진 영향이 컸다. 2010년대 개봉한 일제강점기
배경 영화로는 동갑내기 사촌지간인 윤동주 시인과 송몽규의 삶을
다룬 〈동주〉(2016), 조선인 출신 일본 경찰과 독립군의 대결을 그린
〈밀정〉(2016), 일본으로 끌려간 대한제국 마지막 황녀 덕혜옹주의
일대기인 〈덕혜옹주〉(2016), 독립운동가 박열의 삶을 형상화한 〈박
열〉(2017), 조선인 징용 사건을 사실적으로 묘사한 〈군함도〉(2017),

조선어학회의 우리말 사전 편찬을 소재로 한 〈말모이〉(2019), 서대문감옥 8호실에 갇힌 유관순 열사의 1년을 그린 〈항거:유관순 이야기〉(2019), 만주에서 활약한 독립군의 무장 항쟁과 첫 승리를 다룬 〈봉오동전투〉(2019) 등이 있다.

　일제강점기를 배경으로 한 이 영화들의 인물 구도와 설정은 명확하다. 주인공은 독립군과 일본군 위안부가 대부분이다. 일본군이나 일본 경찰, 친일파는 악당으로 등장한다. 인물의 생애를 조명한 전기영화 혹은 액션물이 많은 점도 일제강점기 배경 영화의 주요 특징이다. 위안부의 삶이 서사의 중심인 〈허스토리〉(2018)와 〈아이 캔 스피크〉(2017)도 일제강점기를 살아간 인물의 전기영화라고 할 수 있다. 영화의 주제는 조금 다르지만, 〈해어화〉(2016)와 〈아가씨〉(2016)도 일제강점기라는 시대 상황이 중요한 역할을 한다. 1930년대 만주를 배경으로 한 〈좋은 놈, 나쁜 놈, 이상한 놈〉(2008)을 비롯해 〈모던보이〉(2008), 〈경성학교:사라진 소녀들〉(2015), 〈대호〉(2015), 〈유령〉(2023)도 이 범주에 포함할 수 있다.

　스포츠 영화 중에서 일제강점기와 관련이 있는 대표적인 작품으로 〈YMCA 야구단〉(2002)과 〈자전차왕 엄복동〉(2019)을 꼽을 수 있다. 〈YMCA 야구단〉은 1904년 창단한 한국 최초의 야구단인 황성 YMCA 야구단의 실화를 각색한 작품이다. 영화에 등장하는 을사늑약, 통감부, 일본군, 항일 의병 운동과 같은 요소가 시대 배경을 알려준다. 이 영화에서는 조선인으로 구성된 YMCA 야구단과 일본군 야구팀인 성남구락부의 경기가 중요한 역할을 차지한다. 〈자전차왕 엄복동〉은 일제강점기 최초의 스포츠 영웅인 엄복동의 청년 시절을 다룬 영화이다. 두 작품에서 조선인과 일본인의 스포츠 경기는 시대 상황에 의해 자연스럽게 민족주의의 성격을 띠게 된다.

강제규 감독이 일제강점기와 스포츠가 결합한 작품을 선보인 점도 눈에 띈다. 〈마이웨이〉(2011)는 스포츠 영화로 분류하기 힘들지만, 이 작품에서도 제2의 손기정을 꿈꾸는 준식과 일본 선수 타츠오의 마라톤 시합이 서사 전개에 큰 영향을 미친다. 인력거꾼 준식과 일본 관리들이 야심 차게 출전시킨 타츠오의 대결, 준식의 징병과 타츠오의 부임 등이 핵심적인 갈등 요소로 작용한다. 한편 〈1947 보스턴〉(2023)에서는 1936년 베를린올림픽 마라톤 금메달리스트 손기정 선수가 국가대표팀 감독으로 등장한다. 망국의 한을 가슴에 지닌 손기정 감독이 서윤복 선수를 지도해 1947년 보스턴마라톤대회에 출전하고, 서윤복 선수가 우여곡절 끝에 우승한 실화를 각색했다.

1) '신문물' 야구로 일제의 침략에 맞서다─〈YMCA 야구단〉

〈YMCA 야구단〉에서 주인공 송호창과 민정림은 야구를 통해 일본 제국주의의 침략에 맞선다. 이 영화의 시대 배경은 1905년 을사늑약이 체결되던 무렵이다. 종로 거리의 전차, 갓을 쓴 양반과 양장 차림의 여성, 일본군, 양반가 기와집, 시골의 서당 등이 당시 상황을 알려준다. 유학자 집안의 둘째 아들인 송호창은 1894년 갑오개혁

때 과거제가 폐지된 이후 공부에 뜻을 잃고 방황하는 청년이다. 그는 동네 아이들과 돼지 오줌보로 논에서 축구하고, 친구와 하릴없이 농담이나 하면서 세월을 보낸다. 반면 민정림은 YMCA 야구단을 실질적으로 운영하면서 선교사와 조선인의 통역까지 도맡아 하는 신여성이다. 그리고 송호창과 민정림이 우연히 야구를 통해 인연을 맺으면서 이야기가 본격적으로 전개된다.

〈YMCA 야구단〉에 나타난 20세기 초반의 사회 현실은 크게 세 가지이다. 우선 유교에 바탕을 둔 전근대적인 봉건사상과 개화사상, 이로 인한 세대 갈등이 있다. 전통적인 유교 이데올로기와 서양 신문물의 대립 관계는 송호창 부자에게서 극명하게 드러난다. 송호창의 아버지는 개화파에 밀려난 완고한 유학자이다. 그는 전차와 야구를 비롯한 신문물에 노골적으로 반감을 드러낸다. 심지어 야구에 뜻을 둔 송호창에게 "아버지라고 부르지 마라."라고 선언한다. 송호창의 아버지는 항일 의병이 된 장남 대신 차선책으로 송호창에게 서당을 물려주려고 했다. 하지만 그는 송호창에게 실망한 나머지 그 뜻마저 접고 낙향해서 서당을 운영한다. 반면 송호창은 민정림을 통해 신문물인 야구를 배움으로써 새로운 길을 걷는다.

YMCA 야구단원 사이에서 발생한 에피소드는 신분제도의 잔재를 잘 보여준다. 신분제도는 1894년 갑오개혁 때 공식적으로 폐지됐다. 하지만 수백 년간 이어온 신분제도가 하루아침에 사라질 리 없다. 〈YMCA 야구단〉에서는 정병환과 마성한의 언행에서 신분 갈등이 드러난다. 야구단원들이 처음 만나는 날, 양반의 아들 정병환은 머슴이었던 마성한이 정중하게 존댓말로 인사하는데도 불구하고 불쾌한 표정을 숨기지 않는다. 정병환은 자신보다 나이가 많은 마성한에게 "여긴 뭐 하러 왔나?"라고 하대하면서 묻고, 마성한은 말끝이 애매한 존칭을 사용해 "머...운동 가르쳐 준다고 해서 왔...습...죠"라고 대답한 후 굽신거린다. 야구 경기를 하는 도중에도 정병환은 마성한이 자신에게 공을 던지자 "쌍놈이 던진 공을 양반이 어떻게 받아!!"라며 그 공을 흘려보낸다. 반면 마성한은 정병환이 던진 공을 두 손으로 공손히 받는다.

또 〈YMCA 야구단〉에서는 남성 중심 가부장제와 그에 따른 성차별 및 남녀 갈등도 표면에 드러난다. 민정림은 시종무관 민영환의 딸로서 미국 유학을 다녀온 엘리트 신여성이다. 따라서 민정림은 야구단원 중 그 누구보다 빼어난 지식과 능력을 갖추고 있다. 하지만 남성들은 초반에 민정림을 대놓고 무시한다. 민정림은 야구단원들에게 자신을 '황성기독교청년회 베이스볼 팀을 담당한 YMCA 교사'라고 소개한다. 그러자 단원들은 웅성거리고, 정병환은 민정림이 들으라는 듯이 "말세다."라고 비아냥거린다. 안재철은 "이봐, 처자, 장난하지 말고, 빨리 어른들 불러오시게."라고 핀잔을 준다. 남성 야구단원들은 그 이후에도 민정림에게 거친 언사를 서슴지 않는데, 그 이유는 단지 민정림이 여성이라는 이유 때문이다.

이처럼 〈YMCA 야구단〉에는 아버지와 아들의 세대 갈등, 양반

스포츠를 통해 일제에 맞선 인물들.

과 머슴 출신 인물의 신분 갈등, 남성과 여성의 성차별과 같은 2000
년대 초반의 사회 현실이 잘 드러나 있다. 그런데 YMCA 야구단과
일본 제국주의 세력의 대립이 심화하면서 이러한 갈등은 수면 아래
로 가라앉는다. 즉 민족 내부의 갈등이 일본 제국주의라는 외부의
적을 맞아 봉합되고, 야구단원들은 일심동체가 되어 일본군 야구팀
에 맞선다. 그로 인해 YMCA 야구단과 일본군 야구팀 성남구락부의
야구 경기는 항일 세력과 일본 제국주의 세력의 대결이라는 성격을
띠게 된다. 그러한 점에서 〈YMCA 야구단〉에 나타난 민정림의 행적
은 스포츠 민족주의, 남성 중심 가부장제의 극복이라는 성격을 함께
지니게 된다.

　민정림은 명문 귀족의 딸이자 신여성이며, 여러 면에서 탁월한

능력을 지닌 인물이다. 하지만 민정림을 옥죄는 현실은 엄혹하기만 하다. 우리나라는 1905년 을사늑약으로 외교권을 박탈당하고, 1906년 통감부가 설치되면서 일본 제국주의의 실질적인 지배를 받게 된다. 〈YMCA 야구단〉은 을사늑약과 민영환의 자결, 일본군의 야구 훈련장 점령과 태화관 폐쇄, 일본군의 독립운동가 체포와 같은 사건을 통해 민정림과 YMCA 야구단이 처한 시대적 현실을 구체적으로 제시한다. 따라서 민정림은 개인 차원에서는 고귀한 신분의 인물이지만, 엄혹한 시대 환경으로 인해 미천한 혈통의 인물이 된다. 이로 인해 민정림이 고난과 갈등을 극복하는 과정은 쉽지 않다.

국문학자 조동일이 제시한 '영웅의 일생' 모형에 의하면, 고귀한 혈통과 탁월한 능력을 지닌 상층 영웅은 고난을 쉽게 극복하고 결말에서는 승리의 주인공이 된다. '영웅의 일생' 모형은 다음과 같다. 즉 'A 고귀한 혈통을 지닌 인물이다. B 잉태나 출생이 비정상적이다. C 범인과는 다른 탁월한 능력을 타고났다. D 어려서 기아가 되어 죽을 고비에 이르렀다. E 구출·양육자를 만나 죽을 고비에서 벗어났다. F 자라서 다시 위기에 부딪혔다. G 위기를 투쟁적으로 극복하고 승리자가 되었다'로 정리된다. 반면 미천한 혈통의 민중 영웅은 상층 영웅과 마찬가지로 탁월한 능력을 지니고 태어나지만, 그 능력을 발휘하지 못하고 비참하게 죽는다(조동일, 1992).

민정림은 개인적으로는 상층 영웅이므로 고난을 쉽게 극복해야 한다. 하지만 국가적, 민족적 차원에서 민정림은 미천한 혈통의 민중 영웅이다. 나라가 멸망 위기에 놓인 시대 상황이 개인의 삶을 짓누르기 때문이다. 게다가 민정림은 남성들이 여성에 대한 차별과 멸시를 거리낌 없이 드러내는 가부장제 이데올로기의 영향까지 받고 있다. 〈YMCA 야구단〉에서 민정림의 고난은 부친의 자결, 남성 선수와의 갈등, 단원 간의 대립, 일본군 야구팀과의 첫 경기 참패, 친일파 처단과 도피 등 다양한 형태로 나타난다. 고난의 범주도 가족, 단체, 민족을 가리지 않는다. 하지만 민정림은 외세 침략 및 유교적 이데올로기와 투쟁한 끝에 승리의 주역이 됨으로써 시대의 질곡을 넘어선다.

〈YMCA 야구단〉에 나타난 민정림의 행적을 '영웅의 일생' 모형으로 정리하면 다음과 같다. 'A 명문 귀족이자 우국지사의 딸이며, 조선의 마지막 암행어사의 조카이다. B 미국 유학을 다녀온 신여성으로 영어에 능통하다, C 영어와 야구 등 신문물을 경험했다. D 나라가 제국주의 일본에 외교권과 통치권을 박탈당한다/남성 중심의 가부장제 이데올로기가 만연한 사회이다. E YMCA 야구단을 최강팀으로 만든다/남성과 여성의 차별을 극복한다. F 야구 훈련장을 빼앗기고 YMCA 건물도 폐쇄된다. G 체포 위험을 알면서도 YMCA 야구단과 성남구락부의 경기장에 나타난다/경기에서 승리한 후 말을 타고 떠나간다.'이다.

이러한 행적을 종합하면, 민정림은 집단적·민족적 영웅의 면모를 지닌 인물에 해당한다. 민정림은 신문물의 도입, 스포츠를 통한 단결심 고취, 항일 운동을 위한 방법으로 YMCA 야구단을 운영한다. 민정림의 항일 운동은 오대현과의 관계에서 본격적으로 드러난다. 오대현이 통감부의 친일파 조선인 관리를 응징하려다 실패한 후 일본 경찰의 대대적인 검거 작전이 전개되는데, 이때 민정림은 오대현과 함께 경주로 몸을 숨긴다. 민정림은 오대현과 동지적 관계이기 때문이다. 국문학자 조동일은 역사적인 영웅의 세 가지 조건으로 활동 장소, 실존 인물 여부, 역사의식을 꼽는다. 그렇다면 민정림은 대한제국 말기의 경성에서 제국주의 일본에 맞서 항일 운동을 전개한 인물이라는 점에서 역사적인 영웅으로 손색이 없다.

〈YMCA 야구단〉에 나타난 인물의 집단적, 민족적, 역사적 영웅의 면모는 갈등 구도에서도 나타난다. 오대현은 일본 유학파로서 친일파 무리인 '을사 50적'을 처벌하는 항일단체의 일원이다. 그는 통감부의 조선인 관리이자 YMCA 야구단원 류광태의 아버지를 심야에 습격한다. 한편, YMCA 야구단을 핍박하는 히데오는 일본에서 오대현과 경쟁했던 일본군 장교이다. 게다가 히데오의 아버지는 통감부의 최고위 관리이다. 이 지점에서 YMCA 야구단과 성남구락부의 야구 경기가 지닌 의미는 오대현과 히데오의 개인적인 라이벌전을 넘어 조선과 일본의 대결로 확장된다. 야구 경기가 항일 운동의 상징적인 행위가 되는 것이다.

〈YMCA 야구단〉에서 YMCA 야구단과 성남구락부의 야구 경기가 갖는 이러한 의미는 일본군의 태도에서도 확인할 수 있다. 통감부 책임자인 히데노리는 YMCA 야구단과의 경기에서 승리하는 것으로 일본의 우수성을 입증하려고 한다. 그래서 친일파 습격의 혐의를 받는 오대현과 민정림이 경기장에 나타났는데도 그들을 일부러 체포하지 않는다. 야구 경기에서 승리함으로써 지배의 정당성을 강화하려고 하기 때문이다. 대일본제국의 명예를 걸고 필승을 다짐하는 히데노리와 히데오 부자의 대화는 YMCA 야구단과 성남구락부의 야구 경기가 지닌 성격, 일본 제국주의자의 노림수를 분명하게 드러낸다.

> 히데오 : 시합을 시켜주십시오. 시합이 끝나고 체포해도
> 되지 않습니까?
> 히데노리 : 놈들을 몰라서 그러나? 꿍꿍이가 있을지 모른다.
> 히데오 : 녀석들은 잡힐 줄 알면서도 여기 왔습니다.
> 아버지는 절대 이해 못 하실지 모르지만 이게 바로
> 스포츠입니다.
> 히데노리 : 너는 역시 군인 체질은 아니구나. 좋다.
> 시합이 끝나는 대로 체포해라.
> 대신, 이겨라!
> (놀라는 히데오)
> 히데노리 : 저기 모여 있는 군중들을 봐라.
> 어쩌면 그들은 조선 정부에 대한 실망감을 YMCA를

응원하는 걸로 보상받고 있는지도 모른다.

이 이상 그들의 기를 살려 줘선 안 된다. 꼭 이겨라!

히데오 :　대일본제국의 명예를 걸고!

(경례하는 히데오. 아들 보고 경례하는 히데노리.)

　YMCA 야구단은 이 경기에서 성남구락부에 극적인 승리를 거둔다. 승리의 주역은 송호창이다. 그는 낙향한 아버지의 서당에서 아이들을 가르치고 있었다. 그러다가 신문에서 경기 소식을 보고 부랴부랴 상경해 결정적인 동점 홈런을 친다. 이 지점에서는 송호창이 서울까지 마패를 사용해 말을 타고 이동한 점이 중요하다. 송호창의 꿈은 원래 암행어사가 되는 것이었다. 이러한 사실을 알게 된 민정림은 조선의 마지막 암행어사였던 외숙부의 마패 중 한 개를 송호창에게 준다. 암행어사는 본디 지방의 관리를 감찰하고 탐관오리를 처벌함으로써 백성의 삶을 보살피는 관리이며, 마패는 암행어사를 상징하는 징표이다. 따라서 마패를 사용해 이동한 송호창이 일본군 야구팀을 물리치는 결말의 의미는 명확하다. 암행어사는 송호창, 탐관오리는 일본 제국주의 세력으로 대치된 것이다. 그리고 마패는 YMCA 야구단이 제국주의 일본을 물리치는 데 결정적인 역할을 한다.

　〈YMCA 야구단〉에서 표면적인 승리의 주역은 송호창이다. 하지만 송호창을 그 자리까지 이끈 인물은 민정림이다. 즉 민정림은 남성 인물의 정신적인 재탄생을 돕는 구원자 역할까지 수행한다. 송호창의 행적을 '영웅의 일생' 모형으로 정리하면 다음과 같다. 'A 지조 높은 유학자의 아들이다. B 과거제도가 폐지돼 암행어사의 꿈을 포기한다. C 민정림의 도움으로 YMCA 야구단에 입단해 4번 타자로 활약한다. D 야구단이 해체되자 시골의 서당에서 아이들을 가르친다. E YMCA 야구단과 성남구락부의 야구 경기 소식을 알고 부랴부랴 상경한다. F 9회 말 투아웃에서 동점 홈런을 친다.'이다. 송호창은 과거제도가 폐지돼 상심의 나날을 보내다가 민정림의 도움을 받아 신문물인 야구를 접하고, 민족의식에 눈을 뜬 인물이다.

민정림이 지닌 복합적인 성격과 영웅적인 면모는 의상을 통해서도 확인할 수 있다. 〈YMCA 야구단〉에서 민정림은 모두 12벌의 의상을 입고 등장하는데, 그중에서 상복을 제외한 11벌이 양장이다. 이 영화의 시대 배경인 1905년 전후는 신여성의 이미지가 대중들에게 알려지는 초기였는데, 민정림은 세련된 양장으로 고귀한 신분임을 드러낸다. 그런데 영화 후반부에 민정림은 YMCA 야구단의 소박한 유니폼으로 갈아입고 등장한다. 즉 민정림은 제국주의 일본의 탄압과 항일 운동 서사가 본격화된 시점에 이르러 선수들과 같은 의상을 입는다. 이는 민정림이 선수들과 일심동체가 되었음을 나타낸다.

또 민정림이 선수들과 똑같은 유니폼을 착용한 것은 남성/여성의 구분이 사라졌다는 사실을 의미한다. 민정림의 양장은 밝고 활동적인 이미지를 드러낸다. 면, 마, 간단한 레이스 등의 소재를 통해 활동성, 생기발랄함, 경쾌함을 강조한다. 때로 여성적이면서 귀

여운 이미지를 표출하기도 한다. 부드러운 느낌의 파스텔 톤 색상을 간간이 사용하고, 여성스러운 레이스 디테일 장식, 칼라와 소매의 장식 등을 통해 사랑스럽고 밝은 이미지를 보여준다(임소아·김순영·남윤자, 2014). 이러한 의상은 민정림의 신여성 면모를 강조하는 동시에 민정림의 여성성을 돋보이게 만든다. 그런데 민정림은 후반부에 YMCA 야구단 유니폼을 함께 착용함으로써 유교적 신분 질서와 남성 중심의 가부장제 이데올로기를 극복했음을 드러낸다.

〈YMCA 야구단〉은 스포츠를 통해 일본 제국주의의 침략에 맞선 인물들을 조명한다. 특히 민정림의 행적에 주목할 필요가 있다. 민정림은 개인적인 차원에서 고귀한 신분과 탁월한 능력을 지닌 상층 영웅이다. 하지만 제국주의 일본의 침략으로 나라가 멸망해 가는 시대 환경으로 인해 근본적으로는 민중 영웅에 해당한다. 그런데 민정림은 스포츠를 통해 항일 운동을 전개한다는 점에서 집단적, 민족적, 역사적 영웅의 성격을 확보한다. 또 남성 인물인 송호창의 구원자 혹은 정신적 스승의 역할까지 수행한다. 이를 통해 민정림은 제국주의 일본의 침략과 남성 중심의 가부장제 이데올로기라는 이중의 시대적 폭력에 맞서 투쟁하고, 나아가 남성 인물의 재생과 부활을 끌어낸 여성 영웅이 된다. 그러한 점에서 〈YMCA 야구단〉은 스포츠와 사회 현실의 관계가 집약된 대표적인 영화라고 평가할 수 있다.

2) '자전거 대왕'의 질주와 민중의 환호-〈자전차왕 엄복동〉

〈자전차왕 엄복동〉(2019)은 〈YMCA 야구단〉과 마찬가지로 실화를 소재로 한 영화이다. 주인공 엄복동은 일제강점기에 자전거 경주로 명성을 떨친 인물이며, 이 영화는 엄복동의 청년 시절과 선수 활동에 초점을 맞춘다. 그래서 〈자전차왕 엄복동〉의 엄복동은 일제의 탄압에 신음하던 조선의 스포츠 영웅으로 그려진다. 엄복동은 1892년 태어났는데, 그의 출생지와 관련해서는 서울 오장동 혹은 관철동, 원산, 인천 등 다양한 주장이 있다. 엄복동은 1m 65 정도의 키에 어깨가 넓고 심폐기능이 뛰어났으며, 특히 하체가 잘 발달해 씨름선수로도 이름을 떨쳤다고 한다. 엄복동은 17세 때 중국 피혁상들이 많던 서울 관철동에서 배달부로부터 자전거 타기를 처음 배운 것으로 전해진다.

엄복동이 '자전거 영웅'으로 떠오른 것은 1913년 4월 13일 용산 연병장에서 열린 대회였다. 경성일보사와 매일신보가 공동 주최한 이 대회는 인천, 용산, 평양에서 연속해 개최됐다. 특히 13일 용산 연병장에서 열린 경기는 '송곳 세울 틈도 없이 사람이 열 겹 스무 겹씩' 둘러쌀 만큼 인산인해를 이뤘는데, 〈매일신보〉는 이날 경기장에 10만여 명의 관중이 운집했다고 보도했다. 당시 경성의 인구수가 24만 명 내외였다고 하니, 이 대회가 얼마나 큰 관심을 모았는지 짐작할 수 있다. 엄복동은 이 대회에서 일본 선수를 물리치고 1위를 차지했다. 이후 엄복동의 명성은 일본, 만주, 중국에도 널리 퍼졌다.

엄복동과 경기하기 위해 일본에서 선수들이 건너오는가 하면 엄복동이 해외 원정 경기를 하기도 했다.

그 당시에 엄복동의 위상이 어느 정도였는지를 보여주는 일화가 있다. 〈동아일보〉 1920년 5월 3일 자에 실린 기사를 보자. 경복궁 안에서 제1회 경성시민 대운동회 자전거경기가 열렸는데, 일본은 조선인의 기를 꺾기 위해 국제대회 우승 경험이 있는 모리시타 선수를 초청했다. 그런데 엄복동은 일본의 의도를 완전히 깨버렸다. 그는 운동장을 모두 70바퀴 도는 경기에서 일본 선수보다 몇 바퀴나 앞서나갔다. 그러자 일본 측은 일몰을 이유로 경기를 중단시켰다. 엄복동은 분노를 이기지 못해 "이까짓 우승기로 뭐하려고 하느냐."라고 소리치며 단상의 우승기를 땅바닥에 내동댕이쳤다. 그러자 심판과 일본인들이 엄복동을 집단 구타했고, 흥분한 일반 군중들이 운동장 안으로 밀물같이 달려 들어가 난투극이 벌어졌다. 이 사건을 계기로 엄복동은 조선의 스포츠 영웅으로 확실하게 자리매김했다.

엄복동은 당시 '동양의 자전차왕' 혹은 '자전거 대왕'으로 불렸다. 그는 일제강점기에 손기정보다 먼저 민족의 울분을 달래준 스포츠 영웅이었다. 유행가 '이팔청춘가'의 멜로디에 가사를 바꾼 '떴다, 올려 보아라 안창남의 비행기, 달린다, 내려 보아라 엄복동의 자전거'라는 노래가 나올 정도였다. 그런데 엄복동의 생애는 빛과 그림자가 엇갈렸다. 그는 조선의 스포츠 영웅이면서도 자전거 절도범으로 신문 사회면에 여러 차례 오르내렸다. 하지만 '자전거 영웅' 엄복동의 기록과 행적은 사라지지 않았다. 엄복동이 선수 시절 탔던 자전거는 2010년 등록문화재 제466호로 지정됐고, 경기도 의정부시는 1986년 의정부종합운동장 입구에 동상을 세워 그의 업적을 기렸다.

영화 〈자전차왕 엄복동〉은 일제강점기의 엄혹한 시대 상황과 엄복동의 활약상을 조합한 작품이다. 이 영화에서 엄복동은 초반에 평택에서 물장사하던 시골 청년으로 나온다. 법대생인 동생이 아버지가 전답을 팔아 마련해준 학비로 엄복동에게 자전거를 사주면서 이야기가 시작된다. 하지만 엄복동은 그 자전거를 도난당하고, 무작정 상경했다가 일자리 사기를 당한다. 그러한 엄복동에게 한 줄기 빛이 찾아든다. 일미상회 사장이 붙여놓은 자전차대회 지원자 모집 벽보다. 테스트를 통과한 엄복동은 혹독한 훈련을 거쳐 우승을 독차지하고, 조선총독부 간부들은 엄복동을 제압해 조선인의 사기를 꺾기 위해 만주에서 카츠라 선수를 불러들인다.

〈자전차왕 엄복동〉의 또 다른 플롯은 항일 운동이다. 엄복동은 일미상회 사장이자 독립군인 황재호, 김형신 등과 함께 일본군 암살 사건에 연루되고, 경찰에 체포돼 고문을 당한다. 이에 엄복동은 완전히 망가진 몸으로 대회에 출전한다. 엄복동을 그냥 죽이기보다 경기에서 패배시켜 조선인의 사기를 꺾어놓겠다는 조선총독부의 전략에 의해서다. 일제의 이러한 전략은 〈YMCA 야구단〉에서도 확인한 바 있다. 하지만 엄복동은 만신창이가 된 상태에서도 괴력을 발휘해 역전승하고, 하세가와 총독이 있는 쪽으로 자전거를 내던진다.

그러자 일본군이 엄복동을 위협하고, 조선 관중들이 운동장으로 쏟아져나와 엄복동을 보호하고, 그 틈을 타서 황재호가 친일파 경찰 사카모토를 살해한다.

〈자전차왕 엄복동〉의 하이라이트인 엄복동과 카츠라의 경기 장면은 경성시민 대운동회 자전거경주가 모티브이다. 조선총독부가 엄복동을 꺾기 위해 일본의 최고 선수를 출전시키고, 엄복동이 승리하고, 엄복동과 일본군이 대치하고, 조선 군중이 운동장으로 몰려나가 일본군과 대립하는 장면은 실제 기록과 거의 비슷하다. 엄복동이 일제강점기 불세출의 스타이자 억눌린 조선인들의 가슴을 달래준 상징적인 인물이었고(하웅용·이용우, 2012), 엄복동과 그의 자전거는 망국의 울분을 삼키고 있던 조선인들에게 극일의 가능성을 보여준 표상(임석원·박성수·김대한, 2014)으로 평가받는 배경이다. 그리고 〈자전차왕 엄복동〉은 '일제강점기 스포츠 영웅'이라는 스포츠 민족주의 컨셉트로 엄복동의 행적을 재구성한다.

그런데 〈자전차왕 엄복동〉은 주인공 엄복동을 무장 독립운동 단체인 애국단과 연결하고, 애국단 내부의 노선 대립을 드러내고, 엄복동이 일제 경찰에게 고문받는 장면을 강조한다. 여기에 애국단 소속 여성 독립운동가 김형신과 엄복동의 관계도 추가하고, 애국단의 폭탄 테러와 자전차 경주를 직선으로 연결한다. 〈자전차왕 엄복동〉은 엄복동을 무지한 민중에서 민족의식과 독립운동에 눈을 떠가는 인물로 묘사한다. 이러한 설정은 영웅 서사의 관점에서는 무리가 없다. 다만 엄복동의 자전차 경주는 일제강점기라는 시대 배경, 일본 선수와의 대결이라는 점만으로도 민족적인 의미를 지닌다. 그런데 〈자전차왕 엄복동〉은 엄복동의 항일 행적을 지나치게 표면화함으로써 주제 의식 과잉이라는 덫에 걸리고 말았다.

2. 남북단일팀 구성의 정치적 의도와 한계

1991년 일본에서 열린 제41회 지바 세계탁구선수권대회는 남북 스포츠 교류의 새로운 장을 연 대형 이벤트였다. 남북한 선수들이 사상 최초로 단일팀을 구성해 국제대회에 참가했기 때문이다. 이 대회에서 남북단일팀 선수들은 한반도 지도가 그려진 깃발을 함께 사용했고, 단체전 우승을 차지한 뒤에는 아리랑이 연주돼 온 국민에게 감동을 선사했다. 조총련과 민단이 선수들을 격려하는 만찬회를 공동 개최한 장면도 화제가 됐다. 한편, 같은 해 6월 포르투갈 리스본에서 열린 제6회 FIFA 세계청소년축구선수권대회 U-20에도 남북단일팀이 출전했다. 하지만 남북단일팀 이벤트는 구성 목적과 과정 등에서 많은 한계를 드러냈다. 무엇보다 감독, 선수들의 의사와 관계없이 정부의 정치적 목적에 따라 일방적으로 추진됐다.

제41회 지바 세계탁구선수권대회 단일팀 구성은 철저하게 정부

차원에서 진행됐다. 우선 노태우 대통령은 1988년 7·7선언을 통해 남북 적대관계 청산을 선언하고 남북 교류를 추진했다. 이에 정부는 남북 체육 교류 협력 방안을 수립했고, 남북 체육 장관은 1990년 9월 23일 북경에서 열린 회담에서 남북통일축구대회를 평양에서 개최하기로 합의했다. 이에 따라 남북통일축구대회가 10월 11일 평양 능라도 경기장에서 열렸다. 남북통일축구대회를 계기로 남북 체육 장관은 1990년 10월 12일 평양에서 2차 체육 장관 회담을 열었다. 이 자리에서 남북한은 주요 국제대회에 단일팀을 구성해 참가하기로 합의했다. 제41회 지바 세계탁구선수권대회, 1992년 바르셀로나올림픽대회, 제3회 삼지연 동계아시안게임 등이 대상이었다.

제41회 지바 세계탁구선수권대회 단일팀 구성을 위한 논의가 이어졌지만, 회담 과정은 순탄치 않았다. 제1차 남북 체육 회담(1990년 11월 29일)에서 양측은 기본적인 회담 의제 채택도 합의하지 못했고, 제2차 회담 날짜도 결정하지 못한 채 헤어졌다. 제2차 남북 체육 회담(1991년 1월 15일)은 판문점 남측지역 '평화의 집'에서 개최됐고, 양측은 단일팀 구성 원칙에 합의했다. 제3차 남북 체육 회담(1991년 1월 30일)은 판문점 북쪽 지역 '통일각'에서 열렸지만, 다음 회담 일정조차 잡지 못하고 결렬됐다. 제4차 남북 체육 회담(1991년 2월 12일)은 판문점 남측 지역인 '평화의 집'에서 열렸다. 남한 측은 쟁점이 됐던 선수훈련과 단장 선임 문제에 대해 북한 측의 입장을 받아들여 완전한 합의를 이루었다. 단일팀은 일본에서 전지훈련을 하고, 북한 인사가 단장을 맡는 내용도 포함됐다.

스포츠 분야의 남북 공동 이벤트는 2000년대에도 간간이 진행됐다. 남한과 북한은 2000년 시드니올림픽, 2002년 부산아시안게임, 2004년 아테네올림픽, 2006년 토리노동계올림픽 개·폐회식에 공동 입장했다. 하지만 남북단일팀이 다시 구성되기까지는 30년 가까운 시간이 필요했다. 역대 세 번째 남북단일팀은 2018평창동계올림픽에 참가한 남북한 여자아이스하키팀이다. 이는 올림픽 역사상 최초의 단일팀이었다. 여자아이스하키 남북단일팀 구성은 일사천리로 진행됐다. 이 아이디어는 2018년 1월 9일 열린 남북 고위급회담에서 처음 제시됐는데, 남한 정부는 사흘 뒤인 1월 12일 2018평창동계올림픽 여자아이스하키 남북단일팀 구성을 전격적으로 발표했다. 1월 17일에는 남북 차관급 실무회담에서 단일팀 구성에 합의했다.

여자아이스하키 남북단일팀은 정부가 평창동계올림픽을 통해 북핵 문제 해결의 실마리를 찾고 남북 관계의 화해 모드를 조성하려는 목적으로 추진됐다. 제41회 지바 세계탁구선수권대회 남북단일팀과 정치적 목적이나 진행 방식이 비슷했다. 그런데 이번에는 탁구 단일팀 구성 때보다 시간이 촉박했다. 평창동계올림픽 개회식은 2월 9일이었으니, 남은 기간은 겨우 20일 정도에 불과했다. 그래서 대한아이스하키협회장과 임원단, 문화체육관광부 차관이 부랴부랴 움직였다. 정부 관계자들은 미국 전지훈련에서 막 돌아온 국가대표

선수와 감독을 잇달아 만났다. 또 문재인 대통령과 도종환 문체부 장관이 진천선수촌으로 직접 내려가 선수단에 상황을 설명하고 이해를 구하기도 했다.

국제올림픽위원회(IOC)는 여자아이스하키 남북단일팀을 적극 지지했다. 남한 선수 23명을 유지하는 가운데 북한 선수 12명을 추가해 총 35명으로 구성된 남북단일팀을 승인했다. 경기 출전선수도 확대하도록 했다. 우리나라는 북한 선수 3명을 요청했지만, IOC는 5명을 제안했다. 여자아이스하키 남북단일팀에 대한 우리 국민의 반응은 엇갈렸다. 찬성파는 여자아이스하키 남북단일팀이 북핵 문제 해결과 남북 긴장 해소의 기회가 될 것이라는 점을 강조했다. 반대파는 우리 선수들의 출전 기회 박탈과 경기력 저하를 우려했다. 실력 차이와 상관없이 북한 선수를 무조건 출전시켜야 하고, 스포츠를 정치의 도구로 삼는 점 등이 반대 이유로 거론됐다. 하지만 문재인 정부의 강력한 의지에 따라 여자아이스하키 남북단일팀이 구성됐고, 북한 선수 22명과 임원 24명이 단일팀에 참여했다.

1) 강요된 탁구단일팀과 자기희생의 힘-〈코리아〉

〈코리아〉(2012)는 남북한 독재정권의 정치적 목적에 의해 구성된 단일팀의 한계를 분명하게 보여준 영화이다. 〈코리아〉의 주요 배경은 1991년 일본에서 열린 제41회 지바 세계탁구선수권대회이다. 남북한 선수들은 이 대회에 사상 처음으로 '코리아'라는 단일팀(북한 관계자들은 '유일팀'이라고 부른다)으로 출전한다. 그리고 남한의 현정화 선수와 북한의 리분희 선수는 결승전에서 중국을 꺾고 여자복식 금메달을 획득한다. 실화를 각색한 이 영화의 키워드는 남북탁구단일팀이며, '사상 최초'라는 수식어는 이 탁구단일팀이 지닌 역사적인 무게와 의미를 드러낸다. 그런데 이 '사상 최초 남북탁구단일팀'은 남한과 북한의 통치자들이 일방적으로 기획하고 추진한 프로젝트였다. 따라서 정치가 스포츠에 노골적으로 개입하고 선수들을 통제한 대표적인 사례이기도 하다.

〈코리아〉에서 남북 분단과 군사독재정권의 통치라는 시대 상황은 절대적인 조건이다. 그 조건은 단일팀의 모든 구성원에게 폭력으로 작용한다. 여기에 예외는 없다. 하지만 남북한 선수들은 스포츠정신을 통해 그 정치적 폭력과 투쟁하고, 이를 통해 영웅의 면모를 획득한다. 그러한 점에서 〈코리아〉는 스포츠가 시대 상황 혹은 정치적 폭력과 관계 맺는 양상을 살펴볼 수 있는 중요한 텍스트이다. 〈코리아〉에서 인물들이 처한 시대 환경은 매우 모질다. 그들은 정치적 폭력이 스포츠를 지배하고 통제하는 상황에 갇혀 신음한다. 이때 선수들은 한마음으로 억압과 폭력에 맞서 싸워 이를 극복하고, 나아가 자기희생을 통해 목표를 달성함으로써 진정한 스포츠정신을 구현한다.

〈코리아〉의 시대 상황은 프롤로그에서부터 선명하게 드러난다. 남한의 현정화 선수와 북한의 리분희 선수의 실제 경기 장면이다.

영화는 먼저 자막으로 "한반도는 지구상에 존재하는 유일한 분단국가"라고 설명한다. 이어서 탁구대의 네트를 클로즈업으로 보여준다. 이 네트는 휴전선을 상징한다. 남북 분단 상황을 관객에게 강렬한 시각 이미지로 보여주는 연출이다. 태극기와 인공기, 국내 신문의 기사 제목들도 마찬가지이다. 언론들은 "준결승전 앞두고 남북한 신경전 최고조", "남과 북, 오늘 밤 드디어 운명의 맞대결⋯남북전쟁"과 같은 자극적인 표현으로 긴장감을 조성한다. 해설자도 이 경기를 "탁구 전쟁"이라고 표현한다. 〈코리아〉는 두 선수의 날카로운 눈빛, 강렬한 스매싱, 네트를 빠르게 넘나드는 탁구공, 흥분해서 고함을 지르는 벤치를 교차편집으로 보여줌으로써 분단 현실을 강조한다.

이와 같은 장면은 남북탁구단일팀 선수들에게 가해진 정치적 폭력의 배경을 생생하게 설명해 준다. 〈코리아〉에서는 그러한 시대 상황이 단일팀 구성 과정부터 구체적으로 드러난다. 남북한 정부는 1991년 지바 세계탁구선수권대회를 앞두고 선수들의 의사와 무관하게 단일팀을 구성한다. 그리고 현정화를 포함한 국가대표팀 선수들은 자신들의 의지와 아무런 상관없이 단일팀 '코리아'의 구성원이 된다. 프롤로그에 나타난 것처럼, 현정화 선수와 리분희 선수는 1990년 북경아시안게임 준결승전에서 '전쟁 같은 경기'를 치렀다. 그런데 두 선수는 불과 1년 후에 외부 압력에 의해 남북 화해와 평화의 전도사로 나서야 하는 처지가 된다.

현정화 선수는 당시 한국을 대표하는 최고의 스포츠 스타였다. 현정화 선수는 부산 계성여상 1학년 때 국가대표에 발탁된 이후 1986년 서울아시안게임 단체전 금메달, 1987년 뉴델리 세계탁구선수권대회 여자복식 금메달, 1988년 서울올림픽 여자복식 금메달, 1989년 도르트문트 세계탁구선수권대회 혼합복식 금메달, 1990년 북경아시안게임 여자복식 금메달 등 빼어난 성적을 거뒀다. 그런데 〈코리아〉에서 군사독재정권은 현정화를 포함한 세계 최정상급 국가대표선수를 정치적 목적 달성을 위한 도구이자 소모품으로 사용한다. 하지만 현정화는 동료 선수들과 함께 시대의 질곡을 스포츠정신으로 극복한다. 〈코리아〉에서 선수들의 영웅적인 면모는 금메달 획득이 아니라 바로 이 지점에서 선명하게 드러난다.

남북한 정권에 의한 탁구단일팀 구성 과정에서 선수들은 철저하게 소외됐는데, 이러한 사정은 〈코리아〉의 초반부에 등장한다. 현정화는 단일팀 구성 소식을 TV 뉴스로 듣는다. 다른 선수들은 감독에게 "5년 넘게 호흡 맞춘 동료들끼리 나가도 중국 애들한테 깨지는데 이게 말이 됩니까", "북한 애들 때문에 누구는 대표팀에서 탈락하는 거 아니에요?"라고 반발한다. 감독은 자기도 감독에서 잘려 단일팀에서 코치가 됐다고 하소연한다. 현정화 역시 감독에게 "누가 이런 말도 안 되는 그림을 그린 거냐고요?"라고 항의한다. 이에 감독은 "알면, 청와대 찾아가게?"라고 대답할 뿐이다. 이 광경을 지켜보던 정부 당국자는 "국가 결정에 불만이 많은 거 같은데 절이 싫으면 중이 떠나야지."라고 선수들을 협박한다.

정부의 의지대로 탁구단일팀이 구성되지만, '적'이었던 남북한 선수들이 갑자기 '원팀'이 될 리가 없었다. 게다가 군복 차림의 조선 민주주의인민공화국 보위대장은 선수들을 철저하게 통제한다. 그는 일본 전지훈련 숙소에서 "보위대의 지시와 통제를 따르라."라고 지시하고, 북한 선수들은 경직된 자세로 군인처럼 행동한다. 재일교포가 주최한 남북단일팀 환영식에서 기어이 사고가 발생한다. 한국의 남자 선수가 후배 선수의 이름인 '일성아~'를 반복해서 부른 것이 발단이다. 북한 선수는 날카롭게 부러뜨린 나무젓가락을 남한 선수의 목에 대고 "수령님 존함 갖고 농지꺼리 하면 그땐 네 모가지에 맞구멍 날 수 있어."라고 협박한다. 며칠 후에는 남북한 선수들이 식당에서 집단 난투극을 벌인다. 이 사건이 언론에 대서특필되면서 선수들에 대한 통제는 더욱 강화된다.

이러한 일련의 사건들 속에서 남북한 당국자들은 단일팀 구성 목적과 성격을 수시로 드러낸다. 남한 당국자는 코치를 불러 "남북 단일팀 말이에요. 탁구나 잘 치자고 만든 거 아닙니다."라고 말한다. 선수 구성도 마찬가지이다. 단일팀 감독과 코치는 철저하게 실력에 의해 출전선수를 선발하기로 합의한다. 그리고 복식 선발전에서 승리한 북한의 리분희-류순복 조를 공식 경기에 내보내기로 한다. 그러자 북한의 보위대장은 조남풍 감독에게 "정신 있어 없어. 조 동무는 아직 이 유일팀의 의미를 모르는 거요? 류순복이 데리고 우승하는 거보다 리분희-현정화로 출전하는 것이 유일팀의 목적이라는 거요.”라고 질책한다. 즉 남북한 정부는 성적이 아니라 간판선수들이 함께 경기하는 ‘그림’만을 원하는 것이다. 이러한 에피소드와 당국자들의 대사는 남북단일팀이 정치적 목적에 의해 결성된 것임을 확인시켜 준다.

하지만 선수들은 결말에서 화합과 협동의 주체가 되어 우승을 차지하고, 정치적 · 이데올로기적 갈등의 해소 가능성을 제시한다. 〈코리아〉의 이러한 메시지는 서사에 그대로 반영되어 있다. 즉 극심한 대결 구도에 갇혀 있던 선수들은 화해의 과정을 거쳐 과업을 달성한다. 남북한 선수들은 중반 이후 회식을 하고, 생일 선물을 하고, 현정화는 간염으로 몸져누운 리분희를 병원에 입원시키고 돌봐준다. 그리고 현정화와 리분희는 대회가 끝나고 헤어지면서 안타까운 눈물을 흘린다. 현정화는 리분희를 언니라고 부르고, 아버지에게서 받은 소중한 반지를 리분희에게 선물한다. 이러한 에피소드는 유사 가족의 탄생이라는 관점에서 해석할 수도 있다. 두 선수는 2년 후에 다른 국제대회에서 재회하는데, 이때 현정화와 리분희는 미소를 지으면서 파이팅을 다짐한다.

그렇다면 〈코리아〉의 프롤로그와 결말에 나타난 차이는 무엇 때문일까? 앞에서 간략하게 언급했지만, 그 중요한 요인으로 선수들의 스포츠정신과 자기희생을 빼놓을 수 없다. 이 영화에서 희생은 정치적 목적과 집단(팀)의 이익이라는 상반된 성격을 지닌다. 전자는 타의에 의한 강제적 희생, 후자는 자발적인 자기희생이다. 남북단일팀 '코리아'는 남북한 정부의 정치적인 계산에 따라 결성됐다. 그런데 선수들은 자기희생을 통해 정치적 희생양이 될 위기를 극복한다. 먼저 류순복은 대회 초반에 패배를 거듭하자 복식 경기에 현정화가 나가기를 권유한다. 류순복이 내세운 명분은 공익성이다. 류순복은 조남풍 감독에게 "우리 코리아 팀 전체를 위해서입니다. 부탁드립니다."라고 말하면서 눈물을 흘린다. 그 이전에 현정화는 세계대회에 처음 출전해 긴장한 류순복에게 따뜻한 조언을 해준 바 있다.

현정화도 집단(팀)을 위한 자기희생으로 공익성을 실현한다. 류순복 대신 복식 경기에 출전하게 된 현정화는 경기장으로 출발하기 직전에 돌발 행동을 한다. 숙소 앞의 비 내리는 시멘트 바닥에 꿇어앉아서 여전히 방에 머물러 있는 조남풍 감독에게 읍소한다. 북한의 보위대장이 단일팀 해체를 선언했고, 그래서 북한 선수단은 경기에 출전할 수 없는 상태였기 때문이다. 북한의 남자 선수가 남한 출신 프랑스 국가대표 감독으로부터 명함을 건네받고, 또 남한 여자 선수와 데이트했다는 것이 이유였다. 현정화는 빗속에서 "감독님. 같이 가요. 우린 같은 팀이잖아요. 감독님은 우리 코리아 팀 감독님이잖아요. 감독도 없이 우리는 왜 고아처럼 결승에 나가야 합니까. 왜 우리가 또 단절되어야 합니까. 탁구 하나 같이 친다고 하나 되는 거 아니겠지만 그래도 우리는 같이 치고 싶습니다." 하고 눈물로 호소한다.

현정화의 행동을 좇아서 남한의 다른 선수들도 무릎을 꿇는다.

그러자 조남풍 감독은 북한 당국자에게 자신이 모든 책임을 지겠다고 선언한 뒤 북한 선수들을 데리고 단일팀에 합류한다. 그리고 현정화의 자기희생은 진정한 화합과 금메달 획득의 기반이 된다. 현정화와 리분희가 결승전에서 금메달 획득의 마지막 순간을 상대방에게 양보하려고 한 행동도 상징적이다. 〈코리아〉에서는 자기희생과 양보, 화해와 포용의 정신이 남북한 선수들을 하나로 묶어주는 원동력으로 작용한다. 현정화는 분단 시대의 독재 권력에 의해 희생양이 되지만, 결말에서는 자기희생을 통해 공익성을 실현함으로써 진정한 스포츠 영웅이 된다. 현정화는 스포츠정신과 자기희생을 통해 시대의 폭력과 투쟁하고 영웅의 면모를 획득한 것이다.

2) 평창동계올림픽 여자아이스하키팀의 원조-〈국가대표2〉

2018평창동계올림픽 여자아이스하키 남북단일팀과 성격은 조금 다르지만, 북한 출신 여자아이스하키 선수가 태극마크를 달고 경기하는 스포츠 영화도 있다. 실화를 바탕으로 제작돼 2016년 개봉한 〈국가대표2〉이다. 〈국가대표2〉는 스포츠, 국가대표, 탈북자 선수, 분단이라는 요소가 바탕에 깔려있다는 점에서 남북단일팀의 맥락에서 살펴볼 수 있다. 우연의 일치이기는 하지만, 〈국가대표2〉가 개봉한 지 2년 뒤인 2018평창동계올림픽에서 여자아이스하키 남북단일팀이 실제로 구성된 점도 흥미롭다. 남북 분단이라는 비극적인 시대 상황이 선수들에게 여전히 폭력으로 작용하고, 선수들은 스포

한국의 분단 현실이 담겨 있는 스포츠 영화들.

츠정신으로 이를 극복한다는 주제는 〈코리아〉와 일맥상통한다. 또 〈코리아〉에서 느슨하게 제시됐던 남북한 가족의 문제가 〈국가대표 2〉에서는 본격적으로 거론되는 점도 눈여겨볼 만하다.

〈국가대표2〉는 인기 스포츠 영화 〈국가대표〉(2009)의 속편에 해당하는 작품이다. 한국 여자아이스하키 대표팀이 2003년 아오모리 동계아시안게임에 출전해 남북 대결을 벌였던 실화를 모티브로 삼았다. 주인공인 탈북자 리지원의 실제 모델도 있다. 탈북자 출신이면서 한국 여자아이스하키 국가대표로 활약했던 황보영 씨다. 북한에서 12세부터 아이스하키 선수로 뛴 황 씨는 1997년 가족과 함께 탈북했고, 2000부터 2011년까지 한국 여자아이스하키 국가대표로 활약했다. 그리고 황 씨는 2003년 아오모리 동계아시안게임에 태극마크를 달고 출전해 북한 선수들과 경기를 치렀다. 은퇴 후에는 경기도 성남시의 유소년 아이스하키팀 코치와 고양시 장애인 아이스 슬레지하키팀을 지도했다. 그래서 2018평창동계올림픽 무렵에는 해외 유력 언론에서 황 씨와 관련한 특집 기사를 내보내기도 했다.

〈국가대표2〉의 줄거리를 리지원을 중심으로 정리하면 다음과 같다. 북한 여자아이스하키 국가대표선수인 리지원은 동생 지혜를 북한에 남겨둔 채 아버지와 함께 탈북한다. 리지원이 동생과 헤어지게 된 과정은 숨 가쁘게 진행된다. 동생이 어머니가 남겨준 스케이트 한 짝을 잃어버리고, 리지원은 동생에게 그 스케이트를 찾아오라고 시킨다. 그 사이, 아버지가 반혁명분자로 몰려 수용소로 끌려갈 위기에 처하고, 리지원은 긴박한 상황에서 아버지와 단둘이 탈북한다. 리지원은 남한에서 여자아이스하키 국가대표가 되어 2003년 아오모리 동계아시안게임에 참가한다. 동생 지혜도 북한 여자아이스하키 최연소 대표로 이 대회에 출전한다. 지혜를 포함한 북한 선수들은 경기에서 리지원을 거친 플레이로 몰아붙이고, 리지원은 정신적인 충격을 받아 혼란스러워한다. 하지만 경기가 끝난 후, 리지원은 공항에서 동생과 극적으로 화해한다. 지혜는 잃어버렸던 스케이트 한 짝을, 리지원은 초코파이를 서로에게 건넨다. 몇 년 후, 리지원과 지혜는 다시 국제대회에서 만나 미소를 짓는다.

〈국가대표2〉는 영화 〈국가대표〉의 속편이라는 사실을 초반부터 드러낸다. 〈국가대표2〉의 첫 장면을 보자. 〈국가대표〉의 주인공 차헌태가 나가노동계올림픽에서 활강하고, 식당의 손님들은 TV로 그 중계방송을 보며 응원하고, 이어서 식탁에 앉아 있는 리지원의 모습이 나온다. 하지만 리지원은 스키점프 중계에는 관심이 없다. 리지원의 꿈은 핀란드로 떠나 아이스하키 선수 생활을 계속하는 것이기 때문이다. 〈국가대표2〉는 또 〈국가대표〉의 설정과 캐릭터, 서사를 거의 그대로 따라 한다. 예를 들어 〈국가대표2〉에서 협회는 여자아이스하키 대표팀 감독을 모집하는데, 그 이유는 동계올림픽 유치를 위해 임시로 국가대표팀을 운영할 인물을 찾기 위해서이다. 제대로 된 감독과 선수가 모이지 않는 설정도 〈국가대표〉와 똑같다.

〈국가대표2〉에서도 여자아이스하키 국가대표팀의 선수 구성은 빈약하기 짝이 없다. 피겨와 필드하키 선수 출신, 발레를 전공한 미용실 직원, 협회의 비서 등이 국가대표선수로 발탁된다. 쇼트트랙 경기에서 반칙패를 해 '국민 밉상'이 된 박채경은 그나마 나은 편이다. 이들 중에서 아이스하키 경기를 해본 경험이 있는 선수는 리지원뿐이다. 즉 리지원은 〈국가대표〉의 차헌태에 해당하는 인물이다. 강대웅 감독이 리지원을 찾아가 핀란드 진출을 당근으로 제시하거나, 선수들끼리 티격태격 싸우는 에피소드도 〈국가대표〉와 비슷하다. 선수들이 남해안 섬에서 스스로 훈련장을 만들고, 뻘밭을 달리는 지옥 훈련을 하고, 감독이 협회장을 찾아가 대회에 출전시켜달라고 요청하는 장면도 마찬가지이다.

〈국가대표2〉는 스포츠 영화로는 드물게 탈북자를 주인공으로 내세운다. 이는 1990년대 중반 이후 탈북자가 우리나라에서 중요한 사회적 이슈로 떠오른 시대 상황과 관련이 있다. 남한에 들어온 탈북자는 1994년 김일성 주석 사망 이후 급격하게 증가했다. 이른바 '고난의 행군'이라는 북한의 경제적 위기가 가장 큰 원인으로 꼽힌다. 2022년 6월 기준으로 국내에 입국한 탈북자 수는 3만 3,000여 명에 이른다. 1998년까지는 국내에 입국한 탈북자가 한 해 수십 명에 불과했으나 1999년에는 148명을 기록했다. 그리고 2002년에 처음으로 1,000명을 넘어섰고, 2006년부터 2011년까지는 꾸준히 2,000명 선을 유지했다. 탈북자는 이제 한국 사회의 중요한 구성원이 됐다. 탈북자가 국회의원이 되고, 탈북자들이 고정 출연하는 TV 프로그램이 매주 방영될 정도이다.

2000년대에 탈북자가 급격하게 증가하면서 탈북자를 소재로 한 영화도 다수 제작됐다. 2011년에만 〈두만강〉, 〈무산일기〉, 〈김정일리아〉, 〈댄스타운〉, 〈풍산개〉 등 다섯 편이나 개봉했다. 그 이전에는 곽경택 감독의 〈태풍〉(2005)과 〈국경의 남쪽〉(2006), 〈크로싱〉(2008)이 탈북자 문제를 직간접적으로 다뤘다. 이 중에서 〈무산일기〉는 제31회 한국영화평론가협회상 신인감독상 등을 수상하면서 작품성을 인정받았다. 2020년대에도 〈이상한 나라의 수학자〉(2022), 〈비욘드 유토피아〉(2024), 〈로기완〉(2024) 등 탈북자의 삶을 소재로 한 영화가 꾸준히 만들어지고 있다.

탈북자 소재 영화의 장르와 주제 등은 대략 두 가지로 분류된다.

먼저 〈태풍〉, 〈국경의 남쪽〉, 〈의형제〉, 〈이상한 나라의 수학자〉와 같은 대중 영화는 분단 현실, 탈북자의 정체성 혹은 그들의 생활보다 장르적 재미에 더 충실하다. 반면 독립영화나 다큐멘터리는 탈북자가 남한 사회에 정착하거나 우리 사회의 구성원으로 살아가기 위해 겪는 험난한 과정에 초점을 맞춘다. 박정범 감독이 탈북자 친구와 함께 살았던 경험을 토대로 만든 〈무산일기〉가 대표적인 작품이다. 〈무산일기〉는 탈북자의 일상과 현실을 있는 그대로 보여준다. 취업과 실업, 폭력, 탈북자가 탈북자를 상대로 벌이는 사기 행각, 종교, 사랑 등을 구체적이고 냉정하게 묘사한다. 이 영화에 등장하는 탈북자 주인공의 삶은 황폐하기 짝이 없다. 박정범 감독이 "북한에서 상영되면 체제를 유지하는 좋은 도구가 될 것"이라고 말했을 정도이다.

반면 〈국가대표2〉는 리지원의 처지를 분단 문제로 확장하지 않는다. 물론 이 영화에서도 남북 분단이라는 시대 상황이 서사에 영향을 미치지만, 그 구체적인 상황은 간접적으로만 드러난다. 북한 선수들이 리지원을 변절자라고 비난하고, 지혜가 공항에서 언니를 직접 찾아오지 못하고, 자매가 선물을 의자 밑으로 몰래 주고받는 식이다. 협회 혹은 정부 차원에서 리지원이 탈북자라는 점을 굳이 거론하지 않는 것도 같은 맥락이다. 이로 인해 〈국가대표2〉에서 분단, 탈북자와 같은 시대적인 요소는 서사 전개나 주제에 제한적으로만 작용한다. 결국 〈국가대표2〉는 스포츠 영화라는 틀 안에서 주인공의 가족애를 강조하기 위한 소재로 탈북자를 활용한다. 따라서 〈국가대표2〉의 리지원은 우리 사회의 이방인 중 한 명일 뿐이며, 스포츠 영화가 지닌 사회적 의미와는 깊은 관련이 없는 존재가 된다.

2장

스포츠와 젠더: 대상에서
주체로 선 여성들

1. 남성 중심 가부장제와 희생하는 여성:
1959~1980년대 권투 영화

　　　　2000년대 이전 스포츠 영화에서 여성 인물의 역
할은 제한적이었다. 대부분 조연 혹은 단역에 머물렀다. 또 남성 주
인공의 성공을 위해 자신을 희생하는 수동적이고 순종적인 성격의
여성 인물이 대부분을 차지했다. 반면 2000년대 스포츠 영화에서는
여성 인물의 역할과 성격이 크게 달라졌다. 최근의 스포츠 영화 중
에는 여성 인물이 주인공으로 등장해 영화의 서사를 끌어나가는 작
품이 많다. 또 자신의 운명을 스스로 개척하고 모험을 서슴지 않는
주체적, 능동적, 진취적인 여성 인물도 쉽게 찾아볼 수 있다. 여성
인물이 절망에 빠진 남성 인물의 재생과 부활을 이끄는 역할을 하는

것도 2000년대 스포츠 영화의 새로운 흐름이다.

그런데 2000년대 이전 스포츠 영화의 특징은 스포츠가 남성과 여성을 차별한 역사와 관련이 있다. 스포츠는 고대부터 남성들의 고유 영역으로 여겨져 왔다. 예를 들어 여성들은 기원전 776년 그리스 올림피아에서 시작된 최초의 올림픽 경기에 출전하지 못했다. 당시 여성들은 전차 경기에 자신의 전차를 출전시키는 등 간접적인 방식으로만 올림픽에 참가할 수 있었다. 여성들의 축제가 아예 없었던 것은 아니다. 헤라 여신을 찬양하기 위해 4년마다 헤라이아(Heraia) 축제가 열렸다. 이 축제에서는 달리기만 치러졌는데, 주 경기장 트랙의 길이는 약 160m였다. 이는 올림피아의 트랙 길이 600 올림픽 피트(192.28m)보다 32m나 짧았다. 이러한 길이의 차이는 여성은 남성보다 신체적으로 열등하다는 그리스 남성들의 사고방식이 반영된 결과였다(주디스 스와들링, 2004).

스포츠에서 여성에 대한 배타적인 행위는 근대까지 이어졌다. 여성들은 1896년 시작된 근대 올림픽인 제1회 아테네올림픽에도 출전하지 못했다. 근대 올림픽 창시자이자 조직 위원장이었던 피에르 드 쿠베르탱 남작은 "여성의 역할은 남성의 동반자이거나 가정의 어머니이다."라고 말하며 여성의 출전을 제한했다. 여성은 1900년 제2회 파리올림픽에 처음 참가했다. 이 대회에는 여성 22명이 출전했는데, 종목은 골프와 테니스로 한정됐다. 그 이후에도 여성의 올림픽 출전은 단계적으로 그리고 더디게 이뤄졌다. 1912년 스톡홀

름올림픽에서 수영, 1928년 암스테르담올림픽에서 육상, 1984년 LA 올림픽에서 마라톤, 2000년 시드니올림픽에서 역도 종목에 여성의 출전이 허용됐다. 또 여자 레슬링은 2004년 아테네올림픽, 여자 권투는 2012년 런던올림픽이 돼서야 정식 종목이 됐다.

2000년대 이전 제작된 우리나라 스포츠 영화는 스포츠 현장의 이분법적인 성 이데올로기를 거의 그대로 재현했다. 실제로 이 시기의 스포츠 영화 주인공은 모두가 남성이다. 반면 여성 인물은 수동적인 조연 혹은 남성 주인공의 그림자에 불과하다. 즉 남성 운동선수의 애인 혹은 여동생으로 등장하는 경우가 대부분이다. 생물학적, 사회적 관점에서 스포츠가 여성을 주변화하고, 스포츠 영화는 그러한 여성을 다시 주변화하는 '이중의 주변화' 현상이 일반화된 것이다. 2000년대 이전 스포츠 영화를 여성 인물의 관점에서 정리하면, 스포츠와 스포츠 영화에 나타난 성 인식을 구체적으로 확인할 수 있다. 스포츠 영화의 이러한 특징은 권투 영화에서 가장 두드러지게 나타난다.

1) 순응하는 여성, 비극적인 희생양–〈꿈은 사라지고〉

먼저 국내 스포츠 영화의 효시로 꼽히는 권투 영화 〈꿈은 사라지고〉(1959)의 시나리오를 살펴보자. 이 영화의 주인공은 올림픽 출전을 눈앞에 둔 국가대표 권투선수 인철이다. 그는 군 복무 중 사망한 해병대 부하의 애인인 혜련을 마음에 품고 있다. 그런데 인철은 혜련이 댄스홀에서 노래하는 가수라는 사실을 우연히 알게 된다. 그로 인해 인철은 혜련을 강하게 비난하고, 실의에 빠져 술로 세월을 보낸다. 즉 〈꿈은 사라지고〉에서 남자주인공은 은근히 연모하던 여성 인물의 직업으로 인해 방황한다. 그리고 코치 등 주변인의 도움으로 겨우 시련을 딛고 올림픽 금메달을 획득한다. 반면 혜련은 인철에게 자신의 상황을 제대로 설명하지 못한 채 수동적, 방어적인 태도를 보인다. 자신이 댄스홀에서 노래하는 사연을 스스로 설명하지도 않는다.

〈꿈은 사라지고〉의 설정과 인물의 성격은 주제가에도 잘 나타나 있다. 영화의 주제가 '꿈은 사라지고'는 남자주인공 인철 역할을 맡은 배우 최무룡이 직접 불렀다. 이 주제가는 인철이 혜련의 직업을 처음 알고 실망하는 댄스홀 장면에서 등장한다. '꿈은 사라지고'의 노래 가사는 다음과 같다. '나뭇잎이 푸르던 날에/뭉게구름 피어나듯 사랑이 일고/끝없이 퍼져나간 젊은 꿈이 아름다워//귀뚜라미 지새 울고 낙엽 흩어지는 가을에/아 꿈은 사라지고 꿈은 사라지고/그 옛날 아쉬움에 한없이 웁니다.'라는 내용이다. 이 주제가에서 화자는 '여름날의 사랑과 꿈이 이제 사라져' 우는 인물이다. 사랑과 꿈이 사라진 이유는 뭘까? 노래의 화자를 인철에게 대입하면, 청초한 여인인 줄 알았던 혜련이 댄스홀 가수라는 사실을 알았기 때문이다.

'꿈은 사라지고'가 수록된 SP 음반 뒷면에는 또 다른 주제가가 실려 있다. 혜련 역할을 맡은 배우 문정숙이 부른 '나는 가야지'이

남성 중심 이데올로기가 강하게 투영된 〈꿈은 사라지고〉.

다. 이 노래는 여성 인물 혜련의 심정을 표현하고 있다. '겨울이 가고 따뜻한 해가 웃으며 떠오면/꽃은 또 피고 아양 떠는데 웃음을 잃은 이 마음/비가 개이고 산들바람이 정답게 또 불면/새는 즐거이 짝을 찾는데 노래를 잊은 이 마음/아름다운 꿈만을 가슴 깊이 안고서/외로이 외로이 저 멀리 나는 가야지/사랑을 위해 사랑을 버린 쓰라린 이 마음/다시 못 오는 머나먼 길을/말없이 나는 가야지.'라는 내용이다. 시나리오에 의하면, 혜련이 이 노래를 부르는 순간에 인철이 댄스홀에 들어선다. 인철과 혜련의 관계 및 상황, 그들의 내면을 주제가가 간접적으로 표현한 셈이다.

〈꿈은 사라지고〉는 액자 구성을 취하고 있다. 영화의 첫 장면에서 인철은 올림픽 국가대표 선발전을 치른다. 마지막 장면에서는 인철이 올림픽에 출전해 금메달을 획득한다. 두 차례의 경기는 라디오 중계방송을 통해 소개된다. 그리고 두 차례의 경기 장면 사이에서 인철과 혜련의 서사가 진행된다. 인물의 감정이 가장 고조되는 순간은 댄스홀 노래 장면이다. 인철은 올림픽에 대비한 합숙 훈련을 앞두고 회식을 하기 위해 댄스홀에 들르고, 그곳에서 에레나라는 이름으로 노래하는 혜련을 발견한다. 그 순간, 인철은 해병대 부하이자 혜련의 애인이었던 조 해병을 부르면서 격한 감정을 토해낸다. 인철은 "조 해병 저 노래가 들리나. 누가 저 노래를 부르고 있는지 알기나 하나. 네가 천사라고 부르든 바로 그 사람이 지금 뭇 사나이들 앞에서 팔아먹고 있어……. 조 해병 너도 지금 울고 있겠지……."라는 독백을 한다.

그리고 인철의 울부짖는 대사 사이로 '저 멀리 나는 가야지~말 없이 나는 가야지'라는 혜련의 노래가 흐른다. 혜련이 노래하는 동안에 인철은 흥분해서 "네가 청춘의 꿈을 모두 바쳤든 바루 그 혜련 씨가……뭇 사내들하고 춤을 추고 노래도 하고 거짓말까지 하는 더러운 여성이었단 말이다. 넋이 있거던 한바탕 울어봐라……. 나처럼 나처럼 말이다."라고 과격한 대사를 여과 없이 쏟아낸다. 이어서 혜련이 인철을 발견하고 그에게 다가가는데, 이 장면에서 두 사람의 태도는 매우 대조적이다.

혜련 용서하세요….

인철 내게도 술 한 잔 딸어줄 수 있겠오?

혜련 선생님…전…결코….

인철 듣기 싫소. 누구나 할 수 있는 시시한 변명은 집어치우쇼.

혜련 그만 마시세요.

인철 그 손 치우세요.

혜련 그만 마시세요, 네?

인철 그 더러운 손 치워요!

이 대화에서 혜련은 큰 죄라도 지은 듯이 인철에게 용서를 구한
다. 반면 인철은 혜련을 '더럽다'라고 표현한다. 그런데 인철은 혜련
이 댄스홀에서 일하는 내막을 알지 못한다. 그리고 시나리오의 말줄
임표에 담긴 의미를 고려하면, 혜련은 남자 손님들에게 술을 따르는
일을 하지 않는다. 또 혜련이 댄스홀에서 노래하는 이유는 애인이었
던 조 해병 어머니의 입원비를 마련하기 위해서이다. 인철은 나중에
야 전후 사정을 알고 자신의 후원자가 운영하는 회사에 혜련을 소개
한다. 하지만 이 회사의 전무가 혜련을 성추행하고, 인철은 그 전무
를 살해했다는 혐의로 재판에 넘겨지고, 결국 무혐의로 풀려나 올림
픽에 출전한다. 그 사이에 혜련은 심장판막증과 빈혈, 신경쇠약으로
입원한다. 그리고 병실에서 중계방송을 통해 인철이 금메달을 따는
소식을 듣는다. 귀국한 인철은 강변에서 '꿈은 사라지고'라는 노래

를 다시 부른다. 물론 그의 꿈이 사라진 이유는 앞의 댄스홀 상황과 다르다.

〈꿈은 사라지고〉에서 '청초하고 아름다운' 혜련의 이미지와 '댄스홀 가수'라는 혜련의 직업, 이에 대한 인철의 반응은 남성 중심 이데올로기가 반영된 설정이다. 그리고 인철은 자신이 마음에 두었던 혜련의 직업에 대한 편견에 사로잡혀 방황하고, '웃음을 잃고 노래마저 잊은' 혜련은 인철의 성공을 위해 저 멀리 떠나겠다고 말한다. 즉 〈꿈은 사라지고〉에서 여성 인물의 성격은 남성에 의해 규정되고, 여성 인물은 남성 중심의 가부장적인 성 이데올로기에 순응하는 캐릭터로 묘사된다. 결말에서 혜련이 병에 걸려 죽는 설정도 비극적인 여성 캐릭터를 묘사하는 전형적인 방식이다. 그러한 점에서 혜련은 강고한 남성 중심 이데올로기의 희생양이라고 할 수 있다.

그런데 '꿈은 사라지고'와 '나는 가야지' 두 곡이 수록된 SP 음반은 1959년 레코드 계의 베스트셀러였다. 1950년대 말 가요계는 불황으로 몸살을 앓았다. 반면 영화계는 완연한 호황을 누리고 있었다. 이 시기에 가요와 영화를 매개한 것이 바로 영화 주제가였다. 대중가요계 입장에서 영화 주제가는 불황을 극복하는 데 상당한 힘을 발휘한 견인차였다. 그리고 '꿈은 사라지고'는 1950년대 말 영화 주제가 붐을 대표하는 최고 히트곡이었다(이준희, 2010). 영화 〈꿈은 사라지고〉가 흥행에 성공하고, 이와 함께 최무룡과 문정숙이 부른 주제곡 음반도 베스트셀러가 된 것이다. 이러한 현상은 당시 대중이

〈꿈은 사라지고〉의 스토리와 이데올로기, 나아가 주제가의 정서에 공감했다는 것을 의미한다. 이는 스포츠 영화가 당대의 사회 현실을 반영한 대표적인 사례이다.

2) 1980년대 권투 영화와 전형적인 여성들—〈신의 아들〉, 〈카멜레온의 시〉

초기 권투 영화에 나타난 여성 인물의 역할과 성격은 1980년대 작품에서도 거의 그대로 반복된다. 1980년대 권투 영화에서 여성 인물은 남자주인공을 위해 무조건 자신을 희생하거나 혹은 헛된 욕망에 사로잡혀 악행을 저지르는 부정적인 캐릭터로 묘사된다. 희생하는 여성 인물의 성격이 가장 잘 드러난 영화는 〈신의 아들〉(1986)이다. 이 영화의 주인공 최강타는 보육원 출신으로 권투에 천부적인 소질을 지닌 인물이다. 그는 교통사고로 심장과 눈이 파손돼 사경을 헤매는데, 이때 숙적이었던 전광석이 심장과 눈을 최강타에게 이식해 준다. 전광석은 최강타가 자신이 패한 흑인 챔피언을 쓰러뜨린다는 조건을 단다. 최강타는 우여곡절 끝에 세계 타이틀전에서 승리해 챔피언이 됨으로써 전광석과의 약속을 지키지만, 경기의 마지막 순간에 실명하고 만다. 하지만 최강타는 다시 밝은 눈을 얻어 세상을 본다.'라는 내용이다.

그렇다면 최강타는 어떻게 해서 다시 밝은 눈을 얻었을까? 〈신의 아들〉은 마지막 장면에서 그 비밀을 알려준다. 장소는 병원 입원실. 간호사가 최강타의 눈을 감쌌던 붕대를 풀고, 최강타는 한 여성의 이름을 부른다. 그러자 의사를 비롯한 사람들이 병실을 빠져나간다. 그 순간, 전광석의 여동생 보배가 눈에 붕대를 감은 채 휠체어에 앉아 있는 모습이 나타난다. 최강타는 깜짝 놀라서 보배에게 왜 이런 짓을 했느냐고 묻는다. 보배는 "사랑해서요."라고 대답한다. 최강타는 "이게 사랑의 방법이야? 희생만이 사랑의 방법은 아니란 말이야. 미친 짓이야."라고 절규한다. 보배는 "제 눈이 되어주시면 되잖아요. 전 마음의 눈으로 바라볼 수 있다면 더 이상 바랄 것이 없어요."라고 대답한다. 보배는 최강타를 오빠인 전광석의 대체 인물로 생각했을 가능성이 크다. 그렇다고 해도, 보배의 희생은 터무니없다는 느낌을 지울 수 없다.

〈지옥의 링〉(1987)에서도 여성은 남성에게 무조건 순종하고 희생하거나 허욕에 물든 인물로 묘사된다. 〈지옥의 링〉의 서사를 여성 인물인 엄지를 중심으로 정리하면 다음과 같다. 즉 '고아-보육원에서 오혜성과 함께 성장-위탁 가정에 입양-상경-재벌 2세와 결혼 약속-권투선수가 된 오혜성과 재회-오혜성 거부-결혼 문제로 갈등-챔피언이 된 오혜성의 죽음-엄지의 오열'로 요약된다. 이 영화에서 엄지는 신데렐라를 꿈꾼다. 옛이야기에서 재투성이 소녀 신데렐라가 왕자와 결혼했듯이, 고아 출신인 엄지는 재벌 후계자와의 결혼을 통한 신분 상승을 꿈꾼다. 그래서 엄지는 시골에서 오직 자신만을 생각하며 상경한 가난한 복서 오혜성을 멀리한다.

〈지옥의 링〉에서는 엄지의 욕망이 노골적으로 표현된다. 엄지의 가치관은 재벌 후계자인 마동탁과 김한수를 사이에 두고 줄타기하는 과정에서 극명하게 드러난다. 엄지는 결혼을 약속한 마동탁의 제과 회사가 부도 위기에 처하자 손쉽게 변심한다. 그리고 또 다른 재벌 후계자 김한수가 청혼하자 이를 수락한다. 이때에도 엄지는 김한수에게 "한강 그룹 후계자가 될 자신 있나요?"라고 묻는다. 하지만 엄지는 보육원 출신이라는 사실이 드러나 파혼을 당한다. 김한수는 엄지에게 "사랑보다 철저한 계산으로 남자를 사귀고", "위선과 이기주의적인 행동이 날 실망시킨 거야."라고 파혼 이유를 설명한다. 하지만 김한수는 미국 유학 중 마동탁의 제과 회사가 부도에 이르도록 조종한 인물이다. 〈지옥의 링〉은 성공 신화의 주인공이 되기 위한 인물들의 갈등이 복합적으로 얽히고설켜 있는 스포츠 영화이며, 그 중심에 엄지가 있다.

그런데 이 영화에서 오혜성과 엄지의 시선은 서로 대립한다기보다 어긋나 있다. 오혜성은 오매불망 엄지만을 바라보고, 엄지는 재벌 후계자 마동탁과 김한수를 바라보는 구도이다. 오혜성은 엄지와의 사랑을 이루기 위한 마지막 수단으로 처절하게 싸운 끝에 챔피언이 되지만, 끝내 대기실에서 숨을 거둔다. 그래서 성공 신화의 징표인 오혜성의 챔피언 트로피는 공허한 승리의 표식으로 남는다. 그 이유는 단순하다. 오혜성은 비록 경기에서 승리했으나 엄지와의 사랑을 이루지 못했기 때문이다. 오혜성에게 진정한 전리품은 챔피언 트로피가 아니라 엄지의 사랑이다. 엄지는 오혜성의 시신 앞에서 오열하지만, 뒤늦게 흘린 그 눈물이 오혜성의 죽음을 되돌릴 수는 없다. 〈지옥의 링〉은 사랑 없는 성공의 비극을 보여주는 영화인데, 그 파국의 근본적인 원인은 엄지의 세속적인 욕망에서 찾을 수 있다.

〈카멜레온의 시〉(1988)는 주인공 강토가 지옥 훈련을 통해 챔피언에 오르는 과정을 암울하면서도 장엄하게 그린 영화이다. 만화가 허영만과 스토리작가 김세영이 처음 손잡고 만든 만화 〈카멜레온의 시〉를 각색했다. 그런데 원작 만화는 철학적, 염세적인 분위기가 강한 작품이다. 김세영은 만화에서 프랑스 초현실주의 시인 아르튀르 랭보와 로트레아몽의 시를 자주 인용한다. 이 만화는 1980년대에 엄청난 인기를 끌었다. 절판됐던 프랑스 시인 로트레아몽의 시집 『말로도르의 노래』가 베스트셀러에 오를 정도였다. 24세에 요절한 프랑스 시인 로트레아몽은 기괴한 환상, 반항, 무의식의 세계를 표현한 초현실주의의 선구자로 불린다. 악마주의적이고 난해한 로트레아몽의 이 시집이 베스트셀러가 됐을 정도이니 만화 〈카멜레온의 시〉가 얼마나 화제였는지 짐작할 수 있다.

영화 〈카멜레온의 시〉는 첫 장면부터 강렬한 이미지를 보여준다. 강토의 정신적인 스승인 나라가 파도치는 절벽 위에서 바다를 보며 서 있고, 그 위로 "인간은 태양과 죽음 중에 그 어떤 것도 직시할 수 없다. 그러나 카멜레온이란 짐승은 태양을 직시한다고 한다. 그 친구의 이름은 나라였다."라는 강토의 내레이션이 흐른다. 영화의 스토리는 강토의 집안에 재난이 닥쳐 아버지가 돌아가시고 형은 식물인간이 된 비극으로 시작된다. 대학 복싱부 선수였던 강토는 증오심을 품고 프로권투에 입문한다. 하지만 강토는 사고만 일으키고, 재난의 원인인 아버지의 친구를 폭행해 교도소에 수감된다. 한편, 나라는 엄마가 뇌종양 수술을 받다가 돌아가신 후 잠적한다. 이어서 강토와 나라가 바닷가에서 재회하고, 나라는 강토가 하나의 운명, 하나의 분신임을 깨닫는다. 이어서 강토는 나라의 지도를 받으며 지옥 훈련을 하고, 권투계에 복귀해 연전연승을 거두고, 마침내 세계 챔피언이 된다.

〈카멜레온의 시〉에 등장하는 여성 인물인 신혜와 장미는 정반대 캐릭터이다. 신혜는 순애보의 주인공이다. 신혜는 죽어가는 나라와 천 시인의 집 마당에서 결혼식을 올린다. 이때 나라는 "내 생명이 얼마 남지 않았는데도 후회하지 않겠어?"라고 묻고, 신혜는 "단 하루라도 나라 씨와 함께 있을 수만 있다면 전 행복할 거예요."라고 대답한다. 신혜는 대학 시절부터 나라를 연모했고, 나라가 숨지는 순간까지 그의 곁을 지킨다. '미인, 여우, 가시'로 설명되는 장미는 나라가 자신을 멀리하자 복수를 꿈꾼다. 장미는 나라와 강토를 떼어놓기 위해서 자신을 쫓아다니던 강토에게 접근한다. 중요한 시합을 앞두고 연인처럼 행동해 강토의 훈련을 망치고, 부자이자 챔피언인 동수를 위해 강토에게 거짓말을 한다. 나라에게 신혜의 과거 직업을 까발리겠다고 협박하기도 한다. 하지만 장미는 어떠한 목적도 이루지 못한다.

지금까지 살펴본 것처럼 1980년대 권투 영화인 〈신의 아들〉, 〈지옥의 링〉, 〈카멜레온의 시〉에서 여성 인물은 남성 인물을 위해 자신을 희생하거나 혹은 탐욕적, 세속적인 성격으로 묘사된다. 희생하는 인물이든 탐욕적인 인물이든, 개별 서사물에서 그러한 인물 설정 자체가 문제가 되는 것은 아니다. 오히려 밀도 있는 서사를 위해서는 안타고니스트, 악당, 적대자의 역할이 필요하고 또 중요하다. 그런데 〈신의 아들〉, 〈지옥의 링〉, 〈카멜레온의 시〉에서는 여성 인물에 관한 부정적인 묘사가 광범위하게 이뤄지고, 나아가 그러한 여성 인물이 같은 시대 상황 속에서 전형적인 캐릭터로 등장한다. 세 영화의 이러한 여성 인물 묘사는 1980년대 한국 사회의 남성 중심 이데올로기가 반영된 결과라고 할 수 있다.

2. 여성 운동선수와 10대 소녀 영웅의 등장

스포츠 영화에서 여성 인물의 역할과 성격은 2000년대에 접어들어 큰 변화를 맞이한다. 여성 운동선수의 등장은 이 시기에 나타난 새로운 현상의 핵심 요소이다. 스포츠 영화에서는 경기 장면이 서사의 핵심 요소이고, 그러한 점에서 운동선수가 주인공으로 등장하는 것은 당연한 일이다. 그런데 여성 운동선수의 등장은 2000년대 스포츠 영화에서 비로소 본격화됐다. 이때 여성 운동선수의 성격은 아마추어부터 국가대표까지 다양하다. 이 여성 운동선수들이 주인공인 스포츠 영화는 대개 비인기 종목을 소재로 한다. 그러면서 '비인기 종목의 여성 운동선수'라는 흐름도 생겨났다. 그로 인해 2000년대에는 비인기 종목의 여성 운동선수와 10대 소녀 영웅이 스포츠 영화의 중요한 키워드가 됐다.

2000년대 스포츠 영화에서 여성 인물의 역할과 성격이 변화한 요인은 복합적이다. 그 가운데 하나로 여성 선수들이 국제대회에서 맹활약한 점을 꼽을 수 있다. 예를 들어 여성 선수들은 1996년 애틀랜타올림픽에서 금메달 7개, 은메달 6개, 동메달 2개를 획득해 남성 선수들보다 우수한 성적을 기록했다. 2024년 파리올림픽에서도 여성 선수들은 총 13개의 금메달 중에서 8개(혼성 1개 포함)를 차지했다. 또 여자양궁은 1988년 서울올림픽부터 2024년 파리올림픽까지 단체전 10연패를 달성했다. 〈우리 생애 최고의 순간〉의 소재가 된 여자핸드볼 국가대표팀은 1984년 LA 올림픽부터 2004년 아테네올림픽까지 5개 대회에서 연속으로 은메달 3개, 금메달 2개를 획득하기도 했다. 따라서 2000년대 스포츠 영화에 나타난 여성 인물의 역할과 성격 변화를 스포츠 현장과 연결 지어 살펴보는 것은 자연스럽다.

스포츠 영화에 '여성 운동선수'가 주인공으로 등장하는 현상은 한국 사회의 변화와 관련해서 짚어볼 수 있다. 앞에서 살펴본 대로,

2000년대 이전 스포츠 영화에서 여성 인물이 주인공인 작품은 찾아보기 어렵다. 운동선수인 여성 주인공은 아예 희귀하다. 그러한 점에서 한형모 감독의 영화 〈언니는 말괄량이〉(1961)의 안순애를 주목할 만하다. 유도도장 사범의 딸인 안순애는 이름 그대로 '안 순한' 여성이다. 안순애는 나이가 찼음에도 결혼할 생각이 없다가 우여곡절 끝에 동생과 같은 날에 결혼식을 한다. 그런데 신혼 초부터 부부싸움을 하다가 남편을 마당에 내동댕이치고 친정으로 와버린다. 〈언니는 말괄량이〉에는 영화 중간에 유도 장면이 등장한다. 한국영상자료원이 2010년 스포츠 영화 특별전에서 이 작품을 상영한 배경이다.

그런데 〈언니는 말괄량이〉의 안순애는 영화 제목 그대로 말괄량이일 뿐이며, 유도는 안순애의 기질을 강조하기 위한 설정이다. 또 〈언니는 말괄량이〉는 안순애가 말괄량이에서 현모양처로 변해가는 과정이 서사의 중심인 홈 코미디 장르의 영화이다. 따라서 〈언니는 말괄량이〉의 안순애는 2000년대 스포츠 영화에 등장하는 여성 인물과는 그 결이 조금 다르다. 안순애는 운동선수로서의 여성 인물과는 거리가 있는 것이다. 하지만 〈언니는 말괄량이〉의 안순애가 1960~80년대 스포츠 영화에 등장하는 전형적인 여성 인물과 차이가 나는 점은 분명하다.

2000년대 스포츠 영화 중에서 여성 운동선수가 주인공으로 등장하는 작품 목록은 꽤 길다. 〈각설탕〉(2006), 〈우리 생애 최고의 순간⟩(2008), ⟨킹콩을 들다⟩(2009), ⟨그랑프리⟩(2010), ⟨코리아⟩(2012), ⟨국가대표2⟩(2016), ⟨걷기왕⟩(2016), ⟨야구소녀⟩(2020) 등이 여기에 해당한다. ⟨각설탕⟩과 ⟨그랑프리⟩는 경마, ⟨우리 생애 최고의 순간⟩ 은 핸드볼, ⟨킹콩을 들다⟩는 역도, ⟨국가대표2⟩는 아이스하키, ⟨걷기왕⟩은 경보를 소재로 한다. 이 영화의 여성 인물들은 비인기 종목의 상처투성이 주인공이라는 공통점이 있다. ⟨야구소녀⟩의 소재인 야구는 종목 자체는 인기 스포츠이다. 하지만 주수인이 처한 상황은 비인기 종목, 아웃사이더를 다룬 여타 작품들과 큰 차이가 없다.

이 시기의 스포츠 영화에는 여성 국가대표가 주인공으로 등장하는 현상도 뚜렷하다. 국가대표는 각 종목에서 최고 수준의 기량을 가진 선수들이다. 즉 국가대표 선수는 탁월한 능력을 지닌 최고의 전문가이다. 그리고 국가를 대표해서 가슴에 태극마크를 달고 외국의 국가대표팀과 경기한다. 그중에서 ⟨우리 생애 최고의 순간⟩과 ⟨코리아⟩의 주인공들은 세계 무대에서도 최정상급 실력을 자랑한 선수들이다. 즉 이들은 프로 정신을 갖고 체계적인 훈련을 거친 전문가이며, 그중에서도 빼어난 능력을 발휘해서 그 실력을 인정받은 선수들이다.

10대 소녀인 학생 선수가 주인공으로 등장하는 것도 2000년대 스포츠 영화의 중요한 특징이다. ⟨킹콩을 들다⟩의 박영자는 여자 중학생에서 국가대표로 성장하고, ⟨걷기왕⟩의 이만복은 여고생 경보 선수이며, ⟨야구소녀⟩의 주수인은 여고생에서 프로야구 2군 선수가 된다. 그런데 박영자는 고아이며, 주수인은 남자 고교야구부의 유일한 여자 선수이다. 따라서 두 인물의 나날은 순탄치 않다. 하지만 그들은 꿈을 포기하지 않는다. 박영자와 주수인은 2000년대 스포츠 영화의 여성 주인공답게 주체적, 진취적, 능동적으로 운명을 스스로 헤쳐 나간다. 이 시기의 스포츠 영화에서는 여성 인물이 꼭 주인공이 아니어도 그리고 운동선수가 아니어도, 이러한 성격은 크게 변하지 않는다.

〈킹콩을 들다〉는 박영자를 중심으로 하는 여자 중학생 역도부원들의 이야기이다. 〈걷기왕〉은 선천적 멀미 증후군으로 인해 학교까지 왕복 4시간을 걸어 다니는 여고생 이만복의 변신과 깨달음을 다룬다. 〈야구소녀〉는 고교 야구팀의 여성 강속구 투수인 주수인의 도전을 그린다. 이 중에서 경보 선수가 된 이만복은 우리 사회에 만연한 성공과 경쟁의 이데올로기, 주수인은 여성 운동선수에 대한 편견에 도전한다. 이들은 학생 선수이자 주인공으로서, 도전과 모험의 주체로서 영화의 서사를 이끌어간다. 따라서 이 영화의 주인공들을 '10대 소녀 영웅'으로 불러도 무리가 없다.

국내 스포츠 영화에 학생 선수가 주인공으로 등장한 사례는 적지 않다. 1970년대 중반에 잇달아 제작된 야구영화 〈영광의 9회 말〉(1977), 〈고교 결전 자! 지금부터야〉(1977)는 고교생 야구부, 〈엄마 없는 하늘 아래3-병아리들의 잔칫날〉(1978)은 초등학교 야구부의 이야기를 다룬다. 또 〈내일은 야구왕〉(1982)은 변두리 불고깃집 사장이 뚱보 아들을 위해 초등학교 야구팀을 창단하고, 그 선수들이 전국대회 준결승까지 진출하는 내용이다. 〈글러브〉에는 전국대회 1승을 향해 고군분투하는 충주성심학교 야구부 선수들이 등장한다. 그런데 이 영화들의 주요 인물은 남학생들이다. 그러한 점에서 10대 초·중반의 여학생 운동선수들은 2000년대 스포츠 영화의 중요한 특징으로 꼽을 만하다.

1) 여중생 역도선수의 끝나지 않는 모험-〈킹콩을 들다〉

〈킹콩을 들다〉는 국내 최초로 역도를 소재로 한 스포츠 영화이다. 전남 보성 지역 역도부 학생들이 2000년 제81회 부산 전국체전에서 총 15개의 금메달 중 14개를 차지하고, 출전선수 5명 가운데 4명이 3관왕에 오른 실화를 각색했다. 영화 촬영은 보성여중이 위치한 보성군에서 90% 이상 진행됐다. 보성군은 제작비와 촬영 장소, 역도 장비 등을 전폭적으로 지원했다. 이 영화로 박건영 감독은 제17회 춘사국제영화제 신인 감독상, 이지봉 코치로 출연한 이범수는 제29회 한국영화평론가협회상 남우주연상, 박영자로 출연한 조안은 제17회 춘사국제영화제와 제46회 백상예술대상 신인여우상을 받았다. 관객 수는 127만 명을 기록했다.

〈킹콩을 들다〉의 서사는 비교적 단순하고 전형적이다. 역도 문외한이었던 여중생 박영자가 이지봉 코치의 지도로 국가대표가 되는 과정을 다룬다. 그런데 〈킹콩을 들다〉는 2000년대 스포츠 영화의 특징이 집약되어있는 작품이다. 그중에서도 여성 인물의 성격과 역할이 핵심 요소이다. 주인공 박영자는 10대 학생 선수, 여성 영웅, 국가대표, 주체적·진취적인 성격, 남성 인물의 조력자 혹은 정신적인 스승이라는 요소를 모두 지닌 인물이다. 고아인 박영자는 숙식을 해결하기 위해 역도부에 입문한 뒤 체중 늘리기, 대나무 봉 들어올리기, 자갈밭에서 쇠사슬로 묶은 타이어 끌기, 산 정상까지 바벨 들고 뛰기, 겨울 냇가에서 빨래하기와 같은 혹독한 훈련을 거쳐 태극마크를 단다. 도전과 모험의 주체로 손색이 없는 행적이다.

〈킹콩을 들다〉에서 보성여중 역도부원들은 '미천한 혈통'의 인물이다. 박영자는 먹고 잘 곳이 마땅치 않은 처지인 데다 역도선수로서는 치명적인 허리 부상을 안고 있다. 현정은 뚱보에다 왕따이고, 테니스부원인 보영은 뚱뚱하다는 이유로 롤러나 끌고, 여순은 아픈 엄마와 함께 사는 생활보호대상자이고, 민희는 친구가 한 명도 없는 '사차원 소녀'이다. 한결같이 상실과 부재, 결핍의 상처를 지닌 인물들이다. 그런데 이 역도 소녀들은 비정상적인 상황을 벗어나기 위해 역도부원이 되는 도전을 감행한다. 물론 모든 인물이 역도 선수로 성공하는 것은 아니다. 하지만, 이 10대 여중생 역도선수들은 자발적으로 모험을 떠나고, 온갖 고난과 시련을 이겨내는 것만으로도 영웅의 자격을 갖춘 인물이 된다.

〈킹콩을 들다〉에서 흥미로운 점의 하나는 플롯이다. 즉 〈킹콩을 들다〉는 이지봉 코치와 박영자의 이야기가 병립하는 이중 플롯

10대 여학생 운동선수들이 주인공인 스포츠 영화.

인데, 이러한 구조는 영화의 주제와도 밀접한 관련이 있다. 〈킹콩을
들다〉에는 이지봉 코치가 박영자를 국가대표로 키우는 서사와 박영
자가 절망에 빠져 허우적거리던 이지봉 코치의 재생과 부활을 매개
하는 서사가 공존한다. 따라서 이지봉 코치와 박영자는 단순한 스승
과 제자의 관계가 아니다. 서로가 서로에게 조력자이자 정신적인 스
승의 역할을 한다. 〈킹콩을 들다〉는 이지봉 코치의 이야기인 동시에
박영자의 이야기인 셈이다. 〈킹콩을 들다〉의 이러한 플롯은 학생스
포츠를 다루는 이전 시기의 스포츠 영화에서 감독과 학생이 일방적
인 관계였던 것과 크게 다르다.

　이지봉 코치와 박영자의 관계는 프롤로그와 에필로그의 대위법

을 통해서도 확인된다. 프롤로그의 배경은 88서울올림픽 역도 경기장이다. 이지봉은 금메달을 향해 바벨을 힘차게 든다. 팔과 다리는 후들거리고, 얼굴은 일그러지고, 마침내 그는 바벨의 무게를 견디지 못하고 바닥에 쓰러진다. 에필로그의 배경은 2008년 베이징올림픽 역도 경기장이다. 박영자는 마지막 3차 시기에서 무려 5kg이나 무게를 올린다. 그리고 이를 악문 채 바벨을 들어 올린다. 팔과 다리는 후들거리고, 고질병인 허리는 끊어질 듯 아프다. 박영자는 과연 이지봉의 꿈을 이루어줄 수 있을까? 하지만 영화는 이 장면에서 정지한다. 〈킹콩을 들다〉의 이러한 프롤로그와 에필로그는 이지봉 코치와 박영자의 유사성을 강조하기 위한 구성이다.

〈킹콩을 들다〉에서 '미천한 혈통'의 박영자는 영웅 서사의 주인공인 동시에 남성 인물의 부활을 이끄는 정신적인 스승, 재생과 부활을 매개하는 역할까지 한다. 따라서 〈킹콩을 들다〉는 2000년대 스포츠 영화의 상징적인 작품이 된다. 특히 박영자는 10대의 학생 운동선수이자 고아 소녀로서 결핍을 해결하기 위해 주체적으로 모험과 도전을 감행하고, 그로 인해 내면 성장은 물론 이지봉 코치의 인생까지 바꿔놓는다. 그래서 간절하게 원하고 과감하게 도전한 박영자의 행적은 올림픽 금메달 획득 여부와 관계없이 영웅 서사가 된다.

2) 고교 야구팀의 유일한 여자 선수와 '거위의 꿈'-〈야구 소녀〉
〈야구 소녀〉의 결말 장면에는 꽤 인상적인 에피소드가 나온다.

남자고교 야구팀의 여자 투수인 주수인이 프로야구 구단과 계약하는 장면이다. 계약 당사자는 주수인의 엄마와 프로야구 SK 와이번스 단장이다. 그런데 단장이 계약서를 내밀자 주수인의 엄마는 당황한 채 난감한 표정을 짓는다. 그 계약서에는 6,000만 원이 적혀 있다. 아뿔싸. 6,000만 원이라니. 잠시 정적이 흐르고, 주수인의 엄마는 단장에게 조심스럽게 부탁한다. 한 달만 기다려 달라고, 그러면 그 돈을 마련해 보겠다고 말한다. 남편은 실직자이고, 혼자서 공장에 다니며 두 딸을 키우는 처지에 그 거액을 마련할 길은 막막하기만 하다. 6,000만 원은 작은 서민 아파트를 담보로 내놓아도 빌릴 수 없는 액수이다. 그런데 엄마는 딸을 위해서, 딸의 꿈을 위해서 어떻게든 그 돈을 구해보겠다고 말한다.

그런데 그 6,000만 원은 계약금이다. SK 구단이 주수인 선수에게 주는 돈이다. 주수인의 엄마가 프로야구의 시스템을 몰라서 전전긍긍한 것이다. 하지만 엄마의 무지는 엄마의 잘못이 아니다. 〈야구 소녀〉에서 이 장면이 차지하는 비중은 크지 않다. 서사 전개나 주제에 큰 영향을 미치는 것도 아니다. 그런데 이 장면은 왠지 먹먹하다. 사건의 전후 사정을 알면 이해가 간다. 엄마는 딸이 야구를 하는 것을 줄기차게 반대했다. 그리고 대학과 프로에서 지명을 받지 못한 딸에게 취직을 강권했다. 자신이 다니는 사출, 금형 공장에 딸을 소개하고, 실제로 주수인은 공장에서 쇠를 다듬는 일을 하기도 했다. 엄마로서는 선택의 여지가 거의 없었다. 그렇다고 딸에 대한 엄마의 미안함이 사라지는 것은 아니다. 그래서 엄마는 어떻게든 6,000만 원을 구해보겠다고, 조금만 기다려달라고 단장에게 애원한 것이다.

〈야구 소녀〉에서 '야구선수 주수인'을 반대하는 인물은 엄마 말고도 또 있다. 주수인이 속한 백송고등학교 야구부의 최진택 코치이다. 최 코치는 야구인이기 때문에, 야구라는 스포츠의 특징을 잘 알기 때문에, 주수인에게 다른 길을 선택하도록 권유한다. 최 코치가 주수인을 설득하는 근거는 '여자'라는 점이다. 그는 코치로 부임한 첫날 박 감독에게 "여자애가 어떻게 고교야구부에 왔어요?"라고 묻는다. 그리고 주수인이 프로야구 선수가 되겠다고 말하자 "쓸데없는 소리"라고 일축한다. 하지만 주수인의 결심은 확고하다. 그래서 "할 수 있을지 없을지 어떻게 알아요. 왜 해보지도 않고 안 된다고 해요?"라고 반발한다. 또 프로 지명을 받은 동급생 이정호가 자신을 칭찬하자 "내가 130km 던지는 게 왜 대단한 건데?"라고 반문한다. 주수인은 '여자 선수로는 대단하다'가 아니라 그냥 '선수'로서 평가받고 싶은 것이다.

그래서 주수인은 혹독한 훈련을 소화한다. 결국 "여자라서 안 된다고 하는 거 같아? 넌 실력이 없는 거야."라고 주수인을 윽박질렀던 최 코치가 조력자로 나선다. 최 코치는 공의 회전력이 좋은 주수인의 장점을 살려 너클볼을 훈련 시키고, 프로야구 트라이아웃(입단 테스트)을 알아보고, 경기를 알선하고, 새 글러브도 선물한다. 이제 최 코치에게 주수인은 '여자 선수'가 아니라 그냥 '선수'이다. 그래서 최 코치는 주수인을 응원하고 격려한다. "프로 되는 거 힘들다. (네가) 여자라서 그런 건 아니다."라고 용기를 북돋워 준다. 실제로 프로가 되는 건 남자 선수에게도 어려운 일이다. 최 코치도 프로 진출에 실패한 뒤 독립 리그 선수로 뛰었고, 그로 인해 아내와 이혼한 아픔이 있다. 주수인은 그러한 최 코치에게 새로운 희망이다.

너클볼을 연마한 주수인은 트라이아웃에서 좋은 평가를 받는다. 하지만 현실의 벽은 높고, 선입견은 쉽게 깨지지 않는다. 프로야구 단장은 "주수인이 야구는 남자만 한다는 고정관념을 깼다."라고 칭찬한다. 그러면서도 주수인에게 야구단 프런트로 일할 것을 제안한다. '프로야구 선수 주수인'이 아니다. 그는 주수인에게 생활 스포츠인 여자야구 파트를 맡아 일하자고 말한다. 주수인은 단장의 제안을 단번에 거절한다. "야구는 누구나 할 수 있는 거잖아요. 그러니까 여자건 남자건 그건 장점도 단점도 아니에요."라는 말을 남기고 사무실을 떠난다. 그 후 주수인은 여러 가지 우여곡절을 겪은 후 마침내 프로야구 2군에 정식 입단한다. 영화의 마지막에 새로운 정보가 공개된다. 주수인의 뒤를 이어 백송고등학교에 여자 선수가 지원서를 낸다. 주수인은 후배 선수에게 역할 모델이 된 것이다.

〈야구 소녀〉의 주수인은 2000년대 스포츠 영화의 핵심 요소를 두루 갖춘 인물이다. 주수인은 가난한 집의 맏딸이자 남자 고교 야구팀의 유일한 여자 선수이다. 주수인은 '미천한 혈통'의 인물이지만, 여자 선수로서는 탁월한 능력을 지니고 있다. 그래서 어려서부터 '천재'라고 불렸다. 실제로 〈야구 소녀〉는 초반에 어린 주수인의 인터뷰가 실린 신문 인터뷰 기사와 트로피를 자세하게 보여준다. 하지만 현실은 냉혹하다. 주수인은 이제 리틀 야구선수도 중학생도 아니다. 프로야구 지명을 받은 동급생 이정호와 손 크기를 재보는 장면은 주수인이 야구선수로서 지닌 신체적 약점을 잘 보여준다. 따라서 야구부의 박 감독과 최 코치가 주수인을 만류하는 것은 무책임한 행동이 아니다.

즉 주수인은 리틀 야구의 여자 투수로서는 '천재'이며, 고교 야구팀 선수로는 특이한 인물이다. 하지만 주수인이 기록한 최고 구속 134km는 프로에서 매력적인 숫자가 아니다. 오히려 프로야구 투수 중에서 최하위 그룹에 속한다. 고등학교 남자 투수들의 구속과 비교해도 한참 느리다. 물론 한국프로야구에 주수인과 비슷한 구속을 지닌 선수가 있었다. 두산 베어스 유희관 선수는 130km 안팎의 직구 구속으로 통산 100승을 달성했다. 그러나 유희관 선수는 확률적으로는 불가능에 가까운 희귀 사례이다. 타의 추종을 불허하는 정확한 컨트롤과 손의 감각, 게임 운영 능력 등이 필요하다. 또 유희관 선수의 성적은 두산 베어스가 왕조였던 시절이어서 가능했다. 주수인은 공의 회전력이 좋기는 하지만, 다른 능력까지 탁월한 것은 아니다.

그렇지만 주수인은 꿈을 포기하지 않는다. 다른 스포츠 영화와 마찬가지로 〈야구 소녀〉도 결과가 아니라 과정을 강조한다. 주수인은 프로야구 2군에 입단함으로써 어느 정도 목표를 달성한다. 즉 주수인은 미천한 혈통, 탁월한 능력의 소유자이지만 비참한 최후를 맞이하지 않는다. 이러한 결말은 여자 운동선수, 10대 소녀 영웅이라는 2000년대 스포츠 영화의 특징으로 연결된다. 그러한 점에서 〈야구 소녀〉의 주수인은 〈킹콩을 들다〉의 박영자, 〈걷기왕〉의 이만복과 유사한 여성 인물이다. 즉 주수인, 박영자, 이만복은 2000년대 스포츠 영화의 장르 문법으로 확장해서 살펴볼 여지가 있는 여성 캐릭터이다.

〈야구 소녀〉에서 주수인은 최고 구속의 한계나 가난 이외에 감독과 코치의 이분법적 성 이데올로기로 인해 시련을 겪는다. 그런데 주수인은 감독과 코치가 "넌 여자라서 안 돼."라고 포기를 강요하자 "난 해보지도 않고 포기 안 해요."라고 되풀이했던 자신의 말을 실천한다. 주수인은 꿈을 이루기 위해 모험을 감행한 주체이며, 스포츠계의 남성 중심적 성 이데올로기를 극복한 여성 인물이다. 〈야구 소녀〉는 자막으로 프로야구 출범 당시 '의학적으로 남성이 아닌 자는 부적격선수로 분류한다.'라는 조항이 있었다고 소개한다. 이 조항은 1996년에 폐기됐다. 주수인은 '부적격선수'가 아니라 2000년대 스포츠 영화의 상징적인 인물이다.

〈야구 소녀〉는 현실의 완고한 벽을 향해 강력한 직구를 던진다. 이 직구가 울림을 주는 이유 중 하나는 담백한 연출과 연기 덕분이다. 〈야구 소녀〉는 일반적으로 영화가 요구하는 극적인 서사 전개에 얽매이지 않는다. 그리고 주수인과 최 코치 혹은 주수인과 엄마의 갈등과 대립 관계에도 여유 공간을 만들어놓는다. 가족을 먹여 살리느라 야구에 무지한 엄마의 계약서 에피소드는 그래서 더 여운이 깊다. 주수인의 행적에는 판타지적인 요소가 포함되어 있고, 낭만적인 세계관이라고 비판받을 여지가 없는 것도 아니다. 하지만 〈야구 소녀〉는 주수인의 도전을 담담하게 풀어나감으로써 현실성을 확보하고, 이를 통해 관객의 공감을 끌어낸다. 〈야구 소녀〉는 현실을 반영하되 주제를 강요하지 않는다.

주수인의 행적은 가수 인순이가 부른 노래 '거위의 꿈'의 가사를 떠올리게 한다. 그 노래의 가사는 다음과 같다. '난 꿈이 있어요. 그 꿈을 믿어요. 나를 지켜봐요. 저 차갑게 서 있는 운명이란 벽 앞에 당당히 마주칠 수 있어요. 언젠가 난 그 벽을 넘고서 저 하늘을 높이 날 수 있어요. 이 무거운 세상도 나를 묶을 순 없죠.'라는 내용이다. 주수인은 오늘도 저 노래 속의 거위처럼, 비록 뒤뚱거릴지라도 꿋꿋하게, 자신의 꿈을 향해 야구공을 던지고 있을 것이다. 그리고 〈야구 소녀〉는 우리가 이 시대의 모든 주수인'들'에게 박수를 보낼 수 있도록 해준다.

현재 우리나라에는 여자야구 국가대표팀이 운영되고 있다. 하지만 여자야구 국가대표팀에는 프로 출신 선수가 없다. 수준도 높은 편이 아니어서 WBSC 여자야구 월드컵에서 상위권 성적을 올리지 못하고 있다. 2024년 기준으로 여자야구 고교 팀, 대학팀, 실업팀도 없는 실정이다. 1999년 고교 야구대회에 최초로 출전했던 안향자

(덕수고)를 비롯해 박민서, 김라경 같은 여자 야구선수가 여러 명 있기는 했다. 손가은(화성동탄BC) 선수는 2023년 봉황대기 전국 고교야구대회와 2024년 황금사자기 전국 고교야구대회에 출전해 화제가 됐다. 하지만 그들은 프로의 벽을 넘지 못했다. 〈야구 소녀〉는 이처럼 척박한 환경에서도 자신의 꿈을 향해 공을 던지고, 달리고, 배트를 휘두르는 모든 '야구 소녀'에게 힘찬 응원을 보내는 영화이다.

3. 방황하는 '온달'과 구원자 '평강공주'들-〈전설의 주먹〉

널리 알려진 우리나라 옛이야기 중에 '바보 온달과 평강공주'가 있다. 이 옛이야기의 주인공인 온달과 평강공주는 실존 인물이다. 그들에 관한 이야기는 역사서인 김부식의 『삼국사기』와 신채호의 『조선상고사』 등에 수록되어 있다. 평강공주는 고구려 제25대 평원 왕의 첫째 딸이며, 온달은 나라를 구한 장군이다. 두 인물의 실화가 민간에서 전승되면서 혹은 누군가의 의도로 여러 이야기 요소가 덧붙여져서 전해져 '바보 온달과 평강공주'가 됐을 것이다. 일연의 『삼국유사』에 실려 있는 '수로부인' 설화와 비슷한 과정을 거쳤다고 할 수 있다. '바보 온달과 평강공주' 이야기는 같은 제목의 영화로 제작되기도 했다. 1961년 이규웅 감독이 연출한 이 영화에는 배우 신영균이 온달, 김지미가 평강공주로 출연했다. 그럼

'바보 온달과 평강공주' 이야기를 먼저 살펴보자.

고구려 어느 마을에 온달이라는 청년이 눈먼 어머니와 단둘이 살았다. 온달은 집이 무척 가난해서 느릅나무 껍질을 벗겨 먹고는 했다. 그래도 먹을 것이 떨어지면 마을로 구걸을 나갔다. 온달이 누더기를 걸치고 동냥할 때면 동네 사람들은 "바보 온달"이라고 놀려댔다. 몸집은 큰데 하는 짓이 모자랐기 때문이다. 한편, 어린 평강공주는 자주 울었고, 한 번 울면 울음을 그치지 않았다. 그때마다 평원 왕은 "아무래도 바보 온달에게 시집보내야겠다."라고 놀리고는 했다. 평강공주가 커서 시집갈 나이가 되자 평원 왕은 평강공주를 상부 고 씨에게 시집보내려고 했다. 하지만 평강공주는 "아버님이 옛날에 온달에게 시집보내겠다고 했으니 그 사람에게 시집가겠습니다."라고 고집을 부렸다. 평원 왕은 크게 실망하고 화가 나서 평강공주를 궁궐 밖으로 쫓아냈다. 평강공주는 금팔찌와 패물을 챙겨서 궁을 나와 온달의 움막집을 찾았다. 그리고 배가 고파 느릅나무 껍질을 벗겨 먹기 위해 산에 올라가 있던 온달을 찾아가 청혼했다. 영문을 모르는 온달은 당연히 청혼을 거절했다. 하지만 평강공주는 정성을 다해 온달과 노모를 설득해 결혼하게 됐다. 평강공주는 귀중품을 팔아 땅과 집, 살림살이를 장만했다. 그리고 온달에게 글과 무예를 가르쳤다. 이에 온달은 숨어 있던 능력을 키워나갔고, 출중한 무예 실력을 지니게 됐다. 온달은 낙랑 벌에서 열린 사냥 대회에 참가해 1등을 했다. 평원 왕은 온달의 정체를 알고 난 후 깜짝 놀랐지만, 온달을 사위로 인정할 수는 없었다. 이때 북주의 무제가 고구려를 침략했는데, 온달은 평원 왕과 함께 전투에 나가 혁혁한 공을 세웠다. 이에 평원 왕은 온달을 사위로 인정했다. 590년 평원 왕이 죽고 영양 왕이 즉위했다. 온달은 신라에 빼앗긴 한강 유역을 되찾기 위해 군사를 이끌고 출정했다가 신라군의 화살을 맞아 전사했다. 고구려군이 온달의 시신을 수습해 장사를 지내려고 했으나 관이 땅에 붙어 움직이지 않았다. 이에 평강공주가 관을 어루만지며 "삶과 죽음이 이미 정해졌으니 이제 돌아가시옵소서."라고 애원하자 그제야 관이 땅에서 움직였다.

이 옛이야기에서 가장 주목받는 부분은 온달과 평강공주의 인물 구도와 역할이다. 온달은 급이 낮은 귀족이었을 가능성이 크다고 한다. 하지만 온달의 신분이나 가난보다 더 중요한 것이 있다. 어리숙한 바보였던 온달이 평강공주의 도움을 받아 최고의 무예 실력을 갖추고, 나아가 나라를 구하는 장군이 된다는 점이다. 이를 다른 관점에서 바라보면, '바보 온달과 평강공주'는 아름답고 슬기로운 여성인 평강공주가 남편 온달을 완전히 새로운 인물로 재탄생시키는 이야기가 된다. 즉 이야기의 표면적인 영웅은 가난한 바보에서 장군으로 거듭난 온달이지만, 그 온달을 영웅으로 만든 인물은 평강공주이다. 그렇다면 평강공주는 영웅 신화에 등장하는 조력자 혹은 정신적인 스승에 해당하는 인물이다.

영웅 이야기에서 조력자(협력자) 혹은 정신적인 스승은 특정 인물이 영웅이 되도록 도와주는 캐릭터이다. 할리우드의 시나리오 작가 크리스토퍼 보글러는 영화에서 가장 보편적이고 유용한 캐릭터 원형 7가지를 정리했다. 그 7가지 캐릭터는 영웅, 정신적 스승, 관문수호자, 전령관, 변신 자재자, 그림자, 협력자, 장난꾸러기/익살꾼이다. 이 가운데 정신적인 스승은 영웅을 돕거나 가르치는 긍정적인 인물이며, 지식과 지혜의 꾸러미를 전수해 주는 존재이다. 도움의 형태는 마법의 병기, 중요한 열쇠나 단서, 음식, 생명을 좌우하는 충고 등으로 다양하다. 정신적인 스승의 원형은 부모의 이미지와 매우 유사하다. 정신적 스승의 또 다른 주요 기능은 영웅에게 동기를 부여해 그가 두려움을 떨쳐내게 돕거나 모험을 감행하게 하는 것이다.

보글러의 캐릭터 원형 7가지 가운데 조력자는 영웅과 여정을 함께하는 인물이자 절친한 단짝이다. 조력자는 동반자, 논쟁 상대 등 다양한 역할을 한다. 또 영웅의 인간적인 면모가 드러나게 하고 치우친 것을 바로잡는다. 이 단짝은 영웅과 싸우기도 하고, 충고와 경고를 하기도 하고, 때로 영웅에게 도전하기도 한다. 보글러는 그리스 로마신화의 오디세우스와 선원들, 아서왕과 원탁의 기사들, 돈키호테와 산초 판사 등을 영웅과 조력자의 관계를 대표하는 인물로 제시한다(크리스토퍼 보글러, 2013). 조력자가 정신적인 스승의 역할을 하는 경우도 많다.

'바보 온달과 평강공주' 이야기는 현대 서사물에도 변형된 형태로 자주 등장한다. 스포츠 영화에서도 이러한 인물 구도와 서사를 쉽게 찾아볼 수 있다. 특히 여성 인물이 타락한 혹은 낙오한 남성 인물의 재탄생을 돕는 서사는 매우 익숙하고 보편적이다. 2000년대 스포츠 영화에서는 여성 인물이 진취적이고 적극적으로 행동하는데, 그들이 조력자로 등장하는 작품에서도 이러한 특징은 그대로 나타난다. 여성 인물이 남성 인물의 요구에 따라서 수동적으로 행동하거나 무조건 희생하는 것이 아니라 남성 인물에게 목표를 설정해 주고, 남성 인물이 그 목표를 달성할 수 있도록 그들을 앞에서 이끌어 나가는 것이다.

2000년대 스포츠 영화에서 '행동하는 조력자' 캐릭터는 두 가지 유형으로 분류된다. 먼저 남성 인물의 구원자 혹은 정신적인 스승의 역할을 하는 유형이 있다. 〈킹콩을 들다〉의 박영자가 여기에 해당한다. 또 〈YMCA 야구단〉의 민정림은 실의에 빠져있던 송호창이 야구를 통해 신문물에 눈을 뜨고, 나아가 항일 운동에 참여하도록 만든다. 〈글러브〉의 나주원은 충주성심학교 음악 교사로서 프로야구 MVP 출신의 말썽꾸러기 코치 김상남과 청각장애 야구부원들을 물심양면으로 지원한다. 즉 박영자, 민영림, 나주원은 남성 인물의 정신적인 변화와 성장을 주도한다는 공통점을 지닌 여성 인물이다.

'행동하는 조력자'의 두 번째 유형은 〈말아톤〉과 〈4등〉의 엄마들이다. 두 영화에서 엄마들은 표면적으로 아들의 주체성을 훼손하는 '나쁜 엄마'이다. 〈말아톤〉의 경숙과 〈4등〉의 정애는 아들의 훈련 스케줄을 철저하게 감독하고, 아들을 훈련 시킬 코치를 직접 섭외하고, 경기장에 가서 아들의 경기를 관전하면서 간섭까지 하는 '헬리콥터 맘'이다. 하지만 그들의 역할은 역설적이다. 경숙과 정애의 행동은 자식에게 스트레스를 주고, 그로 인해 아이들은 엄마에 대해 부정적인 생각을 하게 된다. 하지만 결과적으로 두 엄마는 아들의 성장에 긍정적인 영향을 미친다. 〈말아톤〉의 초원과 〈4등〉의 준호는 '나쁜 엄마'의 품을 벗어남으로써 주체성을 확보하고 과업을 달성하기 때문이다.

여성 인물의 성격 및 역할과 관련하여 '바보 온달과 평강공주' 이야기와 비교해 볼 수 있는 영화로 〈전설의 주먹〉(2013)을 꼽을 수 있다. 〈전설의 주먹〉은 표면적으로 남성들의 거칠고 폭력적인 세계를 다룬 영화이다. 이 작품은 남성들의 육체적인 힘과 폭력성이 필수 조건인 종합격투기를 소재로 하고 있으며, 중년의 남성들은 철조망이 둘러 처진 링 위에서 야생 동물처럼 처절하게 싸운다. 그래서 〈전설의 주먹〉의 스크린은 낭자한 피와 가쁜 숨소리, 일그러진 얼굴, 고통스러운 비명으로 가득하다. 중년의 인물들이 가장 남성적이라고 일컬어지는 스포츠인 종합격투기를 통해 승부를 겨루는 장면들은 원시적이기까지 하다.

〈전설의 주먹〉에서 남성 인물들은 초반에 지루하고 남루한 일상을 살아간다. 그런데 이 남성 인물들은 우여곡절 끝에 종합격투기라는 모험을 시작하고, 온갖 시련을 이겨내고, 과업을 달성한 뒤에는 일상으로 귀환한다. 그들은 '분리-입문-귀환'이라는 영웅 신화의 전형적인 서사구조를 따라간다. 그중에서 영화의 핵심 인물인 임덕규의 행적을 정리하면 다음과 같다. 즉 '①아내와 사별한 후 국숫집을 운영한다. ②딸과는 소통 단절 상태이며, 가게 임대료도 내지 못한다. ③케이블TV 리얼 파이팅 프로그램의 출연 제안을 받는다. ④출연을 거부하다가 모험을 시작한다. ⑤승승장구하여 결승에 오르고 스타가 된다. ⑥거액의 상금을 획득하고 딸과 화해한다. ⑦국숫집이 문전성시를 이룬다.'라는 내용이다.

임덕규가 치르는 모험의 세계는 폭력성을 매개로 하는 스포츠 종목이다. 종합격투기는 주먹과 발, 무릎을 사용해 상대를 가격하는 기술과 그래플링(grappling ···엉켜 싸우기)이 모두 허용되는 종목이다. 즉 두 남성이 철조망 안에서 서로를 쓰러뜨리기 위해 싸우는 종합격투기는 폭력과 경쟁, 강인한 힘, 우월성 등이 잘 버무려진, 그야말로 헤게모니적 남성성의 모습을 잘 보존하고 있는 스포츠이다. 그래서 종합격투기는 마초적인 남성성을 그리워하던 이들에게 헤게모니적 남성성 회복의 장이라는 역할을 하고 있다는 평가를 받는다(장승현·이근모·이남미, 2010). 〈전설의 주먹〉의 경기장에서도 강인하고 폭력적인 남성성이 최고의 가치로 인정받는다. 그리고 학창 시절 최고의 싸움꾼이었던 세 명의 인물은 뒤늦게 마초적인 남성성을 회복하기

여성이 남성의 재탄생을 이끈 작품들.

위한 모험을 한다.

　그런데 〈전설의 주먹〉에서 남성 인물들의 모험을 유도하는 인물
은 여성인 홍규민 PD이다. 홍규민 PD는 리얼 파이팅 프로그램 '전
설의 주먹'과 '전설대전'을 설계하고 지휘한다. 〈전설의 주먹〉에는
세 명의 중년 남성이 등장한다. 임덕규 외에 친구를 회장으로 모시
는 대기업 홍보부장 이상훈, 삼류 건달 신재석이다. 고등학교 시절
최고의 싸움꾼이자 친구였던 그들은 모종의 살인사건에 휘말린 이
후 서로 연락을 끊고 살아왔다. 홍규민 PD는 상처를 감춘 채 웅크리
고 살아가던 이 옛날의 '싸움짱'들을 설득해 리얼 파이팅 프로그램
에 출연시키고, 이를 통해 그들이 새로운 삶을 살아가도록 이끈다.

또 남성들이 살벌한 맨몸 격투를 벌이는 현장에서 지휘자, 전략가, 승부사로 활약한다. 그렇다면 홍규민 PD는 평강공주의 현대적 버전이라고 할 수 있다.

홍규민 PD의 원형은 평강공주 외에 〈세경본풀이〉의 자청비에게서도 찾을 수 있다. 〈세경본풀이〉는 농사를 관장하는 세경신의 내력을 풀이한 제주도 무가이다. 홍규민 PD와 자청비는 남성들의 세계, 철저한 가부장제 사회에서 자신들의 정체성을 유지한 채로 흥미진진한 모험을 성공적으로 펼쳐나간다. 〈세경본풀이〉의 서사는 표면적으로 문 도령과 정수남, 아버지와 시아버지라는 완고한 남성들의 세계를 다루는 것처럼 보인다. 그런데 자청비는 철저한 가부장제 사회에서 주체적으로 남성 인물들의 행동을 끌어나간다. 〈전설의 주먹〉의 임덕규와 이상훈, 신재석은 문 도령과 정수남, 아버지에 대응하고, 홍규민 PD는 자청비와 짝을 이룬다고 할 수 있다.

〈세경본풀이〉에 등장하는 세경신은 셋이다. 상세경은 문 도령, 중세경은 자청비, 하세경은 정수남이다. 얼핏 상세경인 문 도령이 주인공인 것 같지만 〈세경본풀이〉의 실질적인 주인공은 자청비이다. 자청비는 농경신으로서 재생과 부활을 상징하는 존재이다. 봄이 되면 식물이 새로 자라나고 성장하는 자연의 이치와 관련이 있다. 또 자청비는 정해진 운명과 가혹한 환경을 스스로 개척해 나간다는 점에서 진취적인 영웅이다. 자청비는 용모는 여자로 태어났으되 행동과 성격은 남자와 같은 인물로서, 문 도령과 정수남이 신으로 좌정하는 데 결정적인 역할을 한다. 〈세경본풀이〉 가운데 문 도령과 관련된 자청비의 행적을 정리하면 다음과 같다.

1. 김진국 대감과 조진국 부인의 딸로 태어난다.

2. 빨래하러 갔다가 하늘에서 내려온 문 도령을 만난다.

    a) 남장을 하고 문 도령과 글공부를 한다.

    b) 달리기, 씨름, 오줌 싸기 등의 시합에서 문 도령을 이긴다.

    c) 문 도령이 하늘로 돌아갈 때가 되자 여성임을 밝힌다.

3. 주모산 주모 할미의 수양딸이 된다.

    a) 문 도령과 재회하기 직전 실수로 문 도령과 헤어진다.

    b) 주모 할미 집에서 쫓겨난다.

4. 하늘로 올라가 문 도령과 재회한다.

    a) 며느리 자격시험을 통과해 문 도령과 혼인한다.

    b) 문 도령 대신 하늘의 변란을 평정한다.

    c) 사라장자의 셋째 딸에게 갔던 문 도령이 말을 거꾸로
       타고 온다.

5. 곡식 종자를 가지고 인간 세상으로 내려온다.

    a) 농사 신이 된다.

    b) 정수남을 종으로 삼아 세상 농사를 돌본다.

〈세경본풀이〉의 핵심 화소는 자청비의 출생, 문 도령과의 만남

과 이별 그리고 재결합, 농경신 좌정이다. 이 과정에서 자청비는 늘 주도적인 역할을 한다. 대감의 딸인 자청비는 주천강으로 빨래하러 가고, 여자가 글공부하는 것을 반대하는 부모에게 "자식이라고는 오직 저 하나뿐인데 아버지 어머니 돌아가시면 기일 제사 때 누가 있어 축문을 쓰겠습니까?"라고 설득해 허락을 받고, 과거 시험에서 장원급제까지 한다. 이처럼 자청비는 자신의 삶을 적극적, 능동적, 진취적으로 개척한다. 그래서 〈세경본풀이〉는 "현대에 들어와 낯설지 않게 된 이런 여성의 행동 양태를, 저 완고한 남성 위주 전통사회 속에서 생겨난 신화가 이렇게 생생하게 구현해 내고 있다는 사실은 놀라울 뿐이다."(신동흔, 2004)라는 평가를 받는다.

〈전설의 주먹〉의 홍규민 PD는 자청비의 행동 양태를 반복, 재현한다. 홍규민 PD는 국내 최초의 격투기 리얼 파이팅 프로그램을 연출하기 위해 화제가 될 만한 인물들을 직접 찾아가 설득하고, 나아가 세 명의 남성 인물이 영웅으로 재탄생하도록 만든다. 〈전설의 주먹〉에서 홍규민 PD가 자주 언급하는 단어는 확신, 자신감, 남자다움이다. 홍규민 PD는 올림픽 출전을 꿈꾸었던 아마추어 복서 출신 임덕규를 만나 "제가 확신이 없었다면 '전설의 주먹' 같은 거친 쇼를 만들었을까요?"라고 설득한다. 또 "사장님에 대한 확신이 없었다면 제가 직접 찾아왔을까요?" 혹은 "자신감 있는 남자가 제일 멋있습니다."라고 강조한다. 남자 직원들에게 "죄송해하는 남자가 제일 무능력해 보인다." 하고 일갈하는 장면도 예사롭지 않다.

홍규민 PD는 카리스마 넘치는 여걸, 냉정한 승부사의 기질도 발휘한다. 신재석이 험악한 상반신 문신을 드러내 방송 사고가 났을 때는 신재석을 강하게 비판한다. 그리고 신재석에게 "조폭 생활한 게 자랑입니까?", "우리가 판돈 걸었으면 출연자들은 룰을 따라주세요."라고 말하며 상황을 정리한다. 국정원 직원 출신임을 내세우는 출연자의 돌발 행동을 그대로 방송하는 것도 시청률 확보를 위한 승부사 기질을 보여주는 에피소드이다. 이러한 장면들은 자청비가 인간 세상에서 발생한 변란을 진압한 상황과 유사하다. 〈세경본풀이〉에서 자청비는 도원수로 임명돼 걱정에 빠진 문 도령을 대신해 전장에 나가 변란을 평정한 뒤 하늘나라로 돌아온다.

홍규민 PD는 또한 남성들의 재생과 부활을 끌어낸다. 〈전설의 주먹〉에서 임덕규, 이상훈, 신재석은 지리멸렬한 삶을 살고 있었다. 임덕규는 가게 임대료도 못 내는 처지인 데다 학교에서 왕따인 딸과의 관계도 원활하지 않았다. 이상훈은 기러기아빠로서 아들의 유학비를 마련하기 위해 회사에서 온갖 수모를 견디며 산다. 신재석은 후배들에게도 무시당하는 신세이다. 그런데 이들 세 명은 '전설의 주먹'과 '전설대전'에 출연한 것을 계기로 새로운 삶을 시작한다. 임덕규는 딸과 화해하고 국숫집도 활기를 되찾으며, 이상훈은 당당하게 사표를 제출하고 새 출발을 선언한다. 임덕규와 이상훈은 도박 중개업자의 검은 유혹을 뿌리치고 정정당당한 승부를 펼쳐 우정을 회복한다.

〈세경본풀이〉에서는 자청비가 하인 정수남의 생명을 살려낸다. 정수남과 관련한 사건의 주요 내용은 '①자신을 범하려고 한 하인 정수남을 죽인다. ②집에서 쫓겨난다. ③남장을 하고 서천 꽃밭에 가서 꽃감관의 사위가 된다. ④서천 꽃밭에서 환생 꽃을 가져와 정수남을 살려낸다.'라는 것이다. 판본에 따라서는, 자청비가 서천 꽃밭에서 꽃을 가져와 죽은 문 도령을 살려낸다는 내용도 있다. 어찌되었든, 자청비가 죽은 남성들을 재생과 부활의 길로 이끄는 서사는 변하지 않는다. 〈전설의 주먹〉에서는 홍규민 PD가 사회적 타자인 남성 인물들이 재생과 부활을 통해 영웅으로 거듭나도록 인도하는 역할을 한다.

홍규민 PD와 자청비는 '모든 인간을 이롭게 하는' 인물이다. 자청비는 옥황상제에게서 곡식 종자를 얻어 인간 세상으로 내려온 뒤 정수남과 함께 세상 농사를 돌본다. 또 하늘에서 가져온 곡식 종자를 인간에게 나누어주어 풍년이 들게 한다. 홍규민 PD는 결말에서 인간적인 모습을 보여준다. 임덕규가 결승전 직전에 "친구끼리 뭐하러 싸웁니까?"라고 말하며 기권하고 이상훈도 이에 동의해 게임이 무산되는 상황에서 두 사람의 결정을 존중한다. 홍규민 PD는 임덕규와 이상훈이 상금을 나누어 갖도록 용인한다. 이처럼 홍규민 PD와 자청비는 남성들의 세계에서 '행동하는 조력자'의 면모를 보여준다.

〈전설의 주먹〉의 홍규민 PD와 평강공주, 자청비는 모두 가부장제 사회 혹은 남성들의 세계에서 흥미진진한 모험을 펼쳐나간다. 홍규민 PD는 격렬한 남성 스포츠인 종합격투기 프로그램의 기획자, 연출자, 설계자, 지휘자이다. 평강공주는 동냥아치로 살아가던 온달을 장군으로 만들고, 자청비는 인간 세계의 변란을 평정함으로써 진취적인 여성상을 정립한다. 즉 홍규민 PD는 미성숙한 남성이 새로운 인물로 재탄생하도록 돕는 조력자이자 정신적인 스승의 역할을 한다, 그러한 점에서 홍규민 PD는 신화적 원형이 현대적으로 변주된 사례이기도 하다.

지금까지 살펴본 것처럼, 〈전설의 주먹〉은 '바보 온달과 평강공주' 혹은 〈세경본풀이〉의 현대적 버전에 해당한다. 2000년대 스포츠 영화에서 여성 인물은 이제 수동적, 희생적인 행동으로 일관하지 않고, 오히려 남성 인물의 행동을 앞에서 끌어나간다. '바보 온달과 평강공주'에 나오는 '바보'의 성격은 스포츠 영화에서 가난, 소외, 부상, 상처, 미성숙함 등으로 나타난다. 그리고 평강공주 혹은 자청비에 해당하는 여성 인물이 '바보'인 남성 인물을 새로운 사람으로 만들고, 그들의 재탄생을 이끈다. '방황하는 온달'과 '구원자 평강공주' 캐릭터는 2000년대 스포츠 영화의 장르적 특징으로 자리 잡아가고 있다.

3장

스포츠와 돈: 프로스포츠의 발전과 세속적 욕망

1. 프로선수의 가치와 돈의 역설

프로스포츠에서는 선수의 가치가 돈으로 환산된다. 계약금과 연봉, CF 계약이 대표적이다. 프로선수가 목돈을 챙기는 기회는 또 있다. FA(Free Agent)라는 제도를 통해서다. FA는 자유계약선수를 말한다. FA는 일정 기간 소속팀에서 활약한 뒤 다른 팀과 자유롭게 계약해서 이적할 수 있는 선수 또는 그러한 제도를 일컫는다. 이 제도는 1976년 미국 프로야구에서 처음으로 도입됐다. 국내 프로야구에서는 1999년부터 시행됐다. 그 이후 남자 프로농구(2001년), 프로축구(2002년), 여자 프로농구(2003년)에서 차례로 이 제도를 도입했다. FA 제도는 현재 여러 프로스포츠 종목에서 활발하게 운영되고 있다.

국내 프로야구의 경우, 선수가 FA가 되기 위해서는 일정한 조건을 채워야 한다. 기본적으로 타자와 투수 모두 1군 등록 기간이 연 145일을 넘겨야 한다. 세부 조건은 선수에 따라 조금씩 다르다. 타자는 정규 시즌 경기 수의 3분의 2 이상 출전해야 한다. 투수는 정규 시즌 규정 이닝의 3분의 2 이상 투구하면 한 해 정규 시즌을 충족한 것으로 본다. 선수가 이러한 시즌을 8회 채우면 FA 자격을 얻는다. 대졸 선수의 자격 조건은 7시즌이며, 국가대표에 선발된 선수에게는 보상 일수가 주어진다. FA 자격 재취득을 위해서는 4시즌을 활동해야 한다. 다만, 해외 진출을 원하는 선수는 7시즌만 채워도 되는데, 이때는 구단의 동의가 필요하다.

FA 제도의 핵심은 돈이다. 국내 프로야구에도 2회 이상 FA 자격을 취득해 큰돈을 번 선수가 꽤 많다. 2024시즌을 기준으로 하면, 두산 베어스 포수 양의지 선수가 총액 1위에 올라 있다. 양의지 선수는 첫 번째 FA 때는 두산에서 NC로(125억 원), 두 번째 FA 때는 NC에서 두산으로(152억 원) 이적하면서 총액 277억 원을 받았다. 2016년 최초로 FA 100억 원 시대를 연 최형우를 비롯해 이대호, 김현수, 최정, 박건우, 김재환, 나성범, 양현종, 김광현, 오지환 선수 등이 100억 원이 넘는 FA 계약을 따냈다. 이 중에서 이대호, 김현수, 김광현 선수 등은 메이저리그에 진출했다가 돌아오면서 거액을 받았다.

국내 프로야구 FA 선수들이 돈방석에 앉았다고 하지만, 미국 메이저리그의 스타 선수 혹은 포스팅으로 메이저리그에 진출한 국내 선수들에 비할 바는 아니다. 일본 출신의 오타니 쇼헤이 선수는 2024년 LA 다저스와 FA 계약하며 세계 프로스포츠 사상 최고액인 10년, 7억 달러에 도장을 찍었다. 우리 돈으로 계산하면 9,000억 원이 훌쩍 넘는 거액이다. 한편, 이정후 선수는 2023년 말 포스팅으로 샌프란시스코 자이언츠에 입단하면서 6년, 1억 1,300만 달러(약 1,484억 원)에 계약했다. 국내 프로야구 선수 중 역대 최고액이다. 휘문고를 졸업한 이정후 선수는 2017년 계약금 2억 원, 연봉 2,700만 원을 받고 키움 히어로즈와 계약했었다.

한편 '코리안 몬스터' 류현진 선수는 2024년 2월 8년, 170억 원의 계약 조건으로 한화 이글스에 복귀했다. 류현진 선수는 2006년 인천 동산고를 졸업한 후 프로야구에 진출했고, 국내에서 7년 동안 계약금과 연봉을 합쳐 18억 9,000만 원을 받았다. 또 2012년 12월 LA 다저스와 계약한 이후 메이저리그에서 11시즌을 뛰며 1억 3,390만 달러(약 1,783억 원)를 벌었다. 류현진 선수는 계약금, 연봉, CF 계약 등을 합쳐 약 2,000억 원을 번 셈이다. 그 외에 박찬호 선수는 1994년부터 2010년까지 메이저리그 선수로 뛰며 연봉으로만 8,665만 6,945달러의 수입을 올렸다. 추신수 선수의 메이저리그(2005~2020) 누적 연봉은 1억 4,752만 달러가량 된다.

프로야구 이외의 종목에서는 축구의 손흥민 선수, 피겨 스케이팅의 김연아 선수가 대표적인 스포츠 재벌이다. 손흥민 선수는

2023~2024시즌에 영국 프리미어리그 토트넘 핫스퍼에서 주급 21만 파운드(약 3억 5,000만 원)를 받았다. 연봉으로 치면 182억 원이다. 하지만 비시즌 기간을 고려하면 실제 수입은 낮아질 수 있다. '피겨 여왕' 김연아 선수도 현역 시절 막대한 수입을 올렸다. 미국 경제 전문지 〈포브스〉는 김연아 선수가 2013년 6월부터 2014년 6월까지 상금, 광고, 출연료 등을 합쳐 168억 원의 수입을 올린 것으로 파악했다. 김연아 선수는 2007년 KB국민은행을 시작으로 20년 가까이 최고의 CF 모델로 활동하고 있다.

1) 프로야구에 투영된 결혼관과 황금만능주의─〈이장호의 외인구단〉

스포츠 영화에는 돈과 관련한 내용이 거의 등장하지 않는다. 프로선수 혹은 프로스포츠 종목을 소재로 하는 작품도 예외가 아니다. 설령 돈과 관련한 문제가 등장해도 그 비중이 크지 않다. 오히려 스포츠 영화에서는 돈만을 추구하는 선수들의 행적이나 가치관을 부정적으로 묘사하는 경향이 있다. 주인공이 프로선수이든 아마추어 선수이든 큰 차이가 없다. 물론 프로선수에게는 돈이 가장 중요한 가치이며, 자본주의 사회에서 이러한 가치관은 자연스러운 것이다. 그런데 스포츠 영화에서는 돈보다 다른 가치를 더 강조한다. 스포츠 영화의 이러한 특징은 프로스포츠가 활성화된 1980년대 이후 제작된 작품에서도 일관되게 나타난다.

프로스포츠를 소재로 한 영화 중에서 돈과 관련한 내용이 비중 있게 나타난 작품으로 〈이장호의 외인구단〉이 있다. 이 영화에는 프로선수의 계약금과 연봉을 둘러싼 에피소드가 자세하게 나온다. 〈이장호의 외인구단〉에서 돈은 마동탁, 최경도, 백두산을 포함한 프로선수들의 의욕을 고취하는 자극제 역할을 하는 동시에 갈등을 유발하는 요인으로 작용한다. 철저한 승리 지상주의자인 손병호 감독 역시 연봉, 계약금과 관련한 서사에 관계된다. 〈이장호의 외인구단〉에서 돈이 차지하는 비중은 다른 스포츠 영화에서는 찾아보기 힘들 만큼 크다. 영화의 시대 배경이 프로야구가 출범한 직후여서 그럴 수도 있다. 그러한 점에서 〈이장호의 외인구단〉은 1980년대 한국 사회의 특징을 돈의 관점에서 살펴볼 수 있는 스포츠 영화이다.

〈이장호의 외인구단〉에서는 먼저 손병호 감독이 슈퍼스타인 마동탁을 질책하는 장면에서 돈이 언급된다. 손병호 감독은 프로야구 신인 선수인 마동탁이 배팅 볼 투수인 선배 조상구를 무시하는 장면을 목격한다. 이때 손병호 감독은 마동탁을 나무라면서 "아무리 2억짜리 선수지만…"이라는 수식어를 붙인다. 그가 안하무인인 마동탁의 태도를 비판하는 기준은 돈이다. '계약금 2억 원을 받은 스타 선수'라도 선배에 대한 예의는 지켜야 한다고 강조한다. 물론 손병호 감독이 돈으로 선수 가치를 매기는 프로야구의 시스템 자체를 부정하는 것은 아니다. 하지만 그는 마동탁에게 프로스포츠에서도 돈보다 중요한 가치와 질서가 있다는 점을 가르친다.

손병호 감독은 외인구단을 결성하는 과정에서도 돈을 비중 있게 언급한다. 그는 야구를 그만두고 포장마차를 준비하는 오혜성과 백두산을 찾아가 그들에게 "계약금 3,000만 원, 연봉 2억 원, 연봉은 훈련 끝나고 시합 출전 때 지급한다."라는 구체적인 조건을 제시한다. 그러자 백두산은 "우리의 가능성을 그만큼 인정해 준 것"이라고 기뻐한다. 손병호 감독이 서부구단 단장에게 "12억 원을 투자하시오."라고 말하는 장면도 연봉 협상의 한 형태이다. 〈이장호의 외인구단〉에 등장하는 이러한 에피소드는 프로야구 감독과 선수들에게 연봉이 능력 평가의 기준이자 선수의 가치를 증명하는 잣대가 됐다는 점을 확인시켜 준다.

오혜성의 아버지가 서부구단 단장과 계약금을 흥정하는 장면도 마찬가지이다. 시골에서 뱀을 잡아 파는 '땅꾼'인 오혜성의 아버지는 아들의 입단 계약금으로 단장에게 2억 원을 요구한다. 그러나 2억 원은 고교야구 최고 스타 마동탁의 몸값이다. 프로구단이 오혜성과 같은 무명의 신인 투수에게 이러한 거액을 줄 리 없다. 오혜성의 아버지는 첫 제안이 일언지하에 거절당하자 1억 9,000만 원, 1억 8,000만 원, 1억 7,000만 원으로 점차 금액을 낮춰 부른다. 오혜성의 아버지는 프로야구 시스템에 관해 무지한 인물이다. 하지만 그가 계약금을 둘러싸고 어설프게나마 프로야구 단장과 줄다리기를 하는 장면은 당시에는 새로운 현상이었다.

〈이장호의 외인구단〉의 이러한 에피소드는 프로야구 출범 이전의 시스템과 비교하면 더욱 흥미롭다. 당시 실업 야구는 연봉제가 아닌 호봉제로 운영됐다. 선수들은 야구를 잘하든 못하든 연차에 따라 월급을 받았다. 즉 연차가 쌓여야 많은 월급을 받는 샐러리맨과 다르지 않았다. 프로야구는 선수들의 연봉 시스템에 획기적인 변화를 불러왔다. 실업 야구 최고의 홈런타자 김봉연 선수는 한국화장품에서 급여와 보너스로 1년에 480만 원을 받았다. 그런데 1982년 프로야구 해태 구단에 입단하면서 계약금 1,800만 원, 연봉 1,500만 원에 도장을 찍었다. 프로야구 원년 최고 연봉자인 박철순 선수(당시 OB)는 2,400만 원을 받았다. 프로야구 출범 첫해에 선수들의 평균 연봉은 1,215만 원, 최저 연봉은 600만 원이었다.

그런데 〈조선일보〉 1982년 1월 27일 자에 따르면, 당시 서울 은마아파트 31평형은 2,900만 원, 잠실 고층 아파트 34평형은 2,200만~2,800만 원이었다. 또 대졸 사원의 초봉이 연 200만 원, 도시 근로자 연 소득은 400만 원이 조금 넘었다. 이를 통해 프로야구 선수들의 사회적 위상이 어떠했을지 짐작할 수 있다. 1980년대 프로야구 현실과 비교하면, 〈이장호의 외인구단〉에서 신인 마동탁과 외인구단 선수들에게 지급된 계약금, 연봉은 비현실적이라고 느껴질 만큼 파격적이다. 실제로 한국프로야구 최초의 국내파 억대 연봉 선수는 선동열인데, 그는 1991년이 돼서야 비로소 1억 500만 원을 받았다.

〈이장호의 외인구단〉에 나타난 돈에 대한 가치관은 인물의 결혼관을 통해서도 확인할 수 있다. 외인구단 선수인 최경도는 작은 키 때문에 짝사랑하는 은행원 형자에게 매번 무시당하는 인물이다. 이에 최경도는 형자가 근무하는 은행의 지점에 정기예금 2억 원을 예탁하는데, 그 이후에 상황이 돌변한다. 원래 형자는 결혼식 날짜와 장소까지 정해져 있는 예비 신부였다. 그런데 최경도는 형자에게 다짜고짜 "(결혼식장에서)신랑이 이 몸으로 바뀌어 있을 것이오."라고 말한다. 남녀의 결혼에서 돈이 중요한 조건으로 작용하는 것은 보편적인 현상이다. 하지만 최경도는 돈만 있으면 결혼 상대까지도 마음대로 바꿀 수 있다는 황금만능주의의 극단적인 행태를 보여준다.

결혼관은 결혼 및 배우자 선택에 대해 개인이 지향하는 규범 및 가치관을 의미한다. 그래서 결혼관은 시대적으로나 사회적으로 신분 및 계급적 관계를 반영하며, 실제 행동과 반드시 일치하지 않더라도 그러한 행동을 유발하는 역할을 한다. 결혼관을 구성하는 요소는 결혼의 필요성, 동기, 배우자 선택 조건과 방법, 결혼의 시기 등이다. 이러한 요소들은 그 시대의 사회상을 가늠하는 척도가 된다. 결혼관은 시대에 따라 변화하게 마련인데, 결혼의 동기는 핵가족화가 진행되고 가정과 직장이 분리되면서 집 또는 가족을 위한 것에서 개인 중심, 자기중심으로 변화하고 있다(정윤경·김경희·배진아·김찬아, 1997). 즉 산업화, 근대화, 도시화가 진행될수록 결혼 당사자의 개인적인 선택이 중시되는 것이 일반적인 현상이다.

1980년대의 결혼관은 설문조사 결과를 통해 살펴볼 수 있다. 1989년 서울 시내 7개 대학 여대생 296명을 대상으로 배우자 선정 기준에 대해 설문 조사한 내용을 보자. 응답자들은 배우자의 개인 속성 가운데 성격, 능력, 건강, 학력, 외모, 재산, 가문, 기타 순으로 중요하다고 대답했다. 이 결과를 1979년 조사와 비교하면 '능력'이 3위에서 2위로, '재산'이 7위에서 6위로 상승한 점이 눈에 띈다. 다른 항목은 순위 변화가 없었다(전금숙, 1989). 다만 1980년대에는 10년 전보다 결혼 조건 가운데 배우자의 능력, 재산의 비중이 약간 높아진 것을 알 수 있다. 일반적으로 배우자 선택 시 고려 사항으로는 사랑의 감정, 사회적 신분, 자녀 양육 등이 있다. 여기에서 사회적 신분은 배우자의 능력, 재산과 관련된다. 〈이장호의 외인구단〉에 나타난 최경도의 에피소드는 1980년대 결혼관 조사 결과 및 배우자 선택 기준을 반영하고 있는 셈이다.

〈이장호의 외인구단〉에서 여주인공 엄지는 오혜성에 대한 사랑의 감정과 마동탁이 지닌 경제력, 명예 등 사회적 신분 사이에서 갈등한다. 그러다가 엄지는 엄마의 집요한 설득으로 결국 마동탁을 선택한다. 마동탁은 능력(연봉), 재산 등 계량화할 수 있는 거의 모든 결혼 조건에서 오혜성보다 절대적인 우위에 있다. 형자의 은행 동료가 최경도에 대해 "혹시 또 아니? 억대 재산을 가진 부잣집 아들일지?"라고 말하는 것도 결혼에서 경제력을 중시하는 세태를 드러낸다. 물론 결혼과 돈의 이러한 관계가 1980년대에 한정된 문제는 아니다. 하지만 〈이장호의 외인구단〉이 돈과 관련한 1980년대의 시대상을 구체적으로 담아낸 점은 주목할 만하다.

1980년대는 20년간 진행된 근대화, 산업화 정책에서 뻗어 나온 성공 신화가 사회를 지배하던 시대였다. 여기에 프로스포츠의 출범으로 운동선수의 가치가 돈(연봉)으로 측정되기 시작했다. 〈이장호의 외인구단〉은 스포츠 영화로서 이러한 사회 현실을 적극적으로 반영하고 있다. 이 영화에서는 계약금과 연봉 협상, 스카우트와 같은 프로스포츠의 여러 요소가 서사 전개에서 큰 비중을 차지한다. 〈이장호의 외인구단〉의 이러한 특징은 1980년대 이전의 스포츠 영화에서는 거의 찾아볼 수 없다. 따라서 〈이장호의 외인구단〉은 갓 출범한 프로야구의 특징과 사회 현실, 결혼과 관련한 세속적인 욕망을 발 빠르게 담아낸 스포츠 영화라고 평가할 수 있다.

〈이장호의 외인구단〉과 마찬가지로 이현세 만화가의 원작을 각색한 권투 영화 〈지옥의 링〉에서도 돈은 인물의 행적을 결정하는 중요한 요인으로 작용한다. 〈지옥의 링〉에서 노 관장은 한국상의 신인왕 상금 중에서 에이전트 몫으로 30%를 차지하는데, 한국상의 아버지는 이에 불만을 품고 노 관장을 떠나간다. 이 장면에서 한국상의 아버지는 노 관장이 책정한 30%가 적당한지 아닌지를 문제 삼는 것이 아니다. 그는 아들이 번 돈을 노 관장이 떼가는 것 자체를 못마땅하게 여긴다. 에이전트 시스템 자체를 이해하지 못하는 것이다. 〈지옥의 링〉에서는 또 비즈니스 능력이 중요한 요소로 등장한다. 오혜성이 신인왕에 오른 뒤 노 관장을 떠나는 이유도 그의 비즈니스 능력을 신뢰하지 못하기 때문이다.

오혜성은 노 관장의 선수 지도 능력과 최 관장의 비즈니스 능력

중에서 후자를 선택한다. 오혜성이 노 관장을 떠나는 과정에서는 선배 배도협의 충고가 큰 영향을 미친다. 배도협은 오혜성에게 "챔피언이 되고 싶나? 그럼 최 관장에게 가. 그러나 최 관장에게 선수는 소모품에 불과해."라고 말한다. 배도협은 노 관장의 지도를 받다가 최 관장에게 옮겨간 뒤 세계 챔피언에 오른 인물이다. 그러니까 오혜성이 노 관장을 떠나 최 관장에게 간 행위는 자신이 상품(소모품)으로 취급되는 것에 동의했음을 의미한다. 오혜성은 실제로 최 관장의 체육관으로 이적한 뒤 멕시코 선수와 세계 타이틀매치를 벌여 승리함으로써 챔피언으로 등극한다. 〈지옥의 링〉은 비즈니스 능력이 서사 전개의 변수로 작용한 이례적인 국내 스포츠 영화이다.

2) 안정된 직장보다 꿈을 선택한 아마추어 야구선수-〈슈퍼스타 감사용〉

프로야구를 소재로 한 스포츠 영화에서도 돈의 역할과 가치는 다양하게 나타난다. 〈이장호의 외인구단〉의 오혜성은 프로야구 선수이면서도 돈에는 거의 관심이 없다. 그는 손병호 감독이 거액의 계약금과 연봉을 제시할 때도 아무런 반응을 보이지 않는다. 게다가 오혜성은 우승 상금은 아랑곳하지 않고 첫사랑 엄지를 위해 패배를 자초한다. 또 〈슈퍼스타 감사용〉의 감사용 선수에게는 도전과 모험, 우정과 명예가 돈보다 더 소중하다. 감사용 선수는 아마추어 야구팀에서 활약하다가 프로야구에 진출한 인물이다. 그는 직장을 그만두면서까지 프로야구에 도전하고, 〈슈퍼스타 감사용〉은 그러한 감사

아마추어 야구선수의 꿈과 도전을 그린 〈슈퍼스타 감사용〉.

용 선수의 도전과 모험을 담아낸다.

감사용 선수는 1982년 창단한 프로야구 삼미 슈퍼스타즈의 중간 계투 혹은 패전 처리 투수였다. 그는 패배가 예상되는 경기 혹은 중요하지 않은 순간에 주로 등장하는 선수였다. 감독이 주전선수들의 체력을 아끼기 위해 그를 투입하기도 했다. 인천을 연고지로 한 삼미 슈퍼스타즈는 프로야구 원년의 꼴찌 팀이다. 삼미는 창단 첫해 전기, 후기리그에서 15승 65패, 승률 1할 8푼 8리를 기록했다. 이 승률은 현재 프로야구 한 시즌 역대 최저 승률로 남아 있다. 삼미의 1할대 승률 기록은 어쩌면 영원히 깨지지 않을지도 모른다. 그런데 감사용 선수는 그런 꼴찌팀에서도 패하는 경기에 주로 투입되는 '추격조'의 역할을 담당했다.

감사용 선수는 원래 삼미종합특수강이라는 삼미그룹 계열사의 사회인 야구팀에서 활약했다. 그런데 감사용 선수는 과감하게 프로 야구에 뛰어들었다. 안정된 직장과 월급 대신 꿈을 선택한 것이다. 물론 감사용 선수의 도전은 성공을 보장할 수 없었다. 아니, 처음부터 실패할 가능성이 더 컸다. 아무리 출범 첫해라고 해도, 프로야구는 실업 야구나 대학 야구를 주름잡던 선수들이 모인 곳이다. 국가 대표 출신 선수도 수두룩했다. 그런 무대에서 사회인 야구팀 출신 아마추어 선수가 돋보이는 성적을 내기는 매우 어렵다. 실제로 감사용 선수의 기록은 내세울 만한 것이 못 된다. 그는 1982년부터 1986년까지 삼미, 청보, OB에서 뛰면서 총 61경기에 출전해 1승 15패 1세이브, 평균자책점 6.09를 기록했다.

그렇다면 김종현 감독이 감사용 선수의 이야기를 영화로 만든 이유는 무엇일까? 여기에서 〈슈퍼스타 감사용〉의 메시지 그리고 스포츠 영화의 일반적인 주제를 찾아볼 수 있다. 〈슈퍼스타 감사용〉의 하이라이트는 감사용 선수가 OB 베어스 박철순 선수의 20연승 대기록 달성 경기에 선발 출전하는 장면이다. 이 영화에서 박철순 선수가 등판하는 OB와의 경기에 선발투수로 나가려고 하는 삼미 투수는 한 명도 없다. 대기록의 희생양이 되고 싶지 않기 때문이다. 실제로 감사용 선수는 박철순 선수와 맞붙은 이 경기에서 패전투수가 된다. 하지만 감사용 선수의 어머니와 형, 애인 그리고 팀 동료들은 그에게 아낌없는 박수를 보낸다. 여기에 돈이 끼어들 여지는 터럭만큼도 없다. 〈슈퍼스타 감사용〉은 프로스포츠에서도, 최저 연봉의 선수에게도, 돈보다 더 소중하고 값진 가치가 있다는 것을 감동적으로 표현한다.

2. '헝그리 복서'의 가난한 꿈과 처절한 승부

운동선수들은 왜 운동을 시작했을까? 선수마다 처음 운동을 한 시기도, 계기도, 이유도 각양각색이다. 선수가 특정 종목을 선택하는 과정도 마찬가지이다. 자신이 다니던 학교에 특정 종목의 운동부가 있어서 혹은 체육 선생님의 권유로 시작한 경우가 많다. 박지성 선수는 초등학교 때 야구를 하고 싶었는데, 집이 이사하면서 전학한 학교에 축구부가 있어서 축구선수가 됐다. 김연아 선수는 일곱 살 때 우연히 과천시민회관 실내 링크에 놀러 갔다가 스케이트를 타보고 반했다. 딸의 마음을 알아챈 엄마가 피겨 스케이팅 특강에 등록하면서 본격적으로 피겨를 배우기 시작했다. 즉 운동선수의 종목 선택은 우연히 이뤄지는 경우가 많다.

그렇다면 돈 때문에 운동을 시작한 선수도 있을까? 박지성, 김연아처럼 어린 나이에 운동을 시작한 선수들은 대부분 이에 해당하지 않는다. 청소년기 혹은 그 이후에 운동을 시작한 선수라면 돈이 목적일 수도 있다. 그런데 종목별로 돈을 벌기 위해 운동에 입문한 사례를 조사하면, 아마도 권투가 1위를 차지할 것이다. 많은 권투 선수가 가난하고 불우한 환경에서 벗어나기 위해 샌드백을 두들기기 시작했기 때문이다. 〈주먹이 운다〉의 주인공 강태식은 자신에 대해 "○○ 두 쪽, 몸뚱어리 하나" 뿐이었다고 말하는데, 강태식의 이 대사는 권투가 '헝그리 스포츠'라고 불리는 이유를 잘 설명해 준다.

실제로 권투는 가난한 청년들이 도전하기에 가장 적합한 종목이다. 별다른 운동기구 없이 두 주먹과 몸뚱이만으로 부와 명예를 얻을 수 있기 때문이다. 국내 최고의 프로권투 해설자로 명성을 떨친 한보영 씨는 『한국의 세계 챔피언들: 도전과 방어, 그 영역의 기록』이라는 책의 머리말에서 프로복싱이 6·25 전쟁과 휴전 이후 우리의 허탈감을 채워주었고, 이를 통해 춥고 배고프며 헐벗은 서민의 애환 가까운 곳에 있었다고 말한다. 특히 가난하고 불우한 청소년들에게 있어서 프로복싱은 '희망'과 '용기'와 '기회'였다. 그는 복싱이 소외된 젊은이들에게 '하면 된다'는 꿈을 심어줬다는 것은 결코 가볍게 넘길 일이 아니며, 그런 의미에선 자부심을 가질 만하다고 주장한다.

한보영 해설가는 이 책에서 우리나라 세계 챔피언들의 성장 과정을 소개한다. 그 내용을 간략하게 소개하면 다음과 같다. 국내 최초의 프로권투 세계 챔피언인 김기수 선수(WBA 주니어미들급)는 함경북도 북청에서 유복자로 태어났다. 1·4 후퇴 당시 12세의 나이로 홀어머니, 형, 누나와 함께 남쪽으로 내려왔다. 그는 아무런 연고도 없는 전라남도 여수에서 고달픈 피난살이를 했다. 10대 초반에는 엿 장수, 구두닦이, 뱃사람들의 심부름 등 무엇이든 가리지 않고 했다. 김기수 선수는 원래 육상과 씨름선수로 이름을 날렸다. 권투로 전향한 이후에는 서울로 전학해서 성북고등학교 복싱부에 들어갔다. 그리고 1966년 6월 25일 장충체육관에서 열린 타이틀전에서 니노 벤베누티를 2대1 판정으로 꺾고 세계 챔피언으로 등극했다.

김기수 선수의 세계 타이틀전은 당시 국민적인 관심사였다. 박정희 대통령의 지시를 받은 박태준 대한중석 사장은 김기수 선수의 집 근처인 신설동에 체육관을 지어주고, 그에게 생활비와 훈련 비용 일체를 제공했다. 또 박 대통령은 세계 타이틀전 대전료(5만 5,000달러)를 정부에서 지불 보증하도록 지시했고, 경기도 직접 관람했다(박태준, 2004). 김기수 선수는 세계 타이틀전에서 승리한 이후 서울 시내 카퍼레이드까지 하는 국민적인 영웅으로 떠올랐고, 이 경기 장면을 담은 다큐멘터리 영화 〈세계의 철권왕 김기수〉가 제작되기도 했다. 우리나라는 1970~80년대에 약 30명의 세계 챔피언을 배출하며 프로복싱 강국으로 군림했는데, 이러한 성과는 김기수 선수가 길을 닦은 덕분이라고 할 수 있다.

'짱구' 장정구 선수(WBC 라이트플라이급)는 부산시 아미동 산기슭의 두어 칸짜리 판잣집에서 어린 시절을 보냈다. 초등학교를 졸업할 무렵엔 가세가 더욱 기울어 중학교 진학을 포기했다. 그는 희망은 권투밖에 없다고 생각해 종합체육관에 입관했다. 아마추어 선수로 뛰다가 '가난 탈출'의 희망을 안고 프로로 전향했다. 장정구 선수는 스무 살이던 1983년 WBC 라이트플라이급 챔피언으로 등극했고, 우리나라 선수 최초로 15차 방어전까지 성공하는 금자탑을 쌓았다. 하지만 그는 불면증으로 인해 훈련에 전념할 수 없어 타이틀을 자진 반납했다. 그 이후 링에 복귀해 1989년부터 세 차례나 세계 챔피언에 도전했지만 모두 실패했다. 장정구 선수는 2000년 WBC가 선정한 '20세기 위대한 복서 25인'에 선정됐고, 2001년에는 프로복싱기자협회가 선정한 '국제복싱 명예의 전당'에 헌액됐을 만큼 실력과 인기가 뛰어났다.

이밖에 김성준 선수(WBC 라이트플라이급)는 부산에서 태어나 2세 때 서울로 이사해 홍제동 판자촌에서 자랐다. 아버지가 통조림공장에 손댔다가 빈털터리가 되면서 가출 소년이 됐다. 그러다가 백화점에서 소매치기 '한 건'을 했지만, 30대 피해 여성이 시장에서 콩나물 장사를 하는 것을 알고 나서 그 돈을 돌려줬다. 그는 이듬해 마포체육관에 등록해 복서가 됐다. 김철호 선수(WBC 슈퍼플라이급)는 탄광업을 한 아버지 덕분에 부잣집 귀염둥이로 자랐다. 서울에서도 에나멜 공장을 해서 생활하는 데 크게 불편하지 않았다. 하지만 공장에 불이나 당장 끼니를 걱정하는 신세가 됐고, 이에 대한 울분으로 샌드백을 두들겼다. 박종팔 선수(WBA 슈퍼미들급)와 문성길 선수(WBA 밴텀급)도 가난한 농가에서 자란 전형적인 '헝그리 복서'이다.

한보영 해설가가 『한국의 세계 챔피언들』에서 다룬 세계 챔피언들이 모두 불우한 환경에서 성장한 것은 아니다. 홍수환 선수는 평북 신의주에서 부유하게 살았고, 월남해서도 탄광을 한 아버지로 인해 남부럽지 않게 생활했다. 김상현 선수(WBC 슈퍼 라이트급)는 과자 공장을 운영한 아버지 덕분에, 최용수 선수(WBA 슈퍼 페더급)는 충남 당진의 방앗간 집 아들로 자라서 궁핍하지 않았다. 하지만 대부분의 권투 선수는 춥고 배고픈 성장기를 보냈다. 그리고 가난의 수렁에서 탈출하기 위해 부나비처럼 사각의 링에 뛰어들었다. 그러한 맨주먹의 헝그리 복서들이 세계 챔피언이 되기까지 얼마나 많은 눈물과 땀을 흘렸을지 짐작하는 것은 어렵지 않다.

1) 거리의 '인간 샌드백'이 된 은메달리스트-〈주먹이 운다.〉

〈주먹이 운다〉(2005)의 강태식도 현실 세계의 헝그리 복서들과 비슷한 길을 걷는다. 그는 1990년 베이징아시안게임 은메달리스트 출신이다. 하지만 그 영광은 뜬구름처럼 사라지고, 현재는 차갑고 냉혹한 현실의 파도 속에서 허우적거리고 있다. 40대 가장인 강태식은 빚 때문에 집을 차압 당하고, 가족과 헤어져 혼자 지내고, 아내와는 이혼할 처지에 놓여 있다. 강태식은 현실에서 탈출하기 위해서 다시 글러브를 낀다. 그런데 그 방법이 특이하다. 그는 성남시 분당구 서현동 광장에서 '인간 샌드백'이 되어 돈을 번다. 남자이든 여자이든, 어른이든 아이든, 누구나 1만 원만 내면 강태식을 마음대로 때릴 수 있다. 강태식은 돈 때문에 권투를 시작한 선수가 아니라 은

퇴한 이후 가난에 시달리다가 눈물을 머금고 다시 글러브를 낀 인물이다.

〈주먹이 운다〉는 강태식이 '인간 샌드백'이 되기 위해 준비하는 과정으로 시작한다. 그가 글러브를 메고 거리를 터벅터벅 걸어가고, 벤치에 앉아 우유를 마시고, 손에 붕대를 감고, 눈 주위에 바셀린을 바르고, 헤드기어를 착용하고, 광장의 콘크리트 바닥에 넙죽 엎드려 큰절하는 모습을 차례로 보여준다. 이어서 강태식은 확성기를 켜고 울분과 스트레스를 풀려는 사람들을 위해 '인간 샌드백'이 되겠노라고 말한다. 이 순간에 나오는 강태식의 독백은 애잔하다. "가오가 밥 먹여주는 거 아니다. 일단 살고 보자." 강태식은 아시안게임 은메달리스트라는 자부심으로 살아온 사내이다. 조폭 우두머리가 된 후배에게 흠씬 두들겨 맞으면서도 "나 강태식이야!"라고 외칠 만큼 자존심이 센 인물이다. 그런 강태식도 일단 살아야 하고, 살아남아야 하고, 돈을 벌어야 하고, 그래서 '인간 샌드백'이 된다.

하지만 상황은 첩첩산중이다. 강태식은 초등학생 아들에게 얼굴을 들지 못하는 처지가 된다. 그는 학교 일일 교사로 특강을 하다가 '삶'을 '삼'이라고 잘못 쓰고, 아이들 앞에서 무심코 상스러운 말을 내뱉는다. 강태식은 벼랑 끝으로 내몰린다. 후배에게 연거푸 사기를 당하고, 펀치 드렁크 증세로 눈앞이 흐려지고, 병원에서는 치매 경고를 받고, 높다란 빌딩 숲 사이에 초라하게 끼어있는 옥탑방에서 생활한다. 급기야 술에 취해 지하도에서 노숙까지 한다. 그런데 신문지를 덮고 웅크려 자던 그곳에서, 청소부들에게 강제로 떠밀려 일어나던 바로 그 순간에, 강태식은 운명처럼 MBC 신인왕전 광고판을 본다. 그리고 이를 악물고 다시 권투를 시작한다. 이번에는 '인간 샌드백'이 아니라 진짜 선수가 되기 위해 신인왕전에 출전한다. 이때 강태식의 나이는 마흔네 살이다.

〈주먹이 운다〉에서 강태식의 맞은편에는 유상환이 있다. 20대 초반의 유상환은 뒷골목 양아치 깡패이다. 거칠게 땋은 레게머리와 사나운 눈빛의 유상환은 아이들 푼돈을 갈취하고, 좀도둑질하고, 폭행을 일삼는다. 그리고 패싸움한 합의금을 마련하기 위해 사채업자 돈을 빼앗으려다가 체포된다. 징역 5년 형을 선고받은 유상환은 교도소 안에서 권투를 시작한다. 유상환에게도 가난은 지긋지긋한 악몽이다. 비좁고 허름한 집안의 미장센은 가난의 실체를 여과 없이 드러낸다. 게다가 유상환은 아버지가 건설 현장에서 사고로 사망하고, 박스를 모아 팔아서 생계를 유지하던 할머니마저 입원하면서 더욱 궁지에 몰린다. 그는 절치부심한 끝에 교도소 안에서 혹독한 훈련을 하고, 할머니를 위해 결연한 의지로 신인왕전에 출전한다.

강태식은 '인간 샌드백'을 벗어나기 위해 몸부림치는 가장이다. 유상환은 한글도 읽지 못하는 가난한 불량 청년이다. 그러한 두 사람에게 권투는 단순한 돈벌이 수단이 아니다. 강태식에게 권투는 나락으로 떨어진 자존심을 회복하고 가족과 새로운 삶을 시작하기 위한 최후의 선택이다. 유상환에게 권투는 상처투성이 망아지처럼 살

두 선수 모두 승자가 되는 〈주먹이 운다〉.

앉던 세월을 정리하고, 공사장에서 죽은 아버지와 입원한 할머니에
게 돌아가기 위해 통과해야 하는 관문이다. 그래서 강태식과 유상환
은 경기에서 반드시 이겨야 한다. 그 절박함과 간절함으로 두 선수
는 링 위에서 죽을힘을 다해 싸운다. 피투성이가 되어 주먹을 휘두
른다.

신인왕전 결승전 6라운드. 강태식과 유상환은 이미 기진맥진한
상태이다. 눈은 퉁퉁 부어 있고, 눈두덩이에서는 피가 흐르고, 다리
는 풀려서 서 있을 힘조차 없다. 주먹을 휘두르고는 제풀에 휘청거려
쓰러질 정도이다. 그래도 경기를 포기할 수는 없다. 이겨야 한다. 그
래야 질퍽한 가난의 늪을 건너고 어둠의 사막을 지나서 아들과 아내
에게, 할머니에게 갈 수 있다. 그래서 강태식과 유상환은 들짐승처럼

처절하게 싸운다. 이제 마지막 라운드만 남았다. 주어진 시간은 3분. 그렇게 6라운드 시작을 알리는 종이 울린다. 그 순간, 스크린에서 귀에 익은 멜로디가 흘러나온다. '폭풍 치는 바다'라는 뜻을 가진 뉴질랜드 마오리족 민요 '포카레카레 아나(Pokarekare ana)'이다.

'포카레카레 아나'에는 셰익스피어의 희곡 〈로미오와 줄리엣〉과 비슷한 내용의 전설이 담겨 있다. 이야기의 배경은 아름다운 로토루아 호수. 주인공은 아리와 족장의 딸 히네모아와 휏스터 부족의 최고 전사인 두타니카이다. 히네모아와 두타니카는 서로 사랑하는 연인이다. 그러나 두 부족은 원수지간이다. 히네모아의 아버지는 둘이 만나지 못하도록 카누를 부순다. 그러자 히네모아는 목숨을 건 시도를 한다. 추운 겨울날, 호수를 헤엄쳐 건너 연인을 찾아간다. 두타니카는 얼음처럼 차가워진 히네모아를 품에 안는다. 자신의 체온으로 연인을 살려낸다. 마침내 두 연인의 진실한 사랑이 부족 간의 전쟁을 끝낸다. 〈로미오와 줄리엣〉은 비극으로 끝나지만, '포카레카레 아나'의 주인공들은 사랑을 이룬다.

'포카레카레 아나'의 가사는 애절하다. '로토루아의 호수엔/폭풍이 불고 있지만/그대가 건너가면 그 바다는/잔잔해질 거예요/그대여 내게로/다시 돌아오세요/너무나 그대를/사랑하고 있어요~'. 이 노래는 아버지가 마오리족인 뉴질랜드 출신 소프라노 키리테 카 나와가 불러 전 세계에 널리 알려졌다. 우리나라에는 '연가'라는 제목으로 소개돼 히트했다. 사람들은 MT나 캠핑에서 기타 반주에 맞춰

'비바람이 치던 바다/잔잔해져 오면~' 하고 손뼉을 치며 신나게 불렀다. 〈주먹이 운다〉에는 이 노래가 네 차례 흘러나온다. 강태식의 노래, 편곡된 연주곡, 어린이합창단의 목소리 등이다. 어느 경우이든, 우리가 알고 있는 그 경쾌한 선율은 아니다.

'포카레카레 아나'가 처음 등장하는 장면을 보자. 강태식이 '인간 샌드백'이 된 무렵이다. 국숫집에서 혼자 술을 마신 저녁, 강태식은 어둑한 계단에 쭈그려 앉아 예전에 살던 아파트를 올려다본다. 창문에는 아내와 아들의 그림자가 어른거린다. 강태식은 이제는 쫓겨난 아파트를 한참 동안 쳐다보다가 일어나서 계단을 휘적휘적 올라간다. 그러면서 '비바람이 치던 바다~'를 흥얼거린다. 강태식은 자신을 비바람 몰아치는 바다에서 정처 없이 흔들리는 일엽편주라고 생각했을까? 혹은 비바람 몰아치는 자신의 삶도 언젠가는 잔잔해질 것이라고 믿어보는 것일까? 아니면 그의 가슴속을 불어가는 휑한 바람이 아련한 선율로 흘러나온 것인지도 모른다. '포카레카레 아나'는 또 강태식이 1,000원을 깎아달라면서 현금 9,000원을 주고 간 청년을 보내는 장면에서, 신인왕전 결승전 전날 밤에 잠 못 이루고 뒤척거리는 순간에도 흘러나온다.

그런데 '포카레카레 아나'는 스키점프 국가대표 선수들의 실화를 각색한 영화 〈국가대표〉(2009)에도 나온다. '바보' 강봉구가 추운 겨울 하늘을 나는 하이라이트 장면이다. 1998년 나가노동계올림픽 스키점프 경기장. 강봉구는 1차 시기에서 다리를 다친 형 칠구의 대타로 점프대에 선다. 그는 까마득한 아래를 내려다보면서 벌벌 떤다. 아예 못 하겠다고 운다. 당연하다. 봉구는 정식 선수가 아니고, 제대로 된 훈련을 한 적도 없는 까까머리 소년이다. 그때 형의 한마디가 강봉구를 일깨운다. "메달 따야 (내가) 군대 안 간다." 강봉구는 비로소 현실을 깨닫는다. 형이 메달을 따서 군 면제를 받아야 청각장애 할머니를 모실 수 있다. 그리고, 필사의 활강…. 관중의 함성도, 중계방송 캐스터의 흥분한 목소리도 잦아든 정적의 순간. 가늘고 느린 현의 울림이, '포카레카레 아나'의 애잔한 선율이 스크린을 적신다.

강태식과 유상환, 강봉구 그리고 히네모아에게는 공통점이 있다. 네 인물 모두가 무언가를 간절하게 원한다는 점이다. 캄캄한 삶의 수렁에서 빠져나오려는 간절함, 가난의 질곡에서 벗어나려는 간절함, 꿈과 희망을 이루려는 간절함, 사랑의 간절함이다. 이렇게 시공간이 다른 전설, 영화, 노래가 간절함이라는 하나의 끈으로 묶여진한 여운을 남긴다. 〈주먹이 운다〉에서 강태식과 유상환을 권투의 세계로 이끈 것은 일차적으로 가난이다. 하지만 영화의 스토리가 전개되면서 돈과 관련한 사건이나 대사는 자취를 감춘다. 그들의 목적은 신인왕전을 거쳐 세계 챔피언이 되고, 그래서 부와 명예를 얻는 것이 아니기 때문이다.

현실 세계에서 프로권투는 선수가 돈을 목적으로 시작하는 사례가 많은 종목이다. 하지만 스포츠 영화에서는 사정이 다르다. 권투 영화 속의 인물들에게는 재생, 부활, 도전, 용기, 가족과 같은 가치가 돈보다 더 중요하다. 그래서 링 위에서 피투성이가 되어 싸우는 권투 선수는 곧 현실 세계의 우리 자신을 비추는 거울이다. 강태식과 유상환의 경기가 사회의 비주류이자 아웃사이더가 대다수인 관객들에게 깊은 울림을 주는 이유이다. 그런데 여기에서 잊지 말아야 할 것이 있다. 강태식과 유상환에게 권투는 궁극적으로 진정한 자기 자신에게 이르는 길이다. 〈주먹이 운다〉에서는 유상환이 승자가 되지만, 그렇다고 강태식이 패자인 것은 아니다.

2) '비운의 복서' 김득구의 마지막 라운드─〈챔피언〉

〈챔피언〉(2002)은 곽경택 감독이 '비운의 복서' 김득구 선수의 실화를 바탕으로 제작한 권투 영화이다. 김득구 선수는 강원도 고성에서 태어나 가난하게 자랐다. 아주 어려서 아버지가 돌아가시고 어머니가 개가하면서 성이 바뀌었다. 김득구 선수는 17세 때 상경해 구두닦이, 서적 외판원 등의 허드렛일을 하면서 생활했다. 검정고시에 합격해 천호 상업 전수학교에 진학하기도 했다. 김득구 선수는 동아 체육관에서 권투를 시작해 1978년 프로로 전향했고, 1980년 이필구 선수를 제압하고 한국 챔피언이 됐다. 1982년 2월에는 OPBF 타이틀전에서 김광민 선수에게 심판 전원일치 판정승을 거두고 동양 챔피언으로 등극하면서 세계 랭킹 1위에 올랐다.

김득구 선수는 1982년 11월 13일 미국 라스베이거스에 있는 시저스 팰리스 호텔 특설 링에서 레이 맨시니 선수와 WBA 라이트급 타이틀전을 벌였다. 이 경기에서 김득구 선수는 24전 23승 1패를 기록 중이던 챔피언 맨시니 선수와 대등한 경기를 했다. 13회까지 치열한 난타전을 벌였다. 그리고 맞이한 운명의 14회. 김득구 선수는 공이 울리자마자 맨시니 선수의 강력한 오른손 스트레이트를 맞고 다운됐다. 로프를 붙잡고 일어서려고 하다가 의식을 잃고 다시 쓰러졌다. 김득구 선수는 곧바로 병원으로 옮겨져 수술을 받았으나 뇌사 상태에 빠지고 말았다. 그리고 5일 뒤, 26세의 젊은 나이로 머나먼 이국땅에서 짧은 생을 마감했다.

김득구 선수의 죽음은 세계 권투계에 큰 충격을 주었다. 세계권투평의회(WBC)는 세계 타이틀전 경기를 15라운드에서 12라운드로 줄이고 스탠딩 다운 제도를 도입했다. 세계권투협회(WBA)도 그 뒤를 따랐다. 아들의 죽음에 충격을 받은 어머니는 3개월 뒤 아들의 유품을 모두 태우고 나서 비극적인 선택을 했다. 경기 심판 리처드 그린도 '경기를 중단시키지 않은 나 때문에 복서가 죽었다'라는 자책감에 시달리다가 7개월 뒤 스스로 목숨을 끊었다. 맨시니 선수는 2023년 1월 SBS TV '꼬리에 꼬리를 무는 이야기'에 출연해 "김득구가 죽었다는 소식을 듣고 엄청난 죄책감을 느꼈다. 끔찍했다. 심장에 칼을 맞은 기분이었다."라고 털어놓았다.

그런데 김득구 선수의 죽음은 피할 수도 있었던 사건이라고 한다. 김득구 선수와 동아체육관 동료였던 박종팔 선수의 회고에 의

하면, 김득구 선수와 맨시니 선수의 경기는 원래 계획된 것이 아니었다. 박종팔 선수와 마빈 해글러 선수의 경기가 계약 위반으로 취소되면서 김득구 선수의 경기가 갑자기 성사됐다. 박종팔 선수가 세계 랭킹 1위이기는 했지만, 세계 무대에서는 인기가 없었기 때문이었다. 한편, 김득구 선수는 평소 '챔피언벨트를 못 따면 죽어서 돌아오겠다.'라고 말했다. 맨시니 선수하고 자기하고 둘 중 하나는 죽을 것이라고 말하고, 성냥갑으로 조그만 관 모양을 만들어서 갖고 다니고, 미국에 갈 때도 가방에 넣어 갔다는 것이다(중앙일보, 2018). 김득구 선수는 지키지 않아도 되는, 지키지 않아야 하는 약속을 기어이 지키고 만 셈이다.

〈챔피언〉은 인물의 삶을 시간 순서대로 정리한 전기 영화의 형식을 취하고 있다. 김득구의 어린 시절-서울살이-동아체육관 입관-훈련-경기-약혼-죽음의 사건들을 차례로 보여준다. 맨시니와의 타이틀전 경기 장면과 각종 신문 기사를 연결한 프롤로그가 끝나면, 동해 바닷가의 낡고 좁고 어두운 방 안이 나온다. 어린 소년이 조용히 일어나 방문을 열고 나오고, 그 소년은 흙먼지 이는 신작로에서 버스를 얻어 탄다. 김득구의 첫 번째 가난 탈출 도전 장면이다. 하지만 가난 탈출이 어디 말처럼 쉬운가. 상경한 김득구는 헌혈해서 받은 빵과 돈으로 하루를 버티고, 서적 외판원을 하다가 깡패들에게 흠씬 두들겨 맞는다. 그러다가 우연히 길거리의 벽에 붙은 권투 경기 포스터를 보고 동아체육관을 찾아간다.

〈챔피언〉에서 김득구는 대장간 일꾼, 자전거 배달 등을 하면서 챔피언의 꿈을 키운다. 이때 막노동을 하던 김득구가 건설 현장에서 친구와 나누는 대화는 인상적이다. 김득구는 "권투만큼 정직하고 공평한 게 있나? 너 팔 세 개 달린 사람 봤어? 어차피 똑같이 두 팔로 하는 거고. 나만 열심히 하면 되는 거거든. 남들이 열 번 뻗을 때 나는 열다섯 번, 스무 번 뻗으면 되는 거거든."이라고 말한다. 그러면서 친구에게 "세계 챔피언 되면 얼마나 주는지 아나?"라고 묻고는 스스로 "천만 원도 넘을걸."이라고 대답한다. 김득구의 권투 철학과 권투를 하는 목적이 분명하게 드러난 장면이다. 그에게 권투는 세상에서 가장 정직하고 공평한 스포츠이며, 김득구는 그러한 권투를 통해 돈을 벌고자 했다.

물론 권투 선수로 성공하는 길은 힘난하다. 김득구는 스파링을 하면서 코피가 나도록 얻어터지고, 체육관 대표로 대회에 나갔다가 패해서 관장에게 몽둥이로 맞기도 한다. 그 과정에서 이삼봉, 박종팔 등의 친구와 우정을 쌓아간다. 포장마차에서 이삼봉과 술을 마시면서 집안 내력을 주고받는 장면에서는 성과 이름이 바뀐 사연이 나온다. 그런데 〈챔피언〉에서 김득구가 자취방 벽에 '게으름, 그것은 빠른 종말과 비참한 패배일 뿐!', '신화를 만들기 위한 복서의 길을 걷자.'와 같은 좌우명을 써서 붙여놓는 장면은 예사롭지 않다. '가난은 나의 스승이다.', '나에게 최후까지 싸울 용기와 의지가 있다.'라는 문구도 마찬가지이다. 이러한 문장들은 가난한 현실을 극복하기 위한 김득구의 의지가 얼마나 단단했는지를 그대로 보여준다.

그 이후 〈챔피언〉은 김득구가 승승장구해서 동양 챔피언이 되고, 금의환향해서 카퍼레이드와 동네잔치를 하는 장면들로 구성된다. 약혼녀와 가정을 꾸린 장면에서는 그의 행복한 시절을 엿볼 수 있다. 이러한 행복은 생애 마지막 경기가 된 맨시니와의 타이틀전으로 인해 더욱 아프게 다가온다. 〈챔피언〉은 김득구 선수와 맨시니 선수의 14라운드 경기 장면을 자세히 보여주지 않는다. 그 대신 텔레비전 앞에서 오열하는 약혼녀, 캐스터와 해설자의 방송 내용 등으로만 상황을 설명한다. 이어서 카메라가 동해의 푸른 바다를 비추고, 어린 김득구가 모래밭에 누워서 파도 소리를 듣는 장면을 몽타주로 연결한다. 김득구 선수의 사망 소식과 다운 장면은 텔레비전 뉴스로 대신한다. 유복자인 아들이 체육관에 걸린 아버지의 사진을 보고, 김득구가 그런 아들을 바라보며 미소 지은 뒤 훈련하는 영화의 마지막 환상 장면은 애잔하다.

맨시니와의 경기에서, 김득구 선수는 10회부터 체력이 완전히 바닥난 상태였다. 다리는 휘청거리고, 눈자위는 퉁퉁 부어 잘 보이지도 않고, 주먹은 허공을 가르기 일쑤였다. 그런데도 김득구 선수는 포기하지 않았다. 그는 왜 그토록 처절하게 싸웠을까? 가난, 돈, 약혼녀, 2세, 용기, 의지와 같은 단어들이 그의 초인적인 투혼을 설명할 수 있을까? 〈챔피언〉에 묘사된 김득구 선수의 마지막 경기 장면은 〈주먹이 운다〉의 강태식, 유상환의 경기와 겹친다. 실제

고 김득구 선수의 권투 인생을 그린 〈챔피언〉.

로 권투만큼 우리의 삶을 적나라하게 재현하는 스포츠 종목도 드
물다. 〈챔피언〉과 〈주먹이 운다〉에서도 돈은 매우 중요한 요소이다.
하지만 돈이 전부는 아니다. 만약 김득구, 강태식, 유상환이 돈만을
추구했다면, 그들의 처절한 싸움이 관객들에게 진한 감동을 주지 못
했을 것이다.

　　〈챔피언〉은 곽경택 감독이 흥행작 〈친구〉를 만든 이듬해에 연출
한 영화이다. 〈친구〉는 실화를 바탕으로 거칠고 진한 남자들의 세계
를 극적으로 묘사해 호평받았다. 〈챔피언〉도 〈친구〉와 같은 맥락에
있는 영화이다. 하지만 〈챔피언〉은 56만 명의 관객을 기록하는 데
그쳤다. 김득구 선수의 죽음이 널리 알려진 사건이고. 대중은 김득
구 선수의 안타까운 죽음을 되새기고 싶지 않았을 수도 있다. 하지

만 이러한 정서 이전에 〈챔피언〉은 김득구 선수의 생애를 단순 나열하는 수준에 그치고 있다는 점에서 아쉬움을 남긴다. 김득구 선수의 행적이 아니라 그의 진정한 꿈과 내면을 효과적으로 표현하지 못한 것이다. 〈챔피언〉은 연출, 연기, 주제 등 여러 측면에서 아쉬움이 남는 권투 영화이다.

스포츠와 교육: 학생 선수와 감독/교사의 역할

1. 낙도 어린이와 부부 교사의 꿈 그리고 새마을운동-〈섬개구리 만세〉

학생스포츠를 소재로 한 스포츠 영화에는 자연스럽게 초등학생, 중학생, 고등학생이 주인공으로 등장한다. 1960~70년대 스포츠 영화 중에서는 〈섬개구리 만세〉(1973), 〈영광의 9회 말〉(1977), 〈고교 결전! 자 지금부터야〉(1977), 〈내일은 야구왕〉(1982)이 이에 해당한다. 또 이원세 감독의 〈병아리들의 잔칫날-엄마 없는 하늘 아래 3〉(1978)은 주인공 영문이 같은 반 야구부원과의 갈등 및 아버지의 반대를 이겨내고 면 대항 야구대회에 출전해 팀을 승리로 이끈다는 내용이다. 영문의 형이 열등감 때문에 야구를 포기하려고 하는 동생을 격려하는 모습도 담겨 있다. 학생스포츠를 다룬 영화에서 주인공들은 대부분 스포츠를 통해 내면의 변화를 경험하는데, 이로 인해 이 작품들은 성장영화의 성격을 지니게 된다.

학생 선수가 주인공인 스포츠 영화는 1980~90년대에는 제작이 뜸했다. 그러다가 2000년대에 영화 시장이 팽창하고 스포츠 영화의 비중도 커지면서 다시 활성화됐다. 이 시기에는 〈말아톤〉(2005), 〈천하장사 마돈나〉(2006), 〈맨발의 꿈〉(2010), 〈글러브〉(2011), 〈노브레싱〉(2013), 〈그라운드의 이방인〉(2014), 〈4등〉(2016), 〈걷기왕〉(2016), 〈야구 소녀〉(2020), 〈낫아웃〉(2021), 〈리바운드〉(2023), 〈카운트〉(2023) 등의 작품이 학생 선수를 주인공으로 내세웠다. 1960~70년대에 제작된 학생 선수 주인공의 스포츠 영화가 야구, 축구, 농구 등 인기 스포츠를 소재로 삼은 것과 달리 2000년대 작품들은 마라톤, 씨름, 수영, 경보, 레슬링처럼 비인기 종목까지 다양하게 다룬다. 2000년대 스포츠 영화의 흐름과 일맥상통하는 현상이다.

학생스포츠를 소재로 삼은 스포츠 영화는 성인이 주인공인 스포츠 영화와 다른 점이 있다. 학생 선수가 주인공으로 등장하기 때문에 영화의 스토리나 주제에 교육적인 요소가 많이 포함되어 있다. 이러한 영화들은 대체로 무분별한 경쟁과 승리 지상주의를 경계하면서 학생 선수의 정신적인 성장에 초점을 맞추는 경향이 있다. 또 학생 선수들을 지도하는 인물은 감독, 교사, 정신적인 스승의 역할을 동시에 수행한다. 그래서 학생 선수가 등장하는 스포츠 영화에서는 주인공이 스포츠를 통해 새로운 인물로 거듭나는 사례가 많다.

당연하게도 감독 혹은 교사는 학생 선수의 성장에 매우 큰 영향을 미친다.

〈섬개구리 만세〉는 전라남도 신안군 사치도에 있는 안좌서국민학교 사치 분교 (현 안좌초등학교) 농구팀의 실화를 각색한 스포츠 영화이다. 권갑윤, 김선희 부부 교사의 지도를 받은 사치분교 농구팀이 1972년 '제1회 전국 스포츠 소년대회'에 전남 대표로 출전해 준우승한 이야기를 다룬다. 정진우 감독이 연출했고, 배우 신일용과 김영애가 부부 교사로 출연했다. 김영애는 이 영화로 스크린에 데뷔했는데, 크레딧에는 '유신희'라는 이름으로 표기돼 있다. 제10회 청룡영화상 감독상(정진우), 남우조연상(장혁), 신인연기상(신일룡), 촬영상(유재형)을 받았다. 사치분교 농구팀의 이야기는 1972년 KBS 다큐멘터리 '인간 승리'에서 방영되기도 했다.

영화의 배경인 사치도는 목포에서 서쪽으로 23km 떨어져 있는 섬이다. 〈섬개구리 만세〉에서 권갑윤, 김선희 부부 교사는 목포에서 출발해 안좌도에 도착한 후 다시 나룻배를 타고 사치도로 들어가는데, 이때 안좌도 주민이 짚으로 불을 피운 봉화로 사치도의 뱃사공을 부르는 장면이 나온다. 그만큼 사치도는 작고 멀리 있는 섬이다. 1972년 당시 사치도 주민은 약 380명, 사치 분교 학생은 70여 명에 불과했다. 하지만 사치 분교 농구팀은 부부 교사의 헌신적인 노력 덕분에 전국 스포츠 소년대회에서 준우승하며 뜨거운 주목을 받았다. 그러자 민관식 문교부 장관은 사치 분교 농구장 확장과 목욕탕

시설비로 100만 원을 국고에서 보조해 줬고, 또 사치 분교 3~6학년 학생들은 박정희 대통령의 초청으로 서울 수학여행을 했다. 섬에 선착장이 들어선 것도 농구팀 덕분이었다.

사치 분교 아이들을 향한 권갑윤, 김선희 부부 교사의 열정은 눈물겹다. 〈동아일보〉가 부부 교사의 행적에 관해 "봉급을 털어 목포에 가서 정규 농구대를 구입, 두 시간 동안 배를 타고 안좌도까지 온후 농구대를 함께 등에 메고 8킬로미터의 산길을 걸어 다시 한 시간 동안 나룻배를 타고 간신히 농구대를 운반하는 데 성공했다."(1972년 6월 17일 자)라고 보도했을 정도이다. 또 부부 교사는 아이들이 경기를 관람함으로써 실력을 키우도록 하려고 텔레비전을 구매하고, 1년에 고기를 한두 번밖에 못 먹는 아이들의 체력을 길러주기 위해 월급을 털어 염소를 산 후 그 젖을 짜서 마시게 하고, 밤에 개구리를 잡아서 먹이기도 했다. 〈섬개구리 만세〉에도 이러한 에피소드가 그대로 담겨 있다.

권갑윤, 김선희 부부 교사의 노력은 헛되지 않았다. 사치 분교 농구팀은 농구를 시작한 지 7개월 만에 전남 대표로 전국 스포츠 소년대회에 출전했다. 사치 분교 농구팀은 대회 1차전에서 가야국민학교에 61대58로 역전승을 거뒀고, 이후에도 승승장구했다. 하지만 사치 분교 농구팀은 빡빡한 경기 일정 속에서 부상과 체력 저하로 고생했다. 그 결과, 결승전에서 서울 대표인 계성국민학교에 86대 57 큰 점수 차로 패했다. 이 대회 이후 사치 분교 농구팀 졸업 예정

실화를 소재로 한 〈섬개구리 만세〉.

자 9명은 안좌중학교에 체육 장학생으로 진학했다. 하지만 안좌중
학교 농구팀은 2년 만에 해체됐다. 한편, 사치 분교 농구팀의 주전
가드 심재균은 훗날 지도자로 변신했다. 그는 목포 상고 농구부 감
독으로 부임해 팀을 협회장기 전국 농구대회 우승으로 이끌었다.

　〈섬개구리 만세〉의 서사는 권갑윤, 김선희 부부 교사가 안좌도
를 거쳐 사치도에 도착하는 장면부터 시간 순서대로 전개된다. 그
런데 이 부부 교사는 처음부터 난관에 봉착한다. 교사에 대한 섬 주
민들의 인식이 매우 나쁘기 때문이다. 실제로 안좌도와 사치도를
오가는 나룻배의 사공은 사치도에 오는 교사를 "나그네"라고 부른
다. 이전에 부임했던 교사들이 한 달을 못 버티고 떠난 탓이다. 이
뱃사공은 권갑윤, 김선희 부부 교사도 '나그네'로 대한다. 그래서

그들을 나루터가 아닌 갯벌에 내려준다. 부부 교사는 트렁크를 들거나 메고 갯벌을 겨우 빠져나온다. 이때 만수가 지게를 가져와 그들의 짐을 학교까지 들어다 준다. 그런데 부부 교사가 감사 인사를 하는 순간에 상황이 돌변한다. 만수는 부부 교사에게 짐삯을 요구한다. 만수는 한술 더 떠서 뭍으로 돌아갈 때도 자신을 불러달라고 마케팅까지 한다.

하지만 부부 교사가 헤쳐 나가야 할 시련은 이제 시작일 뿐이다. 그들이 학교에 도착해 처음 맞닥뜨린 광경은 눈을 의심하게 한다. 마을 청년들이 교실 한복판에서 버젓이 담배를 피우며 화투를 치고 있다. 또 학교 정원은 70여 명인데, 그중 절반의 학생만 등교한다. 나머지 아이들은 들판에서 꿩 사냥을 한다. 아이들은 두 패로 나뉘어 걸핏하면 싸움질을 일삼는데, 이는 씨족 문화의 잔재이다. 또 어떤 아이는 집안일을 하느라 결석하고, 어떤 형제는 아버지의 뜻에 따라 하루씩 교대로 등교한다. 주민들이 수업 중인 교실에 막무가내로 들어와 공부하는 자식들을 데려가는 일도 다반사이다. 마을에서 부부 교사를 처음부터 응원하는 인물은 농구팀 에이스인 상철과 상기 형제의 어머니인 김 씨뿐이다.

게다가 학교 공부에 대한 섬 주민들의 인식은 무지몽매하기 짝이 없다. 〈섬개구리 만세〉에는 "이놈아, 섬 놈이 공부해서 판사 검사가 될 거여, 변호사가 될 거여! 집에 할 일이 태산인디 공부는 무슨 놈의 공부여."라는 대사가 반복해서 등장한다. 이러한 대사는 섬 주민들이 자식의 학교 공부를 어떻게 생각하는지를 선명하게 보여준다. 또 궁색한 살림살이에 이골이 난 주민들은 "섬 개구리는 암만 뛰어봤자 섬 개구리여.", "못 올라갈 나무는 쳐다보지도 말어."처럼 패배 의식에 젖어있는 말을 자식들에게 습관처럼 한다. 여기에 술과 노름으로 허송세월하는 청년들은 농구대를 부수거나 교실 창문을 깨뜨리는 행패를 일삼는다. 농구공을 낫으로 찢어 버리는 심술 영감도 대표적인 안타고니스트이다.

그러나 〈섬개구리 만세〉의 부부 교사는 포기하지 않는다. 아이들이 '섬 개구리'가 되지 않도록 하기 위해서 농구팀을 조직한다. 그들은 손바닥만 한 운동장에 직접 농구장을 만들고 백보드도 없는 농구대를 세워 아이들에게 농구를 가르친다. 밀가루 포대로 유니폼을 만들어 입히거나 자체 대회를 열어서 아이들의 신명을 북돋우기도 한다. 이때 부부 교사는 아이들에게 농구 기술뿐만 아니라 꿈을 심어주는 것도 잊지 않는다. 그들은 농구를 하면 목포에 가고, 서울에 가고, 올림픽에도 나갈 수 있다고 아이들에게 말한다. 실제로 아이들은 목포, 서울, 올림픽이라는 말에 용기를 얻는다.

영화의 서사는 교실 안 공부보다 농구 훈련에 초점이 맞춰져 있다. 대표적인 사례가 갯벌 훈련이다. 부부 교사는 동네 청년들이 농구대를 부수자, 갯벌에 농구대를 세운다. 그리고 아이들에게 강한 훈련을 시킨다. 아이들은 지게를 진 채 갯벌을 달리고, 밀물 드는 바닷물 속을 뛰고, 갯벌 위에서 넘어지고 쓰러지면서 연습경기를 한다. 이때

마다 권갑윤 교사는 아이들에게 협동, 단결, 하면 된다는 가치관을 강조한다. 이러한 발언은 섬 주민들을 향한 메시지이기도 하다. 실제로 김선희 교사는 뱃사공에게 "그인 이걸 가지구 사치 섬의 오랜 인습과 못된 버릇들을 기어이 쳐부술 작정이랍니다."라고 설명한다.

〈섬개구리 만세〉의 주요 인물과 사건, 주제는 1970년대 초반 한국 사회의 시대상과 맞닿아 있다. 영화의 서사는 부부 교사와 주민들이 갈등하는 구도로 전개된다. 이때 부부 교사는 교실에서 공부를 가르치는 교육자와 농구 감독의 역할을 함께 수행한다. 여기에 주민들의 무지를 일깨우고, 아이들에게 꿈과 용기를 심어주는 지도자 역할까지 한다. 학생의 집을 일일이 방문해 부모를 설득하는 것도 부부 교사의 주요 행적이다. 즉 부부 교사는 교육자, 감독, 정신적인 지도자로서 학생 및 주민들의 무지와 패배 의식을 타파하고, 농구를 통해 사치도를 새로운 공간으로 변화시킨다. 그로 인해 안타고니스트 역할을 담당했던 심술 영감, 마을 청년 일당, 아낙네들은 개과천선해서 부부 교사와 아이들을 응원하는 조력자가 된다.

그런데 〈섬개구리 만세〉에서 부부 교사의 열정으로 이뤄진 사치도의 변화는 새마을운동의 성공 사례로 연결된다. 부부 교사와 사치분교 농구팀이 거둔 성과의 의미가 영화화 과정에서 굴절된 것이다. 그 밑바탕에 군사독재정권이 통치하던 1970년대 초의 엄혹한 사회 현실이 똬리를 틀고 있다. 예를 들어 영화에서는 갈등이 후반부에 안개처럼 소리 없이 사라진다. 심술 영감은 느닷없이 아이들을 응원하기 위해 서울로 향하고, 마을 청년들은 주막에서 술을 마시다가 우연히 라디오 중계를 듣고 응원단이 된다. 이러한 갈등 해소는 4H 구락부 회장이 갑자기 등장해 이제 일치단결해서 새로운 섬을 만들자고 외치는 장면으로 수렴된다. 박정희 대통령을 우상화하는 내용도 유신 체제의 단면을 보여준다.

〈섬개구리 만세〉에는 이와 관련한 상징적인 에피소드가 있다. 권갑윤, 김선희 부부 교사와 사치 분교 농구팀이 청와대를 방문하는 장면이다. 이 에피소드는 박정희 대통령이 부부 교사와 아이들을 청와대로 초청해 다과회를 베푼 사건을 활용한 것이다. 대통령이 사치 분교 농구 선수나 부부 교사를 초청해서 격려하는 행위는 이상한 일이 아니다. 그런데 〈섬개구리 만세〉가 그러한 실화를 수용하는 과정은 되새겨볼 여지가 많다. 이는 스포츠 영화가 사회의 이데올로기를 반영하는 방식과도 연결된다. 물론 〈섬개구리 만세〉는 군사독재정권이 지배하던 1970년대 초반의 시대 상황을 고려해서 판단해야 한다. 이러한 맥락에서 가장 주목할 만한 장면은 영화의 결말 부분에 나온다.

권갑윤, 김선희 부부 교사와 사치 분교 농구팀 선수들은 전국 스포츠 소년대회 결승전에서 계성국민학교에 패한 뒤 크게 낙담한다. 어린 선수들은 여관 옥상에 삼삼오오 쭈그려 앉아서 울고, 권갑윤 교사는 술을 마시고 방에 들어와 한탄한다. 내년을 기약해 보자는 김선희 교사의 말도 권갑윤 교사에게는 아무런 효과가 없다. 그 순간, 전혀 예상하지 못한 반전이 일어난다. 그 장면을 영화의 시나리오를 참고해서 살펴보자. 다음은 전라남도 교육장이 권갑윤, 김선희 교사가 있는 여관방의 문을 열고 들어온 직후의 장면을 묘사한 녹음 대본의 일부이다. 이 녹음 대본을 보면, 전라남도 교육장과 부부 교사, 아이들이 박정희 대통령이 청와대로 자신들을 초청한 소식을 듣고 얼마나 감격했는지를 알 수 있다.

#101 여관방

교육장: 권 군!

권갑윤: ...... (교육장을 바라보며)

교육장: 참으로 자상하신 분일세...... 놀랐어!

권갑윤: ......

교육장: (권 교사 손을 잡고 번쩍 들어 올리며) 각하께서......
대통령 각하께서 자네를 청와대에 초청하겠다는
연락이 왔다니까.

권갑윤: ?!

김선희: 그게 무슨 말씀인가요?

교육장: 자네들이 혹시나 실망해서 좌절하지 않을까
염려하시고 고무 격려해 주시려는 뜻이 아니겠나?
(그대로 온몸에 전류가 흐르는 것을 느끼는 갑윤과 선희.)

교육장: 어서 아이들에게도 이 반가운 소식을 알려주게. 어서.

권갑윤: 선생님 으흑...... 선생님.

(교육장의 다리를 부여잡고 울어버린다.

　　교육장도…… 선희도……이때 하나둘 아이들이

　　들어와서 다가오고 의아해한다.)

김선희: (울면서 아이들에게) 애들아 대통령 각하께서!

　　　　청와대로……대통령 각하께서 너희들을 청와대로……

　　　　불러 주셨어.

아이들: 네?

김선희: (울면서 웃으면서) 대통령 각하께선 준우승한 너희들을

　　　　칭찬해 주시려는 거야!

　　　　(선희를 부둥켜안고 뛰는 아이들.)

상　철: 우리를 칭찬해 주신다고요?

　　　　우리는 이기지 못했는데 워째서 우리를 칭찬해 주신다요?

#102 TV 화면

아나운서가 사치 분교 팀이 각하의 초청을 받아 접견하게

됐다는 뉴스들.

#103 TV 화면

청와대에서 각하와 환담하는 사치 분교 팀의 이모저모!

모습 모습 모습.

그런데 녹음 대본 이전에 작성된 또 다른 시나리오에는 청와대 접견실 장면이 다음과 같이 서술되어 있다. 그 내용은 "박 대통령이 권갑윤 김선희 선생과 사치 분교 농구단 그리고 민관식 문교부 장관과 최정기 전남 교육감, 신안군 출신 정판국 의원 등을 접견하여 다과회를 베푸셨다……부부 교사의 장한 뜻을 격려하시고 어린이들의 머리를 쓰다듬으시며 선물을 잔뜩잔뜩 주신다. 조금도 구김살 없이 차와 과자를 먹는 어린이들을 흐뭇하게 바라보시는 인자한 박 대통령!"(#140 청와대 접견실)이다. 원래 시나리오와 녹음 대본을 비교하면, 〈섬개구리 만세〉가 박정희 대통령을 어떠한 인물로 묘사하려고 했는지 알 수 있다. 특히 녹음 대본에서 부부 교사, 선수들, 교육장 등이 감격하는 장면을 추가한 의도는 너무나 명백해 보인다.

사치도 주민들의 반응과 인식 변화도 같은 흐름에서 살펴볼 수 있다. 특히 부부 교사를 괴롭히던 청년들의 태도가 180도 바뀌는 장면과 그 이유가 눈에 띈다. 녹음 대본의 '#105 이장집 마당'에서 불량 청년 수복은 농구팀의 준우승을 축하하며 풍악을 울리는 주민들에게 다음과 같이 말한다. "우리 도저히 가만히 있을 수가 없어서 결심을 했습니다. 아그들이 서울까장 가서 농구 준우승으로 대통령 각하에게 칭찬을 들었는디 우리라고 술만 먹고 놀음만 해서야 쓰겠습니꺼? 그래서 우리는 반성하고……4H 구락부라는 것을 조직했읍니다."라고 선언한다. 그러자 4H 구락부 회장이 "여러분! 우리 마을은 개척해야 할 것이 많습니다……(중략) 여러분! 어린 아그들한테서 우리도 하면 된다는 것을 배웠습니다. 합시다!"라고 연설하면서 선착장을 만들자고 제안한다. 주민들은 "옳소! 옳소! 옳소!" 하고 화답한다. 그런데 4H 구락부 회장의 등장은 느닷없다. 그는 이 장면 이전에는 영화에 등장하지 않았던 인물이다.

이처럼 〈섬개구리 만세〉의 후반부 장면들은 영화의 서사 전개상 느닷없을 뿐만 아니라 이질적이다. 사치 분교 농구팀의 선전과 박정희 대통령의 청와대 초청이 아무런 맥락 없이 4H 구락부로 확장된다. 즉, 사치 분교 농구팀의 영웅 서사가 새마을운동과 연결돼 정권의 이데올로기를 홍보하는 수단으로 활용된다. 그로 인해 권갑윤, 김선희 부부 교사의 열정적이고 순수한 헌신, 사치 분교 농구팀 선수들의 혹독한 훈련과 성과는 빛이 바래고 만다. 〈섬개구리 만세〉가 스포츠 영화의 매력을 잃어버리고 '새마을운동 홍보영화'가 돼버린 느낌이 드는 이유이다. 4H 구락부 회장의 연설과 소아마비인 상기가 홀로 일어서는 장면에 적용된 '하면 된다.'라는 정신은 박정희 정권의 대표적인 슬로건이었다.

그런데 〈섬개구리 만세〉의 결말 장면은 처음부터 구상한 것이 아니다. 그 변화 과정과 내용을 자세히 살펴보자. 시나리오 초고 표지에는 '문교부 추천'이라는 스탬프가 찍혀 있다. 그리고 마지막 장에는 '初審畢 8월 9일, 通過' 도장이 남아 있다. 영화 제작의 전후 사정을 고려하면 1972년 여름에 시나리오 검열을 통과했을 가능성이 크다. 국립중앙도서관 홈페이지에서 확인할 수 있는 시나리오 초고의 마지막 장면은 '#141 바다'이다. '사치 섬을 향해 군함이 가고 있고, 사치 섬에서 흥겨운 농악 소리가 들려오고, 심술 영감을 포함한 주민들이 나루터에서 부부 교사와 아이들을 맞이하고, 상철이 두 발로 서 있는 상기를 부둥켜안고 기뻐서 운다.'라는 내용이다.

그런데 영화의 녹음 대본에는 초고 시나리오에 없는 장면이 추가된다. 앞에서 살펴본 '#101 여관방'과 '#105 이장집 마당' 장면이다. '#101 여관방'에서는 전라남도 교육장, 부부 교사, 아이들이 박정희 대통령의 초청 소식을 듣고 감격해서 운다. '#105 이장집 마당'에서는 청년들이 4H 구락부를 결성하고, 4H 구락부 회장이 선착장을 건설하자고 외친다. 그렇다면 시나리오 초고와 녹음 대본(영화)의 차이는 왜 생겨난 것일까? 1970년대 초반의 시대 상황을 고려하면 궁금증이 어느 정도 풀릴 수 있다. 박정희 정권은 10월 유신을 선포한 이듬해인 1973년 2월 16일에 제4차 개정 영화법을 공포했다. 이어서 4월 한국 영화 진흥과 영화 산업의 지원·육성을 명분으로 한국영화진흥공사를 설립했다.

제4차 개정 영화법은 제작사 등록제를 허가제로 전환하고 외화 수입 쿼터제를 부활했다. 즉 영화사는 문화공보부의 허가를 받아야만 영화를 제작할 수 있었다. 제작사 허가제와 쿼터제를 통해 영화에 대한 정부의 통제가 더 쉬워졌다. 허가제로 인해 거대 제작사들은 독과점적 혜택을 누리면서 체제에 순응해 갔다. 쿼터제는 우수영화 및 국책영화 보상 제도를 통해 영화인들이 정부 방침에 맞는 영화를 제작하도록 했고, 제작사들은 한국 영화의 흥행 실패를 감수하고서라도 외국영화 수입을 위해 이를 따랐다. 4차 개정 영화법은 '유신 영화법'이라고 불리기도 한다. 물론 박정희 정권은 1960년대부터 영화법을 통해 영화계를 통제하고 검열했는데, 10월 유신 이후 이러한 정책은 더욱 강력하고 노골적인 방향으로 전개됐다(김미현, 2006).

또 제4차 개정 영화법은 영화진흥공사의 설립을 명문화했다. 영화진흥공사는 국책영화 제작, 제작비 융자 사업, 배급협회 설립 및 운영 등 영화 정책을 전담하는 국가기구이다. 이로 인해 국가가 영화 제작, 배급을 완벽하게 통제하게 됐다. 영화진흥공사는 이른바 우수 영화를 제작한 제작자에게 외화 수입 쿼터를 배당했다. 1960년대부터 진행된 우수 영화 보상 제도는 지배 이데올로기에 부합하는 영화들을 포함함으로써 영화를 지배 담론 안으로 포섭하는 전략이었다. 정부는 매년 초 영화 시책을 발표했다. 이에 따라 반공, 새마을 정신, 충효, 호국, 멸사봉공 등 '민족주체성 확립'과 '애국애족의 국민성을 고무'하는 영화 제작이 강요되었다(김미현, 2006). 〈섬개구리 만세〉에는 박정의 정권의 핵심 이슈 중에서 새마을 정신과 대통령 우상화가 강제로 포함된 셈이다.

한국영상자료원 기록에 의하면, 〈섬개구리 만세〉는 ㈜우진 필름이 제작해 1973년 4월 18일 국도극장에서 개봉했다. 관객 수는 6,187명이었다. 이 영화를 연출한 정진우 감독은 1969년에 우진 필름을 설립한 제작자이기도 했다. 그는 연출, 제작, 각본, 각색 등 여러 방면에서 190여 편의 한국 영화에 참여했으며, 우리나라 최초의 본격 동시녹음과 제대로 된 수중촬영을 하는 등 영화기술 발전에도 큰 역할을 했다. 그는 영화진흥공사 제작 상임이사로 재직하면서 국책영화 〈증언〉(1973)과 〈들국화는 피었는데〉(1974)를 제작하기도 했다. 1985년에는 국내 최초의 복합 극장 씨네하우스를 설립했으며, 2014년에는 영화인 명예의 전당에 헌액됐다. 그만큼 정진우 감독은 한국 영화계를 대표하는 연출자, 제작자였다.

이와 같은 상황을 두루 고려하면, 〈섬개구리 만세〉의 제작 과정에 정권의 영향력이 직간접적으로 작용했을 것이라고 추론할 수 있다. 실제로 〈섬개구리 만세〉의 크레딧에는 문교부와 문화공보부가 '주관'했다고 나온다. 시나리오 초고에 찍혀 있는 '문교부 추천' 스탬프와 이 크레딧은 〈섬개구리 만세〉가 박정희 정권의 영화 정책 및 이데올로기에 부합한다고 인정받았음을 보여주는 징표이다. 이를 통해 결말에 4H 구락부와 새마을 운동 관련 장면이 추가된 사정을 짐작할 수 있다. 녹음 대본에서 박정희 대통령이 단순히 '인자한' 지도자가 아니라 인물들이 '온몸에 전류가 흐르고', '다리를 부여잡고 울어버리고', '부둥켜안고 뛸 만큼' 위대한 존재로 묘사된 것도 같은 맥락에서 살펴볼 수 있다.

영화 제작을 둘러싼 1970년대 초반의 시대 상황은 김지운 감독의 〈거미집〉(2023)에도 잘 나타나 있다. 〈거미집〉에서 주인공 김 감독은 '결말만 바꾸면 걸작이 된다.'라는 생각으로 촬영을 마친 영화를 새로 찍는다. 하지만 대본은 심의에 걸리고, 문화공보부 검열 담당자가 촬영장에 들이닥치면서 현장은 아수라장이 된다. 특히 문화공보부 최 국장의 태도는 안하무인이다. 그는 촬영장의 감독 의자에 앉아서 대본과 촬영 장면이 일치하는지 감시하고 통제한다. 그리고 영화 제작자와 김 감독은 최 국장에게 촬영 장면 하나하나의 의미를 설명하고, 그때마다 그의 눈치를 보느라 좌불안석이다. 영화 제작 환경이 이러했으니, 시나리오의 내용을 바꾸는 일은 식은 죽 먹기와 같았을 것이다.

〈섬개구리 만세〉의 권갑윤, 김선희 부부 교사는 학생스포츠를 다룬 스포츠 영화의 전형적인 캐릭터이다. 그들은 교육자, 감독, 정신적인 스승으로서 학생들을 지도하고 이끌어준다. 학생들에게 농구 기술 이외에 올바른 삶의 태도도 가르친다. 그런데 영화 제작 과정에서 사치 분교 농구팀의 도전과 모험, 부부 교사의 헌신과 노력은 새마을운동과 연결되도록 바뀌었다. 시나리오 초고와 녹음 대본의 차이만으로 정권의 직접적인 통제와 검열이 있었다는 것을 증명할 수는 없다. 하지만 군사독재정권이 통치하던 유신 치하였다는 점을 고려하면, 영화 내용의 변화에 1970년대 초반의 사회 현실이 어떤 형태로든 영향을 주었을 것이라고 짐작하는 것은 어렵지 않다. 그러한 점에서 〈섬개구리 만세〉는 정치 권력의 이데올로기와 억압적인 제작 현실이 스포츠 영화에 미친 부정적인 영향을 살펴볼 수 있는 작품이다.

2. 학생스포츠 영화에 나타난 지도자의
두 얼굴-〈맨발의 꿈〉, 〈낫아웃〉

학생스포츠를 소재로 한 스포츠 영화에 등장하는 지도자는 경력 측면에서 두 가지 유형으로 분류된다. 먼저 탁월한 능력을 지닌 스타 선수 출신이 지도자로 등장하는 경우이다. 〈영광의 9회 말〉(1977), 〈말아톤〉(2005), 〈킹콩을 들다〉(2009), 〈글러브〉(2011), 〈4등〉(2016)이 그러한 작품들이다. 그런데 이 영화들에서 각 지도자가 처한 상황은 녹록하지 않다. 그들은 전성기가 이미 지났거나, 부상 등의 이유로 은퇴했거나, 사생활 문제로 인해 매우 곤란한 처지에 놓여 있다. 특히 스포츠정신을 위반한 행동으로 처벌을 받거나 현장에서 추방당한 혹은 그러한 위기에 놓인 인물이 대부분이다. 따라서 이러한 인물이 학생 선수를 지도하는 상황에서는 여러 갈등이 발생한다. 그들이 비자발적으로 지도자가 되는 것도 공통점이다.

이러한 유형의 인물들은 지도자로 부임한 이후에 일탈 행위를 일삼는다. 학생 지도에 전혀 관심이 없는 것은 물론이거니와 훈련 시간에 술을 마시고, 대낮에 낮잠을 자고, 선수 혼자 훈련하도록 하고 자신은 딴짓에 열중한다. 그가 특정 선수의 개인 코치로 계약을 한 경우도 마찬가지이다. 하지만 결말에 이르면 다양한 결함 때문에 어려운 처지에 놓여 있던 이 지도자들은 새로운 인물로 재탄생한다. 이때 학생 선수가 지도자에게 선한 영향을 미치는 경우가 많다. 학생과 지도자가 서로 영향을 주고받으며 영웅의 행적을 따르는 셈이다. 스포츠 영화의 지도자와 관련한 이러한 서사는 스포츠 영화의 장르적 특성으로 자리 잡았다.

〈글러브〉의 김상남은 충주성심학교 야구부의 임시 코치이다. 그런데 김상남 코치는 이 직함과 역할, 무엇보다 현재 상황이 전혀 마음에 들지 않는다. 그는 프로야구 최다 연승, 최다 탈삼진, 3년 연속 MVP 경력을 지닌 슈퍼스타 출신이다. 하지만 김상남은 음주에다 야구 배트까지 휘두르는 폭력 행위로 물의를 빚어 근신해야 하고, 자칫하면 불명예 은퇴를 해야 하는 위기에 처해 있다. 그래서 김상남은 이미지 쇄신을 위해 억지 춘향 격으로 충주성심학교 야구부 코치를 맡는다. 사정이 이러하니 오합지졸인 충주성심학교 청각장애 야구부원들이 그의 눈에 들어올 리 없다. 하지만 김상남 코치는 선수들의 열정과 교감 선생님, 나주원 교사의 헌신적인 태도에 영향을 받아 차츰 열정적으로 변한다.

김상남과 야구부원들의 행적을 '영웅의 일생' 모형으로 정리하면 다음과 같다.

〈김상남의 행적〉
A 미천한 혈통–음주 폭행 사건으로 징계위원회에 회부된 선수이다.

B 탁월한 능력-최다 연승, 최다 탈삼진 보유자에다
　　　　　　3년 연속 MVP 출신이다.
C 위기1　　　-충주성심학교 야구부 임시 코치로 부임한다.
　　　　　　-팀이 연습경기에서 실수를 연발한다.
　　　　　　-선수들을 지도할 의욕을 잃는다.
D 조력자 -매니저인 철수는 김상남을 위해 헌신적으로
　　　　　　구명 활동을 한다.
　　　　　　-교감과 여교사가 물심양면으로 도와준다.
　　　　　　-학교를 떠나려는 순간에 선수들이 무릎 꿇고
　　　　　　코치가 필요하다고 애원한다.
E 위기2 -군산상고와의 연습경기에서 32대0으로 패한다.
　　　　　　-KBO에서 영구 제명 처분을 받는다.
　　　　　　-충주성심학교 운영위원회에서 야구부 폐지를
　　　　　　논의한다.
F 패배　　-봉황대기 첫 경기에서 패배한다.

〈글러브〉에서 '전국대회 1승'이라는 충주성심학교 야구부원들
의 꿈은 좌절된다. 봉황대기 첫 경기에서 군산상고와 맞붙어 연장
12회 접전 끝에 6대7로 패한다. 0대32로 진 연습경기와 비교하면
큰 발전을 했지만, 그렇다고 패배라는 결과가 바뀌지는 않는다. 선
수들은 상심한 나머지 그라운드에 주저앉아서 운다. 그러자 김상남

코치는 선수들을 위로하고 격려한다. 〈글러브〉의 에필로그는 상징적이다. KBO로부터 징계를 받아 국내에서 선수 생활을 할 수 없게 된 김상남 코치는 일본 프로야구 2군 팀의 입단 테스트를 받으러 떠난다. 이때 충주성심학교 야구부원들은 밝은 얼굴로, 주먹으로 가슴을 치면서 김상남 코치를 배웅한다. 김상남 코치는 임시 지도자였지만 선수들에게 용기와 희망을 불어넣었다. 물론 청각장애 야구부원들이 없었다면 김상남 코치의 정신적 재탄생도 이뤄지지 않았을 것이다.

〈글러브〉는 학생스포츠를 소재로 한 스포츠 영화의 모범답안과 같은 영화이다. 이 영화의 결말은 팀이 패배하는 것으로 마무리된다. 하지만 경기에서 졌다고 해서 김상남 코치와 선수들이 패배자가 되는 것은 아니다. 또 김상남은 야구부 코치로서 선수들에게 기술뿐만 아니라 도전과 열정, 꿈의 중요함을 가르친다. 그러한 점에서 〈글러브〉는 〈영광의 9회 말〉의 새로운 버전이라고 할 수 있다. 두 영화에서 고등학교 야구선수들에게 최동수와 김상남은 단순히 야구 코치가 아니라 정신적인 스승이다. 특히 김상남 코치는 충주성심학교 야구부원들을 지도하면서 야구에 대한 열정과 올바른 스포츠정신을 다시 깨닫는다. 김상남 코치와 충주성심학교 야구부원들은 승자만이 영웅이 될 수 있다는 선입견을 깨뜨린 인물들이다.

〈말아톤〉의 정욱 코치도 김상남과 같은 유형에 속하는 지도자이다. 그는 보스턴마라톤대회에서 1위에 입상했던 탁월한 능력의 소유자이다. 그런데 음주와 관련한 사건 때문에 고등학교에서 200시간 사회봉사를 한다. 따라서 정욱 코치는 초원을 지도하는 일에는 관심도 열정도 없다. 정해진 시간만 대충 채우면 되기 때문이다. 그는 초원의 엄마 경숙의 간곡한 부탁을 받고 마지못해 초원을 지도하기로 하지만, 실제로는 초원을 방치한다. 벤치에 누워 잠을 자고 대낮부터 맥주를 마시는 것은 기본이다. 초원에게 땡볕의 운동장을 100바퀴 뛰라고 지시해 놓고는 그 사실을 잊어버릴 정도이다. 하지만 정욱 코치의 태도는 영화의 후반부에 완전히 바뀐다. 초원과 한강 둔치를 함께 달리고, 초원에게 운동화를 선물하기도 한다.

그렇다면 학생스포츠를 소재로 한 영화의 지도자를 특정 캐릭터로 유형화할 수 있다. 우선 그들의 행적을 '탁월한 능력-부상 혹은 불미스러운 사고로 인한 추락-학생 스포츠팀의 지도자로 부임-학생 지도에 무관심-학생들의 영향으로 개과천선-학생들을 진심으로 지도-스포츠 지도자와 교사의 역할 병행-새로운 인물로 재탄생'으로 정리할 수 있다. 즉 지도자가 학생 선수를 성장시키는 동시에 그 자신도 학생 선수의 영향을 받아 이전과 다른 인물로 변화한다. 〈영광의 9회 말〉의 최동수, 〈글러브〉의 김상남, 〈말아톤〉의 정욱 그리고 〈킹콩을 들다〉의 이지봉 코치가 보여준 역할과 성격이 대표적이다. 그렇다면 이러한 지도자는 학생스포츠를 소재로 하는 스포츠 영화의 전형적인 캐릭터가 되는 셈이다.

학생스포츠를 소재로 한 영화 속 지도자의 두 번째 유형은 그들이 우리 사회의 낙오자, 비주류, 아웃사이더인 경우이다. 이러한 유형의 지도자들은 선수로서 빼어난 성적을 내지 못했고, 주변의 평판도 낙제점이다. 영화에 따라서는 해당 종목에 관한 지식조차 전혀 없는 인물인 경우도 있다. 그들의 직업이나 경제적 상황도 궁핍하기만 하다. 한마디로 이 유형의 인물들은 지도자 자격을 갖추지 못한 상황이다. 하지만 그들은 누구보다 헌신적으로 학생들을 지도한다. 무엇보다 선수들과 진심으로 소통하고, 정서적인 교감을 하고, 이를 통해 일심동체가 된다. 어떤 지도자는 처음에는 선수들을 상업적으로 이용하려고 하거나, 선수의 꿈을 아예 인정하지 않는다. 하지만 나중에는 선수들의 가장 강력한 후원자이자 정신적인 스승이 된다.

〈맨발의 꿈〉(2010)의 김원광은 내세울 만한 경력이 없는 인물이다. 한때는 촉망받는 축구선수였지만, 지금은 사기꾼 소리나 들으며 이 나라, 저 나라를 떠도는 신세이다. 그런 와중에 김원광은 남태평양의 작은 섬나라 동티모르에 들른다. 그곳에서 우연히 맨발로 공을 차는 소년들을 만난다. 그리고 축구에 삶을 거는 소년들을 보며 "이번만큼은 끝을 보고 싶다"라고 야무지게 입술을 깨문다. 그래서 동네의 축구 소년들을 개인적으로 가르친다. 김원광과 동티모르 아이들의 비슷한 처지는 그들이 서로 공감하는 원동력이 된다. 김원광은 아이들과 한마음이 되어 훈련하고, 마침내 동티모르 유소년 대표팀 감독이 되고, 팀을 세계대회 우승으로 이끈다.

〈맨발의 꿈〉의 홍보 카피는 "동티모르 한국인 '히딩크' 감동 실화"이다. 김원광의 모델은 실존 인물인 김신환 감독이다. 그는 한양공고에서 1학년 때부터 주전으로 활약했고, 전국대회에서도 2회나 우승한 꿈나무였다. 하지만 대학 진학과 실업팀 입단이 꼬이면서 2년을 허송세월했다. 그러다가 1980년 해군 소속으로 태극마크를 달고 인도네시아에서 열린 국제대회에 출전해 3위를 차지했다. 김신환 감독은 1983년 현대자동차에 입단했다가 유혹에 빠져 사채에 손을 댔고, 빚만 떠안은 채 귀향했다. 그 이후 인도네시아에서 몇 가지 사업을 했지만 모두 망해서 귀국했다. 그 이후 우연히 동티모르 독립 기사를 보고 무작정 그곳으로 갔고, 우여곡절 끝에 2003년 유소년축구팀을 창단했다. 그리고 1년 만에 제30회 리베리노 컵 국제유소년대회에서 우승했다. 그는 지금도 동티모르 유소년축구팀의 감독으로 활동하고 있다.

〈맨발의 꿈〉의 서사는 비교적 단순하다. 김원광은 인도네시아에서 동티모르로 혈혈단신 들어간다. 커피 장사로 대박을 터뜨리겠다는 꿈에 부푼 상태이다. 하지만 현지에서 사기를 당하고 한국으로 귀국하려고 한다. 그러다가 공항으로 가던 길에 맨발로 공을 차는 아이들을 보고 무릎을 친다. 물론 장사치 심보이다. "저 아이들에게 축구화를 팔자." 김원광의 이상한 독점사업(?)은 엄청난 호황을 누린다. 그는 아이들에게 짝퉁 축구화를 판다. 하루 1달러씩 2개월 동안 갚는 조건이다. 그러나 아이들에게 하루 1달러는 너무나 큰돈이다. 갚을 방법이 없다. 그래서 김원광은 아예 축구팀을 창단해 아이들을 훈련 시킨다. 팀 해체와 귀국이라는 우여곡절 끝에 대사관 직원의 도움으로 유소년팀을 창단, 운영한다.

동티모르는 고난의 역사를 지닌 나라이다. 동티모르는 16세기부터 무려 400년 동안 포르투갈의 식민지였다. 1975년이 돼서야 포르투갈의 식민 지배에서 벗어났다. 하지만 기쁨도 잠시. 독립한지 불과 6일 만에 인도네시아의 침공을 받았다. 그리고 2002년에 인도네시아의 지배에서 벗어났다. 동티모르는 21세기 최초의 독립국이 됐지만, 이번에는 극심한 내전이 벌어졌다. 거리에서 총격전이 일상사로 벌어지고, 이웃끼리 서로를 죽이는 일이 다반사이고, 어린이들마저 적과 동지로 양분됐다. 동티모르에서는 내전으로 인해 인구의 4분의 1인 20만 명이 사망했고, 그래서 많은 소년이 고아이거나 결손 가정에서 자라야 했다.

한편 김원광은 우리나라에서 낙오자로 규정된 인물이다. 동티모르 어린이들의 삶도 가난과 전쟁, 상처로 얼룩져 있다. 〈맨발의 꿈〉에서는 각자의 나라에서 소외된 김원광과 동티모르의 어린이들이 축구를 매개로 만난다. 어린 선수들은 처음에는 서로에 대한 불신과 갈등으로 티격태격한다. 라모스와 모따비오의 사례가 대표적이다. 내전으로 인해 라모스와 모따비오의 아버지, 친척들은 상대의 가족들을 죽음으로 몰고 갔다. 둘은 당연히 원수 같은 사이가 된다. 그래서 라모스와 모따비오는 축구 경기를 하면서도 서로에게 패스하지 않는다. 하지만 반목과 대립을 거듭하던 두 어린이는 김원광의 지도

동티모르 유소년축구팀을 다룬 〈맨발의 꿈〉.

로 축구를 하면서 우정과 신뢰를 쌓고, 팀을 우승으로 이끈다.

　〈맨발의 꿈〉의 서사구조는 익숙하다. 그래도 적지 않은 울림을
남긴다. 특히 축구화값 1달러 대신 닭을 가져와 "내가 키운 것이어
서 살이 많다."라고 말하는 모따비오, 인도네시아 프로팀에 가고 싶
어서 외제 차를 훔치려다 경찰에 체포된 라모스의 간절한 눈빛은 오
래 기억에 남는다. 김원광은 "가난하다고 꿈도 가난해야 하느냐."라
고 자신에게 묻는다. 김원광의 이 질문은 우리 모두에게 되돌아온
다. 〈맨발의 꿈〉은 상처투성이 어린이들이 꿈을 향해 힘을 모으고,
한 사회의 낙오자가 비슷한 처지의 어린이들에게 꿈을 심어주면서
자신의 꿈도 이뤄가는 과정을 따뜻하게 그린다. 〈맨발의 꿈〉은 머리
가 아니라 가슴으로 보는 영화이다. 그리고 김원광은 학생스포츠를

다룬 영화가 제시하는 바람직한 지도자의 모델이라고 할 수 있다.

〈맨발의 꿈〉에서는 뚜아의 에피소드도 깊은 여운을 남긴다. 여동생과 교회에서 먹고 자는 뚜아는 새처럼 작고 여린 소년이다. 그런데 뚜아는 키가 작아서, 체격이 왜소해서 축구팀에서 번번이 외면당한다. 외톨이가 되어 친구들이 공 차는 모습을 먼발치서 바라만본다. 뚜아는 친구들처럼 멋진 축구화를 신고, 유니폼을 입고, 함께 축구를 하고 싶다. 그래서 끊임없이 운동장을 맴돈다. 그러자 김원광이 뚜아를 팀원으로 받아들이고, 그에게 축구화를 건넨다. 뚜아도 마침내 축구를 할 수 있게 된 것이다. 그 순간, 뚜아의 눈에서 참고 참았던 서러움이 눈물로 비어져 나온다. 뚜아에게 축구화를 선물한 김원광은 사실 뚜아와 다름없는 인물이다. 이방인 코치와 고아 소년들의 마음이 축구를 통해 이어지면서 짠한 울림을 준다.

그런데 학생 선수가 등장하는 스포츠 영화의 지도자라고 해서 모두가 긍정적인 모습만 보여주는 것은 아니다. 〈낫아웃〉(2021)은 고교야구 지도자와 스포츠계의 입시 비리 문제를 비중 있게 다룬 스포츠 영화이다. 주인공은 고3 야구선수 광호. 그는 봉황대기 결승전에서 결승타를 칠 만큼 실력이 뛰어난 선수이다. 하지만 광호는 프로야구 신인 드래프트에서 탈락한다. 그래서 감독 몰래 대학에 지원서를 낸다. 하지만, 실기시험에서 의도적인 방해를 받아 진학에 실패한다. 이 에피소드는 학생 선수의 진로와 관련해서 감독이 가진 영향력이 얼마나 크고 절대적인지, 고교 팀과 대학 간의 커넥션

이 얼마나 뿌리 깊은지를 보여준다. 또 "일부러 져주는 경기인 거 몰라?"라는 감독의 대사는 대학 진학을 위한 고등학교 야구팀 지도자의 부도덕한 행태와 일그러진 현실을 사실적으로 드러낸다.

광호는 대학 진학을 위해서는 돈이 필요하다고 생각한다. 그래서 불법 휘발유 판매 아르바이트를 하고, 사장의 돈을 훔치려고 하고, 결국에는 친구의 비상금을 챙겨서 감독에게 갖다 준다. 그런데 감독은 뜻밖의 반응을 보인다. 그는 '내가 우습냐?'라고 화를 내면서 광호를 마구 때린다. 어린 선수가 돈을 가져와서? 학생이 타락해서? 그게 아니다. 광호가 가져온 액수가 너무 적었기 때문이다. 감독은 광호의 아버지에게 "오천"을 요구했는데, 광호는 그 사실을 모른 채 터무니없는 돈을 가져온 것이다. 결국, 광호는 아버지가 분식집을 처분한 돈으로 대학에 진학한다. 이처럼 〈낫아웃〉에는 고교 야구팀을 둘러싼 비윤리적인 행동이 적나라하게 드러나 있다. 그리고 〈낫아웃〉의 감독은 스포츠 윤리 위반과 일탈 행위의 반면교사로 삼기에 적절한 인물이다.

스포츠 영화의 지도자들은 대개 비슷한 처지에 있다. 그들 가운데 절정의 순간에 있는 인물은 거의 없다. 최고 스타였던 인물이라고 해도 사정은 다르지 않다. 그들은 최동수, 김상만, 정욱, 이지봉 코치처럼 다양한 이유로 정상에서 내려온 상황에서 등장한다. 스포츠 영화의 지도자 중에는 오히려 전성기라고 할 만한 시절이 아예 없었던 인물이 더 많다. 그런데 어느 유형이든, 이 지도자들은 우여곡절 끝에 선수들과 일심동체가 되어 팀을 이끈다. 그들은 권위나 카리스마 혹은 명성이 아니라 선수들의 마음과 꿈을 읽고 그들과 함께하면서 목표를 향해 나아간다. 설령 경기에서 패한다고 해도 그들은 내면의 성장을 통해 새로운 인물로 재탄생한다. 학생스포츠를 다룬 스포츠 영화의 이러한 서사와 주제는 바람직한 지도자상을 제시한다는 점에서 깊이 되새겨볼 가치가 있다.

5장

스포츠와 윤리: 폭력의 일상성과
윤리 교육의 필요성

1. 초·중등 학생 운동선수의 눈물과 상처

스포츠 지도자와 선수를 포함한 스포츠인의 비윤리적인 일탈 행위가 스포츠계를 넘어 심각한 사회문제가 됐다. 스포츠 윤리에 관한 사회의 기준은 엄격해지고 있는데 스포츠계의 일탈 행위는 점점 더 빈번해지고 있다. 스포츠인의 일탈 행위가 우리 사회에 미치는 파장은 매우 크다. 현대 사회에서 스포츠는 남녀노소 모두에게 커다란 영향을 미치는 대중문화의 핵심 분야이다. 대중은 스포츠를 즐기면서 삶의 활력을 얻고, 스포츠 스타는 어린이와 청소년의 우상이 된다. 스포츠 경기는 국가적 행사로서 온 국민의 응원을 받기도 한다. 이러한 상황에서 일부 스포츠인의 비윤리적인 일탈 행위는 스포츠의 이미지와 위상 추락을 가져오며, 이는 스포츠 자체의 위기로 확산할 수도 있다. 대중이 스포츠를 외면하고 스포츠로부터 멀어진다면 스포츠인이 설 자리도 위태롭게 된다.

그렇다면 스포츠인의 비윤리적인 일탈 행위는 왜 자꾸 발생하며, 왜 근절되지 않는 것일까? 그 이유는 일차적으로 스포츠인들에게 스포츠와 관련한 철학 및 윤리의식이 부족한 데서 찾을 수 있다. 그런데 스포츠인의 윤리의식 부재는 개인 차원에 그치는 것이 아니다. 오히려 사회적, 구조적, 제도적 차원에서 접근해야 하는 문제이다. 그래서 스포츠 윤리에 관한 논의는 개인 윤리에 초점을 맞추지 말고 거시적인 관점으로 확장되어야 한다. 즉 스포츠 윤리는 인문학자, 스포츠 행정가, 스포츠 지도자, 운동선수, 스포츠 미디어 관계자 등이 다채롭게 참여해 통합적으로 논의해야 하는 분야이다.

그렇다고 해도, 스포츠 윤리는 기본적으로 스포츠인의 문제이다. 따라서 스포츠 윤리를 종합적, 체계적으로 정립하기 위해서는 스포츠 현장 종사자들이 먼저 나서야 한다. 스포츠인들이 스포츠 윤리에 관한 인식을 새롭게 정립하고, 실질적인 스포츠 윤리 교육 시스템을 구축해야 한다. 그렇게 된다면 스포츠인의 비윤리적인 행동을 줄이고, 나아가 사회제도와의 유기적인 관계 속에서 미래지향적이고 발전적인 스포츠문화를 확립할 수 있을 것이다. 미국에서는 1970년대 중반 이후 스포츠 윤리 교육이 본격화됐다. 우리나라도 스포츠 윤리 교육 시스템의 정비와 확산이 절실한 시점이다. 감독이 선수를 괴롭혀 죽음에 이르게 하고, 10대 프로야구 선수가 성범죄 사건에 연루되고, 국가대표 출신 선수가 후배들에게 마약 대리 처방을 강요했다가 구속되는 사실은 충격적이지 않은가?

스포츠 윤리는 지식 습득과 인식 개선에 그치지 않고 운동선수와 지도자가 현장에서 이를 실천하는 것이 중요하다. 또 스포츠인이 스포츠와 관련한 윤리적 판단을 스스로 할 수 있도록 만들어야 한다. 이를 위해서 스포츠 윤리 교육은 초 · 중등학교부터 시작해 장기간에 걸쳐 꾸준히 실시해야 한다. 성인이 되어 스포츠 윤리를 습득하는 것은 한계가 있을 수밖에 없으며, 어린 선수를 대상으로 교육할수록 그 효과는 배가될 것이기 때문이다. 하지만 우리나라의 스포츠 윤리 교육은 매우 미진하고, 그나마 형식적인 경우가 많다. 특히 초 · 중등학교의 스포츠 윤리 교육과 관련해서는 실태조차 제대로 파악되어 있지 않은 상태이다.

우리나라에서 스포츠 윤리 교육이 제대로 이뤄지지 않는 근본적인 이유는 무엇일까? 그 대답은 간단하다. 스포츠 윤리의 중요성과 필요성에 대한 인식이 부족하기 때문이다. 이로 인해 국내에는 스포츠 윤리 교육 시스템이 거의 구축돼 있지 않다. 이러한 상황을 벗어나기 위해서는 스포츠 윤리 교육과 관련한 이론적인 연구, 스포츠 윤리 교육 전문가와 지도자 양성, 스포츠 윤리 교육 콘텐츠 개발과 현장 교육 등에 관한 체계적인 연구와 실천이 필요하다. 물론 이와 관련한 움직임이 전혀 없었던 것은 아니다. 2019년 2월 스포츠계 인권 강화 등을 목표로 스포츠 혁신위원회가 출범하기도 했다. 하지만 이 조직은 별다른 성과 없이 이듬해 1월 해체됐다.

현재 스포츠 윤리와 관련한 공식 기관으로는 스포츠 윤리센터가 있다. 스포츠 윤리센터는 2020년 8월 문화체육부 산하기관으로 출범했다. 정부가 2020년 6월 발생한 경주시청 트라이애슬론 최모 선수의 투신자살 사건을 계기로 만들었다. 스포츠 윤리센터는 스포츠계의 비윤리적인 일탈 문제를 해결하기 위해 상담과 신고, 직권 조사와 처벌을 담당한다. 하지만 스포츠 윤리센터는 조사 권한만 있을 뿐이어서 스포츠 윤리 문제를 직접 해결할 수 없다. 이 센터는 문화체육부 장관을 통해 징계를 요구할 수 있다. 그런데 체육 단체는 스포츠 윤리센터의 조치를 무조건 따르지 않아도 된다. 스포츠 윤리센터는 '스포츠윤리 런(learn)'을 통해 인권침해와 비리 방지, 폭력 예방 교육도 하고 있다. 그러나 이 교육은 1시간 안팎의 동영상을 시청하는 온라인 중심이어서 그 효과는 미지수이다.

실제로 스포츠계에서 이뤄지는 스포츠 윤리 교육은 대개 형식적인 수준에 머무르고 있다. 대한체육회는 매년 지도자와 선수 등록 시 폭력, 약물 등과 관련한 스포츠 윤리 동영상을 시청하도록 하고 있다. 국민체육진흥공단은 초·중·고·대학 지도자 연수에서 스포츠 윤리 교육을 하고 있다. 각 시·도 교육청도 매년 학교 운동부 지도자를 대상으로 연수를 진행한다. 프로스포츠의 경우에는 한국야구위원회(KBO)나 각 종목의 연맹에서 신인 선수를 대상으로 윤리 교육을 진행하고 있다. 축구 K3, K4 리그 참여 팀의 경우에는 대한 축구협회에서 강사를 파견하여 경기 규칙, 도박, 성폭력 등과 관련해 4시간 동안 교육하고 있다.

그런데 스포츠 단체나 교육청에서 실시하는 스포츠 윤리 교육은 대부분 지도자 혹은 엘리트 성인 선수를 대상으로 진행된다. 또 대한체육회를 포함한 대부분 기관의 교육 방식은 대상자들이 온라인으로 동영상을 시청하는 것이어서 실효성을 담보하기 어렵다. 게다가 교육 내용은 여러 문제점을 지니고 있다. 예를 들어 2019년 2월 K 교육청이 실시한 '학교 운동부 지도자 역량 강화 연수회'의 교육 자료는 "학생 선수 스스로 재미를 느껴 몰입하도록 하는 것이 가장 좋은 코칭 방법"임을 강조하고 있다. 스포츠 윤리 교육 교재에서조차 '재미에 초점을 둔 코칭 방법' 습득을 지도자가 갖추어야 할 '역량'으로 간주하는 것이다. 각종 교육 및 연수회에서 사용하는 교재 역시 통일성과 체계를 갖추지 못한 실정이다.

그러한 관점에서 학생 선수를 대상으로 스포츠 영화와 실제 사례를 활용해 스포츠 윤리 교육을 하는 것은 여러모로 실용적, 효과적인 방법이 될 수 있다. 스포츠 영화는 21세기를 대표하는 영상매체이자 대중예술의 한 장르로서 스포츠 윤리의 쟁점들을 다수 포함하고 있다. 또 스포츠 영화는 스포츠 지도자와 학생 선수의 접근성, 인지도, 선호도가 높아 연구 및 교육 자료로 활용하기에 알맞다. 스포츠 영화는 올림픽, 월드컵, 프로스포츠 등 스포츠 현장에서 발생한 실제 사례 및 언론 보도와 연결해서 활용할 수도 있다. 스포츠 영화와 실제 사례를 접목한 스포츠 윤리 관련 논의는 우리나라 스포츠 윤리 교육의 새로운 방법론을 제시하는 의미도 지니고 있다. 따라서 스포츠 영화에 나타난 스포츠 윤리 관련 내용을 구체적으로 살펴볼 필요가 있다.

1) 육체와 언어를 넘나드는 폭력의 지배자－〈킹콩을 들다〉

스포츠 윤리의 여러 항목 가운데 스포츠 현장에서 발생하는 사건으로는 폭력, 규칙 위반(반칙), 불법 도구 사용, 심판 폭행, 의도적인 오심 등이 있다. 경기 외적인 상황에서 문제가 되는 스포츠 윤리로는 음주 운전, 체벌, 약물 복용, 마약 복용, 도박 등을 꼽을 수 있다. 이 가운데 가장 보편적인 스포츠 윤리 위반 행위는 폭력이다. 스포츠 현장에서 자주 발생하는 폭력은 선수들이 경기장 안에서 싸우는 형태로 자주 발생한다. 야구 경기의 벤치 클리어링이 대표적인 사례이다. 경기장 밖에서는 훈련 도중에 폭행, 체벌의 형태로 나타나는 경우가 많다. 폭력의 범주에는 육체적인 위해뿐만 아니라 언어폭력도 포함된다.

스포츠계의 폭력과 체벌은 학교 운동부뿐만 아니라 프로스포츠계에서도 광범위하게 행해지고 있는 전근대적인 이데올로기의 산물이다. 스포츠계의 폭력은 승리 지상주의의 병폐를 드러내는 현상이기도 하다. 일부 지도자들은 승리를 쟁취하기 위해서라면 폭력을 행사하는 것도 필요하다고 여기고, 때로는 선수들을 도구로 활용한다. 폭력은 표면상 개인 차원의 스포츠 윤리이다. 하지만 심층적인 측면에서는 제도의 문제도 포함되어 있다. 특히 학생 선수들은 대회 입상 성적에 따라 진학이 결정되기 때문에 눈물을 머금고 폭력을 감수하는 경향이 있다. 폭력은 주로 수직적인 상하관계 혹은 주종관계에서 발생하는데, 이는 학생스포츠의 감독과 학생 혹은 선배와 후배 사이에서 가장 분명하게 드러난다.

스포츠 영화에서도 성폭력과 성추행을 포함한 폭력, 인권침해, 입시 부정, 약물 복용 등 비윤리적인 행위를 쉽게 찾아볼 수 있다. 폭력 중에서는 육체에 가하는 폭력과 관련한 장면이 많이 등장한다. 현실적으로 성폭력, 성추행은 스포츠 영화로 제작하는 데 어려움이 따르는 소재이다. 또 입시 부정이나 약물 복용, 승부 조작 등은 육체적 폭력과 비교해서 발생 빈도가 상대적으로 적은 데다 영화의 서사로 구축하는 데 한계가 있다. 인종차별의 경우에는 우리나라에서는 아직 사회적 이슈로 확산하지 않은 상태이다. 즉 우리나라 스포츠 영화에서는 스포츠 윤리와 관련해서 지도자가 선수를 혹은 선배가 후배를 폭행하는 장면이 가장 높은 비중을 차지한다.

〈킹콩을 들다〉(2009)에서 보성여중 역도 선수들은 이지봉 코치의 지도를 받아 지역대회에서 좋은 성적을 거둔다. 그런데 전국체전을 앞두고 선수들의 소속 문제가 불거진다. 보성 중앙여고 교장과 심상환 역도부 코치가 보성여중 선수들을 지도하겠다고 나선 것이 발단이다. 두 사람은 보성군에서 체육 특기자 허가를 받은 학교

학생 선수 지도방식에 시사점을 던져주는 〈킹콩을 들다〉.

는 중앙여고뿐이라는 점을 내세운다. 전국체전 출전과 학생들의 대학 진학을 명분으로 내세워 보성여중 선수들을 자신들이 지도하겠다고 주장한다. 심상환 코치는 겉으로는 선수들의 미래를 걱정하는 척한다. 그는 이지봉 코치에게 "그 정도 빼먹었으면 애들도 이제 큰물로 나가게 놔주셔야죠."라고 말한다. 하지만 심상환 코치는 보성여중 역도 선수들에 대한 애정이 전혀 없는 인물이다. 이지봉 코치에 대한 열등감, 자신이 주목받고자 하는 공명심으로 보성여중 선수들을 지도하겠다고 나섰을 따름이다.

그 이후 보성여중 역도 선수들은 심상환 코치의 지도를 받게 된다. 그런데 심상환 코치는 폭력의 화신이다. 그의 지도 방식은 학생들에게 시도 때도 없이 가하는 채찍질과 욕설뿐이다. 심상환 코치는 언제나 나무 몽둥이를 들고 다니면서 선수들을 마구 때리고, 그래서 어린 선수들의 허벅지에는 시퍼렇게 피멍이 든다. 이렇게 폭력만을 앞세우는 코치의 지도를 받은 선수들이 좋은 성적을 낼 리가 없다. 실제로 승승장구하던 선수들은 지역대회에서조차 줄줄이 입상에 실패한다. 급기야 선수들은 이지봉 코치에게 자신들을 계속 가르쳐달라고 요청한다. 그러나 이지봉 코치는 단호하다. 그는 "이제 그 사람이 니들 선생이다. 선생을 믿어야 한다."라고 말한다. 물론 이지봉 코치의 마음은 새까맣게 타들어 간다.

그런데 심상환 코치는 선수들이 밤에 합숙소인 수능당에서 이지봉 코치와 생활하는 상황도 못마땅해한다. 박영자가 훈련을 취재하던 기자에게 "사실 여기서 별로 배우는 거 없고 합숙소에서 보충 훈련해요."라고 말했기 때문이다. 그래서 심상환 코치는 박영자를 비롯한 선수들의 언론 인터뷰를 빌미 삼아 음모를 꾸민다. 그는 동네 불량배들에게 은밀하게 돈을 줘서 관공서에 불법 건축물 투서를 하게 만들고, 수능당을 습격해서 선수들을 빼낸다. 이지봉 코치가 박영자의 아픈 허리를 마사지해 주는 장면을 보고 "몸을 판다."라는 표현까지 쓴다. 결국 수능당은 폐쇄되고, 갈 곳이 없어진 박영자는 중앙여고 체육관에서 아픈 허리를 부여잡고 혼자서 잠을 잔다.

심상환 코치의 폭력은 상습적이다. 손으로 선수들의 머리채를 붙잡고 흔드는 행위도 일상다반사이다. 그는 끊임없이 고래고래 소리치면서 선수들을 윽박지르고, 그 과정에서 험악한 욕설을 수시로 내뱉는다. "너 같은 수준 떨어지는 애는 필요 없으니까 꺼지라고."라고 말하는 식이다. 경기에서 부진한 선수에게 "버릇 잘못 들어서 꾀병만 늘었다."라거나 "약을 더 처먹든가."라고 말하기도 한다. 허리 부상으로 고통스러워하는 박영자에게는 진통제를 던져주면서 "이거 맞고도 아프면 기권하게 해줄게. 재수 없는 년."이라고 내뱉는다. 심상환 코치의 비윤리적, 비인간적 폭력의 절정은 따로 있다. 선수들이 이지봉 코치가 대회 출전을 앞두고 보낸 손 편지를 읽으며 울자, 그 편지를 짓밟으며 연속해서 선수들의 따귀를 때리는 장면이다.

〈킹콩을 들다〉에서 심상환 코치는 선수들에게 전방위적으로 폭력을 행사한다. 나무 몽둥이와 주먹, 손바닥으로 선수들을 때리는 육체적 폭력은 기본이다. 여기에 화난 목소리로 선수들을 다그치고, 상스러운 욕설을 입에 달고 산다. 그는 선수들을 이용해서 자신의 입지를 강화하고자 했다. 하지만 폭력으로는 선수들의 실력을 향상시킬 수도, 마음을 얻을 수도 없다. 〈킹콩을 들다〉에서 이지봉 코치와 심상환 코치는 정반대 유형의 지도자이다. 영화의 후반부에 선수들은 한국 신기록을 작성하는 등 빼어난 성적을 거둔다. 그 이유는 선수들이 이지봉 코치의 사망 소식을 듣고 나서 죽을힘을 다해서 경기를 펼쳤기 때문이다. 물론 이 영화에서 이지봉 코치와 심상환 코치의 대비는 지나치게 이분법적이고 극단적이다. 하지만 〈킹콩을 들다〉는 폭력의 관점에서 학생스포츠 지도자의 스포츠 윤리에 관해 많은 시사점을 던져준다.

2) 어른들의 폭력을 거부한 초등학생 수영 천재─〈4등〉

〈4등〉(2016)은 폭력의 연쇄와 흐름 그리고 폭력에 관한 시대별 인식의 변화 양상을 보여주는 영화이다. 〈4등〉에서 폭력은 두 인물에게서 나타난다. 우선 태릉선수촌의 훈련장에서 국가대표 감독이 김광수에게 행하는 육체적 폭력이다. 김광수는 자타공인 수영 천재인 선수이다. 포장마차에서 밤새도록 술을 마신 후 훈련하고도 아시아 수영선수권대회에서 우승한다. 그런데 방콕아시안게임 소집 3주 전에 사건이 발생한다. 김광수는 고향에 갔다가 노름에 빠져 국가대표팀 훈련에 빠진다. 그리고 무단이탈 11일째 되는 날 태릉선수촌에 돌아온다. 그러자 감독은 물에 불린 걸레 자루로 김광수를 마구 때린다. 김광수는 이에 반항해 수영을 그만두겠다고 선언하고 태릉선수촌을 뛰쳐나온다. 그는 기자에게 감독의 폭행을 제보하기도 한다.

그로부터 16년 후. 김광수는 서울의 한 구립 스포츠센터에서 초등학생 수영선수 준호를 지도한다. 준호의 개인 코치 자격이다. 준호는 수영에 재능은 있지만 언제나 4등만 하는 선수이다. 준호의 엄마가 아들의 성적 향상을 위해 김광수를 코치로 초빙했다. 그런데 김광수 코치는 선수 지도에 관심이 없다. 그는 준호에게 알아서 훈련하라고 말하고는 PC 방에서 컴퓨터게임이나 하며 지낸다. 그러다가 훈련을 재촉하는 준호의 성화를 못 이겨 억지로 훈련을 시작한다. 이 순간에 반전이 일어난다. 김광수 코치는 준호의 재능을 한눈에 알아보고, 곧바로 새벽 훈련을 시작한다. 김광수 코치의 폭력은

초등학생 수영선수가 주인공인 〈4등〉.

이 시점부터 본격적으로 나타난다.

　김광수 코치는 오리발로 벌거벗은 준호의 등과 팔을 마구 때리고, 빗자루로 엉덩이를 후려친다. 그에게 준호가 초등학생이라는 점은 고려 대상이 아니다. 김광수 코치는 준호에게 "하기 싫지? 도망가고 싶지? 그때 잡아주고 때려주는 선생이 진짜다. 내가 겪어보니 그렇더라."라고 말한다. 이 대사는 김광수 코치의 경험에서 나온 철학이다. 즉 그는 때려서라도 선수를 잡아주는 지도자가 올바른 지도자라고 믿는다. 또 김광수 코치는 준호가 처음 2등을 한 뒤 대기실에서 좋아하는 모습을 보고도 준호를 윽박지른다. "뭐 잘했다고 웃노? 밑에서 빌빌거리다가 2등 하니까 좋나. 미친 새끼 아이가 이거."라고 혼낸다. 준호가 자신이 가르친 대로 하지 않아서 1등을 못 했기 때문이다.

〈4등〉에서 준호에게 가해지는 폭력은 또 있다. 준호의 엄마인 정애가 아들에게 가하는 폭력이다. 정애의 폭력은 김광수 코치가 준호의 육체에 가하는 폭력보다 더 근원적이다. 정애는 아들이 4등만 하는 것을 견디지 못한다. 그래서 준호가 아주 근소한 차이로 처음 2등을 하자 "거의 1등!"이라고 외치며 광적으로 좋아한다. 정애에게는 아들의 성적, 구체적으로는 1등이 유일한 목표이다. 문제는 이 지점에서 시작된다. 정애는 아들이 김광수 코치에게 맞으면서 훈련한다는 사실을 알고도 이를 묵인한다. "준호가 맞는 것보다 4등 하는 게 더 무섭다."라는 대사는 정애의 진심이다. 정애에게는 준호가 수영을 좋아하는지 아닌지는 관심사가 아니다. 정애는 수영을 오직 아들의 대학 입학 수단으로 여기기 때문이다.

준호의 성적에 집착하는 엄마의 태도는 경기장에서 미친 듯이 준호를 응원하고, 준호의 순위를 초조한 얼굴로 확인하는 장면에서 여러 차례 드러난다. 〈4등〉은 수영하는 준호 못지않게 엄마의 이러한 모습을 비중 있게 보여준다. 그래서 〈4등〉은 우리나라 교육 현실을 투영한 작품으로 확장된다. 그런데 준호의 생각은 엄마와 다르다. 그래서 준호는 엄마에게 "나 수영 그만둘래."라고 말한다. 그 이유도 분명하게 밝힌다. "맞기 싫어요." 그날 이후, 준호는 어두운 새벽에 일어나 혼자서 자율 훈련을 하고, 마침내 1등을 차지한다. 김광수 코치는 준호의 훈련에 간섭하려는 엄마에게 "니 없으면 (메달)

딴다."라고 말하는데, 이 말은 폭력을 행사하던 김광수 코치에게도 그대로 적용된다.

〈킹콩을 들다〉의 심상환 코치와 〈4등〉의 김광수 코치는 스포츠 윤리에 관한 개념조차 없는 인물들이다. 그들은 스포츠 현장에서 발생하는 폭력이라는 비윤리적 상황을 자각하지 못한다. 자신의 행동이 선수에게 어떤 영향을 미치는지도 알지 못한다. 오히려 그들은 폭력이 훈련 효과를 높이고, 폭력을 행사해야 좋은 성적을 거둘 수 있다고 믿는다. 심상환 코치와 김광수 코치는 승리와 성적에만 매몰돼 스포츠 윤리에 우선권을 부여하지 않는다. 그런데 그들이 지도한 선수들은 고등학생 혹은 초등학생이다. 즉 심상환 코치와 김광수 코치는 단순한 스포츠 지도자가 아니라 교사의 역할까지 담당해야 하는 위치에 있는 인물이다. 하지만 두 사람은 자신들의 역할을 전혀 깨닫지 못한다. 그래서 그들은 스포츠 지도자로도, 교사로도 실패한 인물로 남는다.

2. 여성/인종차별의 이분법적 사고와 극복

스포츠 윤리의 여러 항목 가운데 사회적인 차원의 사건으로는 승부 조작, 심판 매수, 선수 선발 부정, 관중과의 갈등 등이 있다. 성차별, 인종차별, 학연과 지연, 승리 지상주의, 학습권,

진학 문제 등도 여기에 포함된다. 이 가운데 스포츠 영화에 자주 등장하는 행위로는 성차별과 인종차별이 있다. 성차별은 국내외를 막론하고 자주 이슈화되는 문제이다. 특정 종목에 대한 여자 선수의 출전 제한, 여자 선수의 유니폼 등이 이에 해당한다. 스포츠에서 성차별은 능력 면에서 여성이 남성보다 열등하다는 인식과도 관련이 있다. 성차별의 발생 원인은 남성 중심 가부장제와 같은 잘못된 문화적 전통, 남성들의 편견, 대중매체의 편향적 보도 등에서 찾을 수 있다.

인종차별은 우리나라보다 미국과 유럽의 스포츠계에서 더 문제가 되는 스포츠 윤리이다. 인종차별은 인종에 근거를 둔 편향적이고 부당한 태도이다. 박지성, 손흥민 등 우리나라 축구 스타들에 대한 유럽 선수 혹은 관중들의 비뚤어진 언행이 그러하다. 미국에서 백인 선수들이 한때 다른 인종의 선수들과 경기를 하지 않은 것도 같은 맥락이다. 인종차별은 다인종, 다민족 사회에서 두드러지게 나타나는 현상이다. 인종차별 역시 성차별과 마찬가지로 왜곡된 문화적 전통과 편견에 뿌리를 두고 있다. 하지만 이제는 인종차별의 대상이 되었던 많은 선수가 탁월한 운동 능력을 바탕으로 자신들의 영역을 확장하고, 나아가 더 훌륭한 성적을 남기는 사례가 많다.

1) "예쁘게 화장하고 미니스커트 입으세요."―〈그들만의 리그〉

우리나라 스포츠 영화에서 성차별 요소가 드러난 작품으로 〈우리 생애 최고의 순간〉(2008)을 꼽을 수 있다. 이 영화는 탁월한 능력

여성 성차별이 노골적으로 드러나 있는 〈그들만의 리그〉.

을 지닌 여성 국가대표 감독도 남성들의 성차별 인식에서 완전히 자유롭지 못하다는 사실을 보여준다. 〈우리 생애 최고의 순간〉에서 성차별은 핸드볼협회장이 김혜경 감독대행을 해임하는 장면에서 등장한다. 협회장이 느닷없이 김혜경 감독대행의 이혼 경력을 거론한 것이다. 김혜경의 이혼은 개인사이며, 감독직 해임의 직접적인 이유도 아니다. 그런데도 협회장은 김혜경의 이혼 사실을 굳이 언급한다. 이에 김혜경은 협회장에게 "남자 감독이었어도 이혼 경력이 문제가 됐을까요?"라고 따지지만, 상황은 달라지지 않는다. 안승필 신임 감독과 태릉선수촌의 남자 선수들이 결혼한 여성 선수들을 비하하는 의미로 "아줌마 3총사"라고 부르는 것도 우리나라 현실을 반영한 장면이다.

성차별 문제가 전면에 드러나 있는 할리우드의 스포츠 영화로
는 〈그들만의 리그〉(1992)가 있다. 이 영화는 2차 대전 때 남자 선수
들의 참전으로 프로야구가 위기에 처하고, 메이저리그 시카고 컵스
의 구단주 월터 하비가 여성 프로야구단을 창단하면서 시작된다. 하
지만 미국 언론과 남성은 여성 프로야구단을 강력하게 비판한다. 그
들은 여성이 야구를 하는 것은 적절하지 않고, 여성스럽지 못한 일
이라고 주장한다. "현대 여성들은 남성화되어 가고 있습니다. 이것
은 국가 장래에 중대한 위협입니다. 해외 파병 용사들도 이 사실을
알까요? 여성의 남성화의 가장 극단적인 예가 월터 하비의 여성 프
로야구단입니다. 그는 젊은 여성들을 모아놓고 남자 흉내를 내게 하
고 있습니다. 하비 씨, 초콜릿 장사나 하세요."와 같은 방송국 아나
운서의 멘트가 대표적이다. 이분법적인 성차별 문화가 당시 미국 사
회에 얼마나 만연해 있었는지를 잘 보여주는 사례이다.

〈그들만의 리그〉에서는 여성 프로야구단의 감독조차 성차별 이
데올로기에 물들어 있다. 메이저리그 야구선수 출신인 지미 듀간 감
독은 알코올 중독자이다. 그는 한때 홈런왕이었지만 무릎 부상으로
슬럼프에 빠지면서 야구를 그만둔 인물이다. 삶의 의욕이 없는 이
베테랑 감독은 야구는 남성의 전유물이며, 그래서 여성은 야구를 할
수 없다고 생각한다. 그래서 듀간 감독은 여성 선수들에게 아무런
관심이 없으며, 훈련을 내팽개치고 벤치에서 잠만 잔다. 그리고 "선
수? 걔들이 무슨 선수야? 여자는 밥이나 하라고 있는 거야."와 같은

난폭한 말을 서슴없이 내뱉는다. 첫 경기에서 관중들이 선수들에게 환호하자 "꼴값들 하고 있네. 엿 먹어라."라고 말하고 욕설을 퍼붓기도 한다.

한편 〈그들만의 리그〉에서 구단주들은 여자 선수들에게 노출을 두려워하지 않는 플레이와 진한 화장을 요구한다. 이에 댄서 출신인 메이는 화장법과 노출이 있는 옷을 입는 데 신경을 쓰고, 심지어 관중 수를 늘리려고 경기장에서 자신의 가슴을 노출할 생각까지 한다. 또 경영진들은 대중의 관심을 끌기 위해서 다양한 방법을 사용한다. 여자 선수들에게 미니스커트 유니폼을 입히고 차밍스쿨에 다닐 것을 강요하기도 한다. "여러분, 이 옷이 싫으면 관두세요. 수영복 입고 할 사람도 줄을 섰어요."라는 대사는 어떤가? 〈그들만의 리그〉에서 메이저리그 구단주들이 여자 선수들에게 요구하는 것은 야구 실력이 아니다. 그들은 관중을 끌어들일 예쁘고 섹시한 상품을 원할 뿐이다.

뉴스의 앵커가 여성 야구선수를 소개하는 장면도 마찬가지이다. "아마추어 MVP였던 헬렌은 커피도 잘 끓입니다. 베티는 스파게티를 잘 만들어서 별명이 스파게티입니다. 엘렌은 미스 조지아 출신이죠. 도티는 재색을 겸비했지만, 애석하게도 유부녀입니다. 그녀의 동생 키트는 미혼입니다. 매력 있는 아가씨죠."라는 멘트는 여성 야구선수를 바라보는 사회의 시선을 가감 없이 드러낸다. 앨리스가 "미는 여자의 생명이죠"라고 말하고, 앵커가 그 말에 맞장구를 치는 장면도 노골적인 성차별 이데올로기를 보여준다. 그런데 구단주들은 전쟁이 끝나고 남성 야구 선수들이 메이저리그에 복귀하자 곧바로 여성 프로팀을 해체한다. 〈그들만의 리그〉는 1940년대 미국 사회의 이분법적 성 이데올로기와 성차별 실태를 선명하게 드러낸 영화이다.

2) 흑인 야구선수 재키 로빈슨의 위대한 도전-〈42〉

야구영화 〈42〉(2013)는 흑인 야구선수의 인종차별 극복이 핵심 소재인 작품이다. 메이저리그에서 인종차별을 딛고 최고 선수로 맹활약한 실존 인물 재키 로빈슨의 일대기라 할 수 있다. 이와 관련하여, 〈42〉의 초반에 중요한 장면이 등장한다. 브루클린 다저스의 백인 단장 브랜치 릭키는 주변의 반대를 뿌리치고 흑인 선수 재키 로빈슨을 스카우트한다. 그는 피부색이 아니라 야구 실력으로 선수를 선발한 것이다. 릭키는 재키 로빈슨을 스카우트한 이유에 대해 "사랑하는 야구의 심장부에 부당함이 있었는데 그걸 묵인했었다."라고 말한다. 릭키가 말하는 '부당함'이란 백인의 흑인 차별을 의미한다. 실제로 〈42〉에는 백인 선수들이 경기장 안팎에서 재키 로빈슨을 무시하고, 비하하고, 조롱하는 에피소드가 구체적으로 나타나 있다.

메이저리그 최초의 아프리카계 선수인 재키 로빈슨(1919~1972, Jackie Robinson)은 조지아주에서 목화 농장 소작인의 아들로 태어났다. 그는 1945년 LA 다저스의 전신인 브루클린 다저스에 입단한 이후 신인왕, 최우수선수, 타격왕 등을 차지했다. 브루클린 다저스가 통산 6회나 월드시리즈에 진출하는 데에도 힘을 보탰다. 2루수이자 강타자로 맹활약한 재키 로빈슨은 브루클린 다저스에서만 10년 동안 활약한 뒤 1956년 은퇴했다. 1962년에는 흑인 선수 최초로 메이저리그 명예의 전당에 이름을 올렸다. 메이저리그 사무국은 2004년 재키 로빈슨이 메이저리그에 데뷔한 날인 4월 5일을 '재키 로빈슨의 날'로 지정했으며, 이날은 모든 선수가 재키 로빈슨의 등 번호 42번을 달고 경기한다. 이 전통은 현재에도 유지되고 있다. 또 재키 로빈슨이 선수 시절 달았던 등 번호 42번은 현재 메이저리그 모든 구단에서 영구결번이 되었다. 이는 미국 프로스포츠 역사상 최초의 일이다.

재키 로빈슨은 〈42〉에서 "사람이 사람을 미워하는 데는 여러 가지 이유가 있을 수 있다. 그러나 그 이유가 단지 피부색이어서는 안 된다."라고 강조한다. 그리고 "나에게 유니폼과 등 번호를 주면, 나는 (싸우지 않을) 배짱을 주겠다."라고 말한다. 재키 로빈슨은 주먹이나 몸싸움이 아니라 야구 실력과 품성으로 메이저리그에서 인종의 벽을 허문 것이다. 미국인 아버지와 일본인 어머니 사이에서 태어난 LA 다저스의 데이브 로버츠 감독은 "재키의 삶이 있었기에 아시안, 라틴아메리칸, 흑인들이 현재 차별 없이 MLB에서 활동하고 있다"라고 평가했다. 재키 로빈슨은 야구계뿐만 아니라 미국 사회의 인종차별 문화에도 큰 영향을 미쳤다. 그는 야구선수를 뛰어넘어 미국 역사의 물줄기를 바꾼 인물로 남아 있다.

3. 페어플레이와 스포츠맨십, 스포츠 상업주의

　　　　　　　스포츠 윤리와 관련한 논의는 학계에서 활발하게 진행되고 있다. 학계에서 논의하는 스포츠 윤리의 내용에는 윤리학, 지도자와 선수의 스포츠 윤리, 스포츠 윤리 일탈 유형 및 대책, 상업주의 등이 있다. 김미숙은 스포츠 윤리 일탈 행위를 개인적 · 사회적 문제, 경기 내적 · 외적 문제로 분류한다. 그리고 지도자와 엘리트 스포츠 선수가 행하는 일탈 행위의 사례 검증 및 대책을 마련해야 한다고 주장한다. 박주한은 철학 중심의 전통적인 윤리 교육을 줄이고 영화나 동영상을 중심으로 토론식 강의, 사례 분석 강의를 전개해야 한다고 강조한다. 박성주는 스포츠 윤리 교육은 선수들의 '도덕적 자율성(moral autonomy)'을 함양하는 것에 최종적인 목적을 두어야 한다고 주장한다. 즉 이론적 기초, 페어플레이와 스포츠맨십, 스포츠와 승부 조작, 도핑, 평등, 경제, 인권, 사회, 교육, 윤리 등의 항목으로 교육 내용을 구성하고, 자신이 대학교에서 강의한 프로그램과 심층 면담 내용을 소개한다.

　　학계의 이러한 논의들은 스포츠 윤리 교육의 필요성과 방향성을 제시한다는 점에서 의미가 있다. 하지만 아직 추상적인 수준에 머무르고 있다는 아쉬움도 있다. 즉 구체적인 스포츠 윤리 교육 방안이나 콘텐츠 개발에 관한 설명은 부족한 편이다. 실제로 동영상, 언론 기사, 영화를 중심으로 강의해야 한다고 주장하는 논문에서도 어떠한 작품을 활용해 어떠한 주제를 교육할 것인지에 대한 실질적인 논의는 많지 않다. 스포츠 윤리와 관련한 특정 스포츠 영화 혹은 실제 사례에 관한 연구도 부족한 실정이다. 따라서 스포츠 윤리에 관한 논의 유형을 염두에 두고, 스포츠 윤리의 다양한 사례를 스포츠 영화의 장면들을 통해 살펴볼 필요가 있다.

그런데 스포츠 윤리 교육에 관한 논의에서 주의할 점이 있다. 폭력, 차별 등 스포츠 윤리를 위반한 부정적인 행위에만 초점을 맞추어서는 안 된다는 것이다. 스포츠 윤리의 내용에는 스포츠인이 보여주는 바람직한 행동, 긍정적인 관점에서 정리할 요소도 많기 때문이다. 승리 지상주의를 극복한 인물들, 팀을 위해서 자기를 희생하는 선수들, 페어플레이로 스포츠정신을 구현한 사례 등은 스포츠 윤리교육의 올바른 방향을 제시해 준다. 선수 혹은 지도자가 보여준 진정한 스포츠정신은 스포츠 영화와 실제 사례에서 쉽게 찾아볼 수 있다. 따라서 스포츠 영화와 실제 사례를 통해 스포츠 윤리의 다양한 측면을 스포츠인들에게 제시할 수 있다.

1) 개인의 사랑을 위해 팀 패배를 자초한 플레이

스포츠 현장에서 승리는 규칙의 준수를 전제조건으로 한다. 따라서 '규칙을 준수하지 않은 승리'는 스포츠 윤리를 위반한 것이 된다. 스포츠에서 페어플레이는 규칙의 준수를 전제로 하며, 스포츠맨십은 선수가 마땅히 지켜야 할 행동 지침이다. 스포츠맨십을 이야기할 때는 일반적인 윤리학보다 스포츠 철학의 관점에서 접근해야 한다. 예를 들어 권투 선수가 상대 선수의 부상 부위를 공격하는 행위에 관한 판단은 여러 조건과 맥락에 따라서 달라질 수 있다. 스포츠맨십은 경기 규칙 준수의 측면에서 보면 의무이다. 페어플레이 및 스포츠맨십과 관련한 긍정적, 부정적 사례는 스포츠 영화와 실제 사례를 통해 살펴볼 수 있다.

〈이장호의 외인구단〉(1986)의 결말 장면을 보자. 오혜성이 포함된 서부구단과 해태 구단의 코리안 시리즈 경기가 펼쳐지고 있다. 논란의 장면은 9회에 발생한다. 서부구단 1루수 오혜성은 해태 타자 마동탁이 친 공에 맞아 눈을 다친다. 공은 오혜성의 발 앞에 떨어지지만, 오혜성은 다음 플레이를 하지 않는다. 오히려 공을 꽉 움켜쥐고 다른 선수들의 플레이까지 방해한다. 이때 "마동탁, 세상에서 제일 행복한 놈. 그래, 니가 이겼다. 이까짓 승부가 다 뭐란 말이야. 엄지, 난 네가 기뻐하는 일이라면 무엇이든지 한다."라는 오혜성의 독백이 나온다. 이 내레이션은 오혜성이 승리를 포기한 이유를 설명해 준다. 오혜성은 남편 마동탁의 승리를 원한다는 첫사랑 엄지의 부탁을 받고 일부러 승리를 포기한다. 오혜성은 이 플레이로 인해 '낭만적 사랑의 신화'를 완성한다.

그런데 스포츠 윤리의 관점에서도 오혜성의 행동은 영웅적인 행동일까? 야구는 팀 스포츠이므로 오혜성의 행동은 개인의 차원에 머무르지 않는다. 오혜성의 플레이로 인해 무인도에서 지옥 훈련을 함께한 다른 외인구단 선수들은 우승이라는 목표 달성에 실패하고, 2억 원이라는 거액의 상금도 받지 못하게 된다. 또 오혜성은 개인적으로 지고의 가치인 엄지와의 사랑을 이루었지만, 다른 선수들은 꿈과 명예를 모두 잃는다. 오혜성의 플레이는 야구 규칙을 위반한 것은 아니지만 스포츠 윤리를 위반했다고 비난받을 여지가 있다. 또 경기 외적인 목적을 위해 의도적으로 실수를 저질렀다는 점에서 승부 조작의 잣대를 들이댈 수도 있다. 비록 그의 목적이 순수하고 낭만적인 사랑이며, 그의 행동이 대중의 무의식적인 욕망을 반영한다고 해도 말이다.

2) 금메달보다 중요한 올림픽 정신의 실현과 위반

1984년 LA 올림픽 유도 무제한급 결승전. 일본의 야마시타 야스히로 선수와 이집트의 모하메드 알리 라슈완 선수가 대결했다. 야마시타 선수는 세계선수권대회 4회 우승에다 1977년부터 1985년까지 203연승의 대기록을 세웠던 유도 영웅이다. 그런데 야마시타 선수는 2회전 경기 도중 오른쪽 종아리 근육이 파열되는 부상을 했다. 야마시타 선수는 준결승에서 프랑스의 콜롬보 선수로부터 오른쪽 다리를 공격받고 점수를 빼앗겼지만, 누르기 한판으로 역전승을 거뒀다. 라슈완 선수는 모든 경기를 한판승으로 장식하며 결승에 진출했다. 라슈완 선수는 36년 만에 조국 이집트에 올림픽 금메달을 선사할 수 있는 절호의 기회를 잡았다. 그런데 라슈완 선수는 경기에서 야마시타 선수의 오른쪽 다리를 공격하지 않았다. 그는 야마시타 선수의 왼쪽 다리를 걸려고 하다가 되치기를 당해 경기 시작 1분 5초 만에 한판패를 당했다.

라슈완 선수는 경기가 끝난 후 인터뷰에서 "야마시타 선수가 오른쪽 다리를 다쳤다는 것을 알고 있었다. 거기를 공격하면 이길 수도 있었겠지만. 그렇게 이기고 싶지 않았다."라고 말했다. 라슈완 선수는 자신의 행동을 후회하지 않는다고 덧붙였다. 여기에 더해 라슈완 선수는 다리가 아파 시상대에 오르지 못하는 야마시타 선수를 부축해 맨 윗자리까지 올려주었다. 유네스코와 국제 페어플레이위원회는 라슈완 선수에게 '올해의 페어플레이상'을 수여했다. 또 국제 유도연맹은 우승 경력이 없는 그를 '명예의 전당'에 헌액했다. 라슈완 선수가 '명예와 존중, 진실성이라는 유도의 핵심 가치를 실천했다.'라는 이유였다. 그렇다면 야마시타의 오른쪽 다리를 공격한 프랑스의 콜롬보 선수는 페어플레이 정신을 위반한 것일까?

라슈완 선수와 다른 사례를 보자. 2018년 평창동계올림픽 여자 아이스하키 결승전. 캐나다와 미국이 금메달을 놓고 맞붙었다. 캐나다는 아이스하키 강국이며 올림픽 5연패의 위업을 달성하고자 했던 강팀이었다. 두 나라의 경기는 팽팽하게 진행됐다. 결국, 캐나다와 미국은 승부치기(슛아웃)까지 가는 혈전을 벌였고, 미국이 3대2로 승리해 금메달을 차지했다. 그런데 시상식에서 돌발 상황이 발생했다. 캐나다의 조슬린 라로크 선수가 은메달을 목에 걸자마자 벗어버렸다. 라로크 선수는 승부치기(숏아웃)의 캐나다 마지막 주자였다. 미국의 야후스포츠는 '메달이 (라로크 선수의) 목에 걸려 있던 시간은 단 1초도 되지 않았다'라고 보도했다.

라로크 선수의 행동은 커다란 파문을 일으켰다. '무례하다.', '스포츠맨십이 아쉽다.'라는 비판이 쏟아졌다. 그러자 라로크 선수는 성명서를 내고 자신의 행동에 대해 사과했다. "경기 결과에 실망해서 한 행동일 뿐"이며 "나는 캐나다를 대표해 올림픽에서 메달을 딴 것이 자랑스럽다. 나의 행동에 대해서는 사과하고 싶다."라고 밝혔다. 그런데 라로크 선수의 행동은 한국인에게 낯설지 않았다. 2000년대 초반까지만 해도 우리나라 선수들은 올림픽을 비롯한 국제대회에서 은메달을 차지하면 마치 실패자인 것처럼 고개를 숙이거나 펑펑 울고는 했다. 승리만이 지고의 가치가 아니며, 패배를 받아들이는 자세가 스포츠맨십의 중요한 부분이라는 점을 인식하지 못했기 때문이다.

3) 스포츠 상업주의와 미디어의 상업화

스포츠 상업주의는 스포츠를 경제적 이윤 추구의 관점에서 바라본다. 즉 스포츠 상업주의는 스포츠 및 스포츠와 관련한 문화 현상을 경제적 관점에서 평가한다. 이러한 스포츠 상업주의는 물질만능주의와 경제 중심의 사고가 일반화하면서 더욱 확산하고 있다. 스포츠 상업주의에 불을 댕긴 것은 올림픽, 월드컵과 같은 메가 스포츠 이벤트였다. 현대에는 프로스포츠가 상업주의와 불가분의 관계에 있다. 또 학생스포츠 혹은 아마추어 스포츠에도 상업주의의 물결이 거세게 밀려들고 있다. 이에 따라 스포츠 상업주의의 폐해에 관한 우려와 그에 대한 대처 방안을 마련해야 한다는 목소리 역시 높아지고 있다. 스포츠에 경제 원리가 도입되면서 승리와 물질적 보상이 더욱 강조되기 때문이다.

현대에는 스포츠 산업화가 급속도로 이뤄지고 있다. 스포츠를 비즈니스의 관점에서 접근하는 것이다. 이때 빼놓을 수 없는 것이 선수의 상품화이다. 선수를 인격체가 아니라 상품으로 취급해서 그 교환가치를 강조하고, 선수의 수입을 계량화해서 그 숫자로 선수의 가치를 평가하는 것이다. 예를 들어 미국의 경제지 〈포브스〉는 매년 전 세계 운동선수들의 수입 순위를 선정해 발표하고 있다. 프로스포츠의 FA 제도 역시 수요와 공급의 원칙에 따른 선수의 상품화와 관련이 있다. 스포츠 상업주의는 자칫 스포츠정신과 페어플레이의 훼손을 가져올 수 있다. 지도자와 선수가 승리를 통한 경제적 이익의 극대화를 위해 도핑, 불법 도박, 폭력, 심판 매수와 같은 비윤리적 행위를 할 수 있기 때문이다.

그런데 스포츠 상업주의는 관광, 마케팅, 미디어 등 다른 분야와도 밀접하게 연결돼 있다. 그로 인해 스포츠가 경제 발전에 이바지하는 측면도 무시할 수 없다. 2024년 3월 메이저리그의 LA 다저스와 샌디에이고 파드리스가 서울에서 개막전을 함으로써 엄청난 사회적 이슈를 불러온 현상은 스포츠마케팅의 대표적인 사례가 될 수 있다. LA 다저스와 샌디에이고는 서울 고척돔 구장에서 2경기를 치렀는데, 이 이벤트의 직간접적 경제효과가 2,000억 원에 이른다는 분석도 있었다. 해외 프로 리그에 진출했던 스타 야구 선수들이 국내 리그에 복귀하면서 거액을 받는 것도 비슷한 맥락이다. 따라서 스포츠 상업주의 혹은 선수의 상품화가 가져오는 긍정적인 효과도 무시할 수 없다.

〈제리 맥과이어〉(1997)의 주인공 제리 맥과이어는 뛰어난 능력과 매력적인 외모를 갖춘 스포츠 에이전시의 매니저이다. 그는 어느 날 회사의 이익에 반하는 내용의 제안서를 작성했다는 이유로 해고 통보를 받는다. 스포츠 에이전시의 최대 목표는 수익 창출이기 때문이다. 〈머니볼〉(2011)에서 미국 프로야구(MLB) 오클랜드 애슬레틱스의 빌리 빈 단장은 경제학을 전공한 예일대 출신의 피터를 영입한다. 그들은 출루율 중심의 경기 데이터에만 의존해 사생활 문란, 잦은 부상, 나이 등의 이유로 외면받은 선수들을 끌어모아 팀을 재구성한다. 이 영화에서 빌리 빈은 다른 구단 단장들과 전화로 즉석에서 선수들을 트레이드한다. 〈머니볼〉에서 프로야구 선수는 인격체가 아니라 상품이며, 팀의 승리를 위한 도구일 뿐이다. 그런데 〈머니볼〉에서 선수들은 구단의 결정에 따라 팀을 옮기는 상황을 자연스럽게 받아들인다.

우리나라 스포츠 영화 〈미스터 고〉(2013)에도 스포츠 매니저가 등장한다. 이 영화에서 두산 베어스 소속의 프로야구 선수로 등장한 링링은 중국의 지방 서커스단에 속해 있던 고릴라이다. 링링은 한국프로야구에 진출해서는 전무후무한 괴력의 홈런타자로 활약한다. 링링이 한국프로야구에 진출하는 과정에서는 에이전트 성충수가 중요한 역할을 한다. 그런데 성충수는 탐욕과 배신의 아이콘이다. 그는 링링의 보호자인 조련사 웨이웨이에게 약속한 돈을 주지 않고, 또 링링을 일본 프로야구단에 팔아넘기려고 계략을 꾸민다. 급기야 성충수는 수익 창출과 부의 축적이라는 개인적인 욕망을 채우기 위해서 링링을 납치하기까지 한다. 반면 〈글러브〉에서 김상남의 에이전트는 김상남으로부터 온갖 구박과 멸시를 당하면서도 헌신적으로 그를 보살펴주고, 그 덕분에 김상남은 새로운 인물로 재탄생하게 된다.

현대 스포츠에서 상업주의는 매우 중요한 요소이며, 미디어는 이와 관련한 다양한 분야 중에서도 결정적인 역할을 한다. 올림픽의 경우에는 중요한 경기를 미국 시각에 맞춰 진행하는 사례도 종종 있다. 중계방송의 시청률을 높이고, 광고 수입을 늘리기 위해서이다. 종목의 인기나 시청률, 관중 동원을 위해 경기 규칙을 바꾸기도 한다. 메이저리그에서는 경기 시간을 단축하기 위해 피치 클락이라는 제도를 2023년 도입했다. 피치 클락은 야구의 경기 시간이 다른 종목에 비해 길고, 이로 인해 야구의 인기가 감소하자 관중 회복을 위해 실시했다. 피치 클락은 투수가 투구하는 간격을 제한하는 제도이다. 피치 클락의 도입으로 2023년 메이저리그 경기 시간(2시간 40분)

은 2022년보다 24분가량 단축되는 효과가 발생했다.

경기 중간에 휴식 시간을 두는 것도 상업주의와 관련이 있다. 야구의 경우에 한 경기에서 공격과 수비 교대가 매 이닝 진행되는데, 이 시간에 방송국은 광고를 내보내 수익을 창출한다. 최근에는 경기 도중에 나가는 중간광고도 허용되고 있다. 이러한 조건은 중계권 계약을 할 때 참조 사항이 된다. 한국프로야구 위원회는 2024 시즌을 앞두고 CJ ENM과 2004~2026년 KBO 리그 유무선 중계방송권 계약을 체결했다. 3년간 국내 OTT 서비스인 티빙(TVING)을 통해 프로야구를 중계하는 조건으로 총 1,350억 원에 사인했다. 이는 우리나라 프로스포츠 사상 최대 규모의 금액이었다. KBO는 공중파 3사와는 3년간 총 1,620억 원의 TV 중계방송권 계약을 체결하기도 했다. 프로야구의 높은 인기가 거액의 중계권 계약의 바탕이 됐음은 물론이다.

03

제3부

흥행작에 나타난
스포츠영화의 리더십과
사회적 맥락

흥행에 성공한 스포츠 영화의
리더십을 살펴보면 특정 시대, 특정 사회의
이데올로기를 확인할 수 있다.
그렇다면 21세기 시대정신에 부합하는
스포츠 지도자의 리더십은 과연 무엇인가?

1장

1980년대 군사 문화와 낭만적 사랑의
판타지-〈이장호의 외인구단〉

대중문화는 당대의 이데올로기와 대중의 정서를
반영한다. 스포츠와 영화도 대중문화의 한 축으로서 사회 현실과 시
대 의식을 작품에 담아낸다. 스포츠 중에서는 1980년대 초반에 등
장한 프로야구가 대표적인 사례이다. 프로야구는 광주민주화운동
을 겪은 국민에게 심리적 도피처나 한풀이의 수단으로 작용했다는
평가를 받는다(강준만, 2003). 지역 연고를 기반으로 성장한 프로야구
를 통해 대중은 전두환 군사독재정권의 억압과 폭력으로 인해 발생
한 스트레스를 분출하고, 시대의 어둠을 견디는 힘과 희망을 찾은
것이다. 1980년대 한국 사회의 이러한 특징은 군사독재정권에 의해
인위적으로 만들어진 '스포츠 공화국'이라는 시대 상황을 고려해야
정확하게 이해할 수 있다.

프로야구를 비롯한 프로스포츠의 활성화는 제5공화국의 통치

전략이었다. 12·12군사반란과 5·18민주화운동 탄압을 거쳐 탄생한 제5공화국 군사독재정권은 정통성 부재라는 약점을 은폐하기 위해서 다양한 유화 정책을 펼쳤다. 전두환 신군부는 자율화 정책이라는 명목 아래 통금 해제, 해외여행 규제 완화 등의 조치를 했는데, 3S(Sports, Screen, Sex) 정책도 그중 하나였다. 향락 산업과 대중문화의 활성화를 통해 국민의 탈정치화를 유도하려는 의도였다. 그 결과 프로야구(1982년), 프로축구와 프로씨름(1983년) 등 프로스포츠가 앞서거니 뒤서거니 출범했다. 국내 프로스포츠의 출범은 정치 상황과 밀접하게 연결된 것이다.

이러한 시대 분위기 속에서 만화 〈공포의 외인구단〉과 영화 〈이장호의 외인구단〉은 1980년대의 스포츠 열기가 만화를 거쳐 영화로 확산하는 흐름을 주도했다. 무엇보다 두 작품은 대중문화가 사회현실과 대중의 무의식을 충실하게 반영한다는 점을 여실히 보여준다. 1980년대의 다양한 시대적 표상이 구체적으로 드러나 있기 때문이다. 〈이장호의 외인구단〉만 해도, 제2부 3장에서 살펴본 프로스포츠와 돈의 관계 이외에 1980년대 한국 사회에 만연했던 군사문화적인 요소가 다수 포함돼 있다. 강한 힘의 논리를 강조하는 강압적, 독선적인 지도자 손병호 감독과 지옥 훈련을 그 예시로 들 수 있다.

〈이장호의 외인구단〉은 영화 제작 과정에서도 1980년대의 폭압적인 사회 현실을 확인할 수 있는 작품이다. 심의 기관이 원작 만화의 제목에 사용된 '공포'라는 단어가 군사정권의 부정적인 이미지를 두드러지게 한다는 이유로 영화에서는 '공포'를 빼라고 요구한 것이다(이세기, 2011). 그래서 영화 제작진은 '공포' 대신에 스타 연출가였던 이장호 감독의 이름을 제목에 사용했다. 〈이장호의 외인구단〉은 원작 만화의 인물, 사건, 플롯, 메시지 등을 거의 그대로 수용하고 있는데, 이는 원작 만화의 인기를 활용하기 위한 전략이라고 볼 수 있다. 실제로 〈이장호의 외인구단〉은 그해 영화 관객 순위 2위에 오르며 흥행에 성공했다. 또 가수 정수라가 부른 영화 주제가는 방송국 가요 순위 프로그램 '가요 톱10'에서 5주 연속 1위를 차지했다.

〈이장호의 외인구단〉의 주요 특징은 등장인물의 영웅주의, 강한 힘의 추구, 남성성으로 요약된다. 예를 들어 손병호 감독은 강한 힘을 맹목적으로 추구하는 인물인데, 그의 정서적 과잉은 1980년대 신군부의 철권통치에 억눌려 있던 당대 대중들의 무의식적 공포/저항 의식과 관련이 있다(이준희, 2017). 또 영웅주의는 소외된 이들의 비상(飛上) 및 강한 남성성을 추구하는 것에 기반을 두고 있으며, 이는 암울한 시대를 '힘'으로 돌파해야 한다는 관념에 바탕을 둔 것이다(신광철, 2001). 즉 원작 만화와 영화에서 손병호 감독은 1980년대의 군사 문화에 기반을 둔 리더십을 상징하는 인물이다.

그런데 〈이장호의 외인구단〉에는 이러한 가치를 위반하는 요소가 동시에 포함돼 있다. 손병호 감독의 맞은편에는 여성에 대한 애틋한 순정을 지닌 오혜성이 있다. 오혜성은 군사독재와 돈이 지배하는 현실 세계를 초월한 낭만적인 사랑을 실천한 인물이다. 그래서 〈이장호의 외인구단〉에서는 손병호 감독과 오혜성이 서로 충돌하고 대립하는 과정이 드라마틱하게 펼쳐진다. 실제로 오혜성의 행적을 살펴보면, 그가 폭력적인 힘에 기반을 둔 영웅주의, 남성성의 이데올로기에 저항한 인물이라는 점을 확인할 수 있다. 그래서 〈이장호의 외인구단〉에서는 강한 힘과 낭만적 사랑이라는 상반된 성격의 영웅주의가 날카롭게 대립한다.

〈이장호의 외인구단〉은 1980년대의 시대적 표상이 집약되어있는 영화이다. 즉 독재정권이 전파한 강한 힘의 이데올로기, 승리 지상주의, 연애·결혼관에 나타난 황금만능주의 등 1980년대의 시대적 특징을 복합적으로 담고 있다. 또 성공 신화의 욕망에서 미끄러진 인물의 비극성이 뚜렷하게 나타나고, 목표를 달성하기 위해 폭력까지 행사하던 지도자가 몰락하는 서사에도 시대적인 의미가 담겨있다. 이러한 특징을 포괄하는 인물은 '까치' 오혜성이며, 그의 낭만적 사랑은 군사독재정권의 폭압에 신음하면서 새로운 세상을 꿈꾸던 대중들의 욕망을 예민하게 자극했다. 한편 이현세 원작 만화를 각색한 영화 〈지옥의 링〉도 〈이장호의 외인구단〉에 나타난 인물이나 주제, 서사 구조 등을 거의 그대로 반복하고 있다.

1. 승리 지상주의와 '강한 힘'의 부조리한 접합

〈이장호의 외인구단〉과 〈지옥의 링〉에 등장하는 두 명의 지도자는 맹목적일 정도로 승리에 집착한다. 〈이장호의 외인구단〉의 손병호 감독과 〈지옥의 링〉의 노 관장은 승리를 쟁취하기 위해서 군사 훈련을 연상시키는 혹독한 방식으로 선수들을 조련한다. 손병호 감독과 노 관장의 훈련 방식은 선수들이 실패자, 낙오자, 아웃사이더인 점과 어느 정도 관련이 있다. 실제로 〈이장호의 외인구단〉에서 오혜성은 투수에게 치명적인 어깨 부상과 아버지의 죽음 등으로 인해 최악의 상태에 빠져 있다. 흑인 혼혈아 하국상, 배팅 볼 투수 조상구, 키가 작다는 이유로 구혼자에게 무시당하는 최경도, 90kg이 넘는 체중에다 둔한 운동 신경 때문에 팀에서 쫓겨난 백두산도 비슷한 상황이다. 〈지옥의 링〉의 오혜성은 무일푼의 가난뱅이이자 고아이다.

손병호 감독은 자신이 직접 선택한 외인구단 선수들에게 강한 정신력을 강조한다. 그는 선수들을 모아 무인도에 가둔 후 극한 훈련을 시킨다. 이때 그는 "정신력의 힘은 무한하다. 이제 남은 것은 너희들의 비장한 결심뿐이다. 한 팔 가진 사람이 두 팔 가진 사람들을 이길 수 있다는 신념을 갖기 전에는 결코 살아서 이 섬을 나갈 생각을 말아라."라고 훈시한다. 즉 손병호 감독에게 훈련은 목숨을 건 비장한 행동이며, 경기는 전투와 같다. 그래서 경기에서 이길 수 있다는 신념이 없다면 죽음까지 각오해야 한다. 손병호 감독은 경기에서 승리하는 비결은 오직 강한 힘이라고 믿으며, 그 출발점은 강인한 정신력이다.

손병호 감독의 신념을 한 문장으로 요약하면 '강한 것은 아름답다'이다. 그의 이러한 가치관은 영화의 주제가에도 잘 나타나 있다. 영화의 주제가 '외인구단'의 2절 가사는 "…강한 것은 아름다워. 타오르는 태양처럼. 강한 것은 아름다워. 변함없는 바위처럼. 불타는 노을 보면서 고개를 들었지. 눈물의 세월 모두 다 저 멀리 던졌지. 강한 것은 아름다워. 타오르는 태양처럼. 강한 것은 아름다워. 변함없는 바위처럼. 외인구단, 외인구단. 태양이어라. 외인구단, 외인구단, 바위 되어라. 외인구단, 외인구단 태양이어라. 외인구단 가는 곳에 승리뿐이리."이다. 이 주제가는 '강한 것은 아름답다'라는 구절과 태양, 바위, 승리라는 강한 느낌의 단어를 반복함으로써 손병호 감독이 강조하는 힘의 가치관을 분명하게 드러낸다.

무인도에서 진행된 손병호 감독의 훈련 방식은 비정상적일 정도로 가혹하다. 구체적으로 맨손으로 절벽 기어오르기, 절벽과 절벽 사이에 걸어놓은 밧줄을 맨손으로 잡고 건너기, 갯벌 포복하기, 통나무 메고 달리기, 바닷물에 잠수하기, 배에 연결한 밧줄에 매달려 바다 위를 질주하기 등으로 구성돼 있다. 게다가 선수들은 이 모든 훈련을 쇠사슬로 연결된 철 각반을 찬 상태로 소화한다. 각반은 발목부터 무릎 아래까지 돌려 감거나 싸는 띠를 말한다. 원래는 걸을 때 발목 부분을 가뜬하게 하려고 찬다. 하지만 외인구단 선수들은 철로 된 각반을 두른 채 달리고, 구르고, 갯벌을 기어간다. 낙오자에게는 가차 없이 채찍질이 가해진다. 〈이장호의 외인구단〉은 이러한 훈련 장면을 앞에서 소개한 주제가와 함께 몽타주로 보여준다.

〈지옥의 링〉의 지도자인 노 관장이 선택한 훈련 방식 역시 손병호 감독과 유사하다. 노 관장은 "고통을 이길 줄 알아야 훌륭한 선수"라는 가치관을 지닌 인물이다. 그래서 강인한 정신력을 최고의 가치로 여긴다. 실제로 그는 오혜성을 인적이 드문 산골짜기로 데려가 지옥 훈련을 시킨다. 이때 노 관장이 강요하는 훈련 내용은 가파른 산길 달리기, 절벽 기어오르기, 맨손으로 물고기 잡기, 이마에 물방울 떨어뜨리기 등이다. 심지어 노 관장은 안간힘을 다해 절벽을 기어오른 오혜성의 손을 발로 짓밟는 가혹 행위도 서슴지 않는다. 노 관장의 훈련 방식과 승리에 대한 집착은 손병호 감독과 똑같다. 훈련 장소만 무인도에서 산골짜기로 바뀌었을 뿐이다.

노 관장은 연습이 시합보다 중요하다고 믿고, 챔피언이 될 가능성이 있는 실력자만 키우는 지도자이다. 그런데 〈지옥의 링〉의 오혜성은 맷집만 좋은 권투선수 지망생이다. 노 관장이 오혜성을 자신의 체육관에 데려온 이유도 유일한 관원이었던 한국상에게 훈련 상대가 필요했기 때문이다. 하지만 한국상은 노 관장을 떠나간다. 이에 노 관장은 할 수 없이 오혜성을 챔피언으로 만들겠다고 결정하고, 산골짜기 지옥 훈련을 선택한다. 그런데 이 지옥 훈련에는 전제조건

1980년대 리더십의 표본 〈이장호의 외인구단〉.

이 있다. 노 관장은 오혜성에게 지옥 훈련의 고통을 이겨낼 수 있는 강인한 정신력을 요구한다. 즉 노 관장과 손병호 감독은 같은 캐릭터가 작품에 따라 다르게 표현된 인물이다.

1980년대에는 프로스포츠계에서도 선수들의 정신력과 지옥 훈련이 화두였다. 당시 프로야구 고위층 인사나 감독들은 경기에서 패하면 '정신력이 약해서 졌다.'라고 선수들을 나무라기 일쑤였다. 1980년대에는 강한 정신력이 화두였고, 이러한 시대정신은 사회 모든 분야에 연기처럼 스며들었다. 지옥 훈련이 〈이장호의 외인구단〉과 〈지옥의 링〉에 등장한 시대적 배경이다. 실제로 1980년대에는 영화, 만화는 물론 스포츠 현장에서도 군대식 지옥 훈련이 유행했다. 프로야구 구단들은 선수들의 정신력 강화를 목적으로 앞다퉈 한 겨울에 극기 훈련을 했다. 강한 정신력과 군대식 극기 훈련이 대중 문화를 점령한 셈이다.

국내 프로야구 구단들이 겨울 시즌에 산이나 저수지에서 극기 훈련을 한 것은 1980년대 후반이다. 따라서 프로야구 선수들의 극기 훈련은 영화 속 장면이 현실 세계에서 재현된 것이라는 인상을 준다. 흥미로운 점은, 〈이장호의 외인구단〉은 완전한 허구가 아니라 현실 속의 이야기로 인식된 측면이 있다는 것이다. 이장호 감독이 영화 제작 과정에서 원작 만화의 유성 구단을 해태 구단으로 바꾸고, 실존 인물인 선동열 투수와 하일성 해설위원을 등장시키고, KBS와 일간스포츠 같은 미디어를 활용함으로써 리얼리티를 강화했기 때문이다. 서부구단이 프로야구 최강팀이던 해태 구단에 맞서는 상황도 영화의 이야기가 픽션과 논픽션을 넘나드는 느낌을 준다. 이로 인해 프로야구 선수들의 극기 훈련은 대중에게 자연스럽게 다가왔다.

프로야구 구단의 극기 훈련은 태평양 돌핀스가 처음 시작했다. 김성근 감독은 태평양의 지휘봉을 잡은 뒤 선수단 전원이 참석하는 오대산 극기 훈련을 진행했다. 태평양의 오대산 극기 훈련은 정신력 강화에 초점이 맞춰져 있었다. 태평양 선수들은 1989년 1월 초 '오대산 교육대'라는 이름으로 6박 7일 동안 산속에서 극한의 훈련을 소화했다. 이 극기 훈련 덕분이었을까? 1988시즌 최하위였던 태평양은 이듬해 정규 시즌 3위를 차지하며 플레이오프에 진출하는 돌풍을 일으켰다. 저명한 야구 기자 이종남은 당시 태평양 선수들이 신병훈련소에 입대하는 장정 같은 모습이었으며, 극기 훈련에서는 삼청교육대보다 더한 닦달을 당했다고 전한다.

이종남 기자의 저서 『종횡무진 인천 야구』에 소개된 당시 훈련 내용은 다음과 같다. 냉탕 입수, 10km 산악구보, 50km 산악 행군, 극기 체조, 맨발로 눈길 걷기, 동물 행동 흉내 내기 등이다. 모두 특수부대 요원들이나 할 법한 극한 훈련이다(이종남, 2005). 그런데 이종남 기자가 태평양 돌핀스의 극기 훈련을 소개한 소단원 제목은 '공포의 외인구단'이다. 이는 만화 〈공포의 외인구단〉과 영화 〈이장호의 외인구단〉이 당시 사회에 얼마나 큰 영향을 미쳤는지를 짐작할 수 있는 대목이다. 한편, 태평양의 뒤를 이어 OB 베어스, 삼성 라이온즈 등 다른 프로구단도 극기 훈련을 도입했다. 삼성은 2년 연속 정규 시즌 4위에 머무르자 1990시즌을 앞두고 극기 훈련을 했다. 정동진 감독은 '근성 있는 사자'를 기치로 내걸고 1월에 경기도 물왕 저수지에서 '해병대 극기 훈련'을 실시했는데, 이때 빨간 모자를 쓴 해병대원들이 선수들의 훈련을 지휘했다.

그러한 점에서 〈이장호의 외인구단〉과 〈지옥의 링〉의 지옥 훈련, 프로야구의 겨울철 극기 훈련은 1980년대의 대표적인 시대적 표상이라고 할 수 있다. 1980년대에는 고등학생들도 군사 훈련을 했고, 대학생들은 전방 부대에 입소해 군사 훈련을 받았다. 또 전두환 군사정권은 사회 정화라는 명분으로 삼청교육대를 운영했는데, 대상자들은 군부대에 입소해 가혹한 훈련을 받았다. 그리고 삼청교육대의 훈련 모습은 신문과 텔레비전을 통해 방영돼 전 국민에게 알려졌고, 이를 통해 '극기 훈련=정신 개조'라는 인식이 확산했다. 당시 삼청교육대 훈련과 대원들의 반응을 인터뷰해서 르포 기사로 내보낸 신문들은 "새사람", "개과천선", "자아 발견의 시간", "참회와 눈물의 땀방울"과 같은 단어를 사용해 훈련 효과를 선전했다(강준만, 2003). 태평양 돌핀스가 극기 훈련 프로그램을 '오대산 교육대'라고 명명하고, 프로야구 선수들의 극기 훈련에 군인들이 참여한 것도 군사 문화가 광범위하게 퍼져 있던 사회 현실을 반영한다.

〈이장호의 외인구단〉의 손병호 감독과 〈지옥의 링〉의 노 관장은 권위적, 독선적인 리더십을 지닌 지도자이다. 그들은 지옥 훈련을 통해 선수들을 육체적, 정신적으로 강하게 조련하고자 한다. 반면 두 지도자는 선수들의 내면에는 무관심하며, 선수가 절실하게 훈련하는 이유도 알려고 하지 않는다. 이러한 사정은 "엄지에게 편지만 쓰게 해줬어도…."라는 〈이장호의 외인구단〉의 오혜성의 대사에 응축돼 있다. 무인도에서 지옥 훈련을 한다는 이유로 오혜성의 사랑을 방해하지 않았다면, 오혜성의 진심을 알고 난 뒤에라도 적절한 조치를 했다면, 손병호 감독은 전승 우승의 꿈을 이뤘을 것이다. 심지어 노 관장은 오혜성이 권투를 시작한 이유인 엄지의 존재조차 알지 못한다. 손병호 감독과 노 관장은 선수의 진정한 욕망에 무심하고, 의

사소통이 원활하지 않고, 자신의 가치관에 갇힌 채 목표 달성에만 집착한 인물이다.

〈이장호의 외인구단〉에서 손병호 감독은 왜곡된 '군사 문화의 화신'과 같은 존재이다. 그는 강한 힘과 정신력을 중시하는 군대식 리더십으로 선수들을 조련한다. 채찍과 지팡이, 주먹과 같은 폭력을 사용해 선수들을 관리하고, 모든 사항을 독단적으로 결정하는 것도 손병호 감독의 리더십이 지닌 특징이다. 또 그는 엄격한 선후배 관계와 서열, 상명하복의 수직적인 질서를 중시한다. 선수를 자신의 능력을 과시하는 동시에 해태 구단에 복수하기 위한 도구로 여긴 것도 특징적이다. 손병호 감독은 서부구단과 입단 협상을 하면서 자신의 연봉을 따로 요구하지 않는데, 이는 그가 돈을 경시한다기보다 자신의 뛰어난 능력을 증명하는 데만 치중했기 때문이다.

〈이장호의 외인구단〉과 〈지옥의 링〉에서 선수들과 지도자의 관계는 2단계로 구분된다. 초반에는 지도자가 강력한 리더십으로 선수들을 끌어나간다. 선수들이 프로야구와 프로권투 선수로서 성장이 필요한 시기였기 때문이다. 두 지도자는 강한 힘과 승리 지상주의라는 가치관을 선수들에게 주입하는데, 그들의 이러한 리더십은 일정한 성과를 거둔다. 즉 〈이장호의 외인구단〉에서 서부구단은 50연승 대기록과 코리안 시리즈 진출을 이뤄내고, 〈지옥의 링〉의 오혜성은 세계 챔피언이 된다. 그런데 2단계에서는 상황이 달라진다. 두 영화에서 오혜성은 손병호 감독 및 노 관장과 결별하고 자신만의 길을 걸어간다.

손병호 감독과 노 관장의 리더십은 1980년대의 정치적, 사회적 현실과 맞닿아 있다. 1980년대는 군인 출신의 집권자들이 상명하복의 군대식 리더십을 기반으로 국가를 통치하던 시기이다. 그들은 수직적인 지휘 체계 속에서 국민에게 절대적인 복종을 요구했고, 민주주의라는 국민의 내적 욕망을 억압했다. 손병호 감독과 노 관장은 리더가 모든 상황을 통제하고 감독하는 군대 조직에 어울리는 지도자이다. 이러한 유형의 리더는 독재자 성향이 있으며, 그들은 강압적이고 폭력적인 호통의 리더십으로 일관한다. 리더십의 관점에서 보면, 손병호 감독과 노 관장은 군사독재정권의 지도자에 대응하는 혹은 그러한 리더십을 상징하는 인물이다.

그런데 손병호 감독과 노 관장의 행적은 비극적인 결말로 마무리된다. 손병호 감독은 강인하고 거친 이미지와 달리 심장병을 앓고 있었다. 그는 해태 구단 감독직에서 해고된 직후 가슴을 움켜쥐고 고통스러워한다. 코리안 시리즈 우승에 실패한 뒤에는 관중석을 통해 퇴장하다가 다시 가슴을 움켜쥔 채 비틀거린다. 손병호 감독은 "강한 것은 아름답다."라고 누누이 강조한 인물이다. 하지만 그의 심장(내면)은 심각하게 병들어 있었다. 그리고 노 관장은 오혜성이 자신을 떠나간 뒤 "가. 갈 놈은 가. 난 결코 붙잡지 않아."라고 허망하게 소리칠 뿐이며, 오혜성의 챔피언 타이틀전을 혼자 술 마시며 텔레비전으로 본다. 강한 힘과 정신력만을 강조하고 선수의 마음을 헤아리지 못한 지도자에게 어울리는 결말이다.

〈이장호의 외인구단〉과 〈지옥의 링〉에 나타난 두 지도자와 오혜성의 대립, 그리고 손병호 감독과 노 관장의 몰락은 1980년대 후반의 정치적 상황에 대한 전조라고 해석할 수 있다. 두 편의 스포츠 영화는 폭력과 억압, 불통의 리더십으로 국민을 지배한 독재자의 몰락에 대한 예고이자 그러한 결말에 대한 대중의 열망을 반영하고 있는 셈이다. 결국 〈이장호의 외인구단〉과 〈지옥의 링〉은 1980년대에는 대중문화에 군사 문화가 깊숙이 침투해 있었다는 사실을 보여주는 스포츠 영화이며, 손병호 감독과 노 관장의 몰락은 군사독재정권의 파멸에 관한 메타포로 읽을 수 있다.

2. 반항하는 영웅의 '사랑 승부'와 카타르시스

주인공 오혜성을 중심으로 정리한 〈이장호의 외인구단〉과 〈지옥의 링〉의 서사는 매우 유사하다. 〈이장호의 외인구단〉의 서사는 '땅꾼의 아들-짝꿍이던 엄지와 이별-야구선수로 성장-상경-마동탁의 애인이 된 엄지와 재회-프로구단 입단-어깨 부상-방황-손병호 감독과 만남-무인도 지옥 훈련-엄지와 이별-서부구단 입단-코리안 시리즈 진출-의도적인 패배와 눈 부상-엄지에 대한 사랑 완성'으로 정리된다. 〈지옥의 링〉의 서사는 '고아-보육원에

서 엄지와 함께 성장-위탁 부모를 만난 엄지와 이별-상경-재벌 2
세와 결혼하려는 엄지와 재회-권투 입문과 지옥 훈련-엄지와 갈
등-세계 챔피언 등극-죽음'으로 요약된다. 즉 〈이장호의 외인구
단〉과 〈지옥의 링〉은 인물의 출생(혈통), 성장 과정, 상경, 스포츠 입
문, 지옥 훈련, 승리 질주와 같은 핵심적인 요소가 일치한다.

그런데 두 영화의 결말에서 오혜성의 행적은 대조적으로 나타나
며, 이 차이는 대중들의 욕망 및 카타르시스와 연결된다. 〈이장호의
외인구단〉에서 오혜성은 두 가지의 상반된 가치를 실현한다. 먼저
그는 미천한 혈통, 지독한 부상과 같은 악조건을 이겨내고 코리안
시리즈 우승이라는 과업에 도전해 승리를 쟁취해 나간다. 오혜성이
보여준 불굴의 의지와 시련 극복 과정, 연승 질주는 영웅의 행적 그
대로이다. 만화가 이현세는 오혜성을 "누구도 돌아보지 않던 하층
민의 실패자"이면서도 "의도적인 과정을 겪은 후 영웅이 되어 귀환
하는"(이현세, 2006) 인물이라고 설명한다. 이때 영웅은 영화의 홍보
카피인 "눈물겨운 사랑 승부"에서 승리한다. 따라서 1980년대의 대
중에게 〈이장호의 외인구단〉의 오혜성은 미천한 혈통, 고난과 시련
의 극복, 낭만적 사랑의 쟁취라는 영웅의 조건을 모두 갖춘 인물로
인식된다.

〈이장호의 외인구단〉의 결말은 스포츠 영화의 일반적인 주제
와 일치한다. 스포츠 영화에서 진정한 영웅은 고난을 극복하고 과업
을 달성하는 과정에 의해서, 자아 발견이라는 내적인 성장에 의해

서 탄생하기 때문이다(임정식, 2014). 오혜성의 지옥 훈련과 연승 행진은 '과업을 달성하는 과정', 우승을 포기하고 사랑을 선택한 행동은 '자아실현과 내면의 성장'에 해당한다. 힘과 사랑의 신화, 자아실현을 모두 성취한 오혜성의 영웅적인 면모는 그가 영화에서 반항적인 인물로 묘사돼 더욱 극적인 효과를 발휘한다. 그렇다면 오혜성이 1980년대의 대중에게 카타르시스를 선사한 이유를 정리할 수 있다. 오혜성은 폭압적인 시대 환경 속에서 시대의 우울을 이겨낼 수 있는 낭만적인 사랑의 울림을 만들어낸 인물이기 때문이다.

〈이장호의 외인구단〉에서 오혜성의 반항아적인 면모 및 다른 인물과의 대립 관계는 세 가지 방향으로 표출된다. 오혜성은 우선 엄지를 사이에 두고 마동탁과 갈등한다. 마동탁은 사상 최고의 계약금과 연봉을 받고 해태 구단에 입단한 스타이다. 반면 오혜성은 땅꾼의 아들이자 계약금도 못 받는 무명 선수이다. 오혜성의 행적은 프로야구 선수로서 마동탁을 극복하는 과정이다. 또 오혜성은 손병호 감독과 대립 관계를 형성한다. 두 사람은 초반에 동지적 관계로 시작한다. 지옥 훈련 과정에서는 지배자, 피지배자와 같은 수직적인 관계로 변화한다. 오혜성은 최후의 순간에 사랑을 선택함으로써 독재자인 손병호 감독을 파멸의 늪으로 밀어 넣는다. 그리고 오혜성은 세속적인 욕망에 사로잡힌 엄지와 대립한다. 오혜성은 신분 상승 수단으로서의 사랑, 군사 문화를 상징하는 강압적이고 폭력적인 지도자, 세속적인 욕망의 소유자에 반항하고 이를 극복함으로써 자신의 꿈을 이룬다.

〈이장호의 외인구단〉에서 안타고니스트인 마동탁과 손병호 감독은 승리 지상주의자라는 공통점을 지닌 인물이다. 영화의 서사는 곧 오혜성이 '완전체' 마동탁과 '힘의 숭배자' 손병호 감독과 싸우는 과정이다. 오혜성은 우승 축배를 들기 직전에 스스로 성공의 탑을 무너뜨림으로써 반전의 효과를 배가시킨다. 이를 통해 오혜성은 '하면 된다'는 성공 신화의 패러다임에서 벗어나고, 나아가 인간의 삶에는 성공과 승리보다 소중한 가치가 있다는 사실을 확인시켜 준다. 오혜성은 엄지와 처음 재회한 자리에서 엄지가 자신에게 보냈던 편지 묶음을 보여주며 "네가 곧 나에겐 신이었고, 그 편지는 성전이었다."라고 고백한다. "난 네가 기뻐하는 일이라면 뭐든지 할 수 있어."라는 독백은 엄지에 대한 오혜성의 절대적인 사랑을 보여준다. 그러나 오혜성은 엄지를 향한 무한한 사랑으로 인해 경기에서는 파국을 맞이한다.

오혜성의 행적이 지닌 의미는 원작 만화에서 더욱 분명하게 드러난다. 〈공포의 외인구단〉의 마지막 장면에서 마동탁은 오혜성과 엄지의 재회 장면을 몰래 지켜보다가 "결국은 네가 이겼다."라고 실토한다. 이 대사를 통해 마동탁은 오혜성이 사랑의 승리자임을 확인해 준다. 즉 오혜성과 마동탁의 진정한 승부는 야구가 아니라 사랑에서 판가름 난다. 오혜성은 아웃사이더로서 험난한 삶을 살았고, 엄지와의 사랑도 순탄치 않았다. 그러면서도 탁월한 능력으로 야구계를 지배했고, 순수한 사랑을 지켜냈다. 그래서 〈공포의 외인구단〉은 힘의 신화와 사랑의 신화를 절묘하게 혼합한 작품이며, 그 두 가지가 대중의 가장 보편적인 관심사라는 점에서 대중의 열광적인 지지는 당연한 일이었다는 평가를 받았다(김창남, 1996).

〈이장호의 외인구단〉은 낭만적 사랑의 실현을 통해 승리만을 강조하던 힘의 이데올로기에 균열을 일으킨다. 오혜성은 〈이장호의 외인구단〉에서 성공 신화의 미망을 버림으로써 사랑을 얻는다. 반면 〈지옥의 링〉에서 오혜성은 세계 챔피언이 되지만 엄지의 사랑을 확인하지 못한 채 쓸쓸하게 죽음을 맞이한다. 결국 〈이장호의 외인구단〉의 오혜성은 '패배한 승자'로, 〈지옥의 링〉의 오혜성은 '승리한 패자'로 남는다. 그래서 〈이장호의 외인구단〉은 낭만적인 사랑을 실현한 작품이 되고, 〈지옥의 링〉은 사랑 없는 성공의 허무함을 보여준 영화가 된다. 이러한 측면에서 〈이장호의 외인구단〉은 1980년대의 주류 이데올로기와 차별화되는 새로운 패러다임을 제시한 작품이라는 의미를 획득한다.

박정희 대통령은 1962년부터 경제개발 5개년 계획을 수립하고 목표 달성을 독려했다. 그 과정에서 정치적으로 독재 체제가 강화되었고, 사회적으로는 독재 체제에 야합한 계층과 그에 반대하는 계층 사이의 갈등이 격심해졌으며, 문화적으로는 군사 문화의 독소가 구석구석 퍼졌다(강만길, 1999). 1980년대에도 이러한 사회 현실은 그대로 유지됐다. 만화평론가 김창남은 이현세의 만화 〈공포의 외인구단〉의 인기가 우리 사회에 만연했던 무력감과 권력의 원시적 횡포에 대한 무의식적 공포에 기반을 두고 있다고 분석하는데(김창남, 1996), 이러한 언급은 〈이장호의 외인구단〉에도 그대로 적용할 수 있다. 오혜성은 폭압적인 사회 현실에 짓눌린 대중의 욕망을 낭만적인 순애보를 통해 대리 충족시켜 준다.

1980년대에는 전두환의 독재 정치가 국민을 억압했고, 군사 문화는 사회 전체를 지배했으며, 경제적인 성공이 최고의 가치로 추앙받았다. 그래서 〈이장호의 외인구단〉의 오혜성이 보여준 반항아적인 행적은 정치적, 경제적, 사회적 상징성을 띠게 된다. 오혜성의 승리는 독재정권의 폭압적인 통치와 군사 문화, 성공 신화의 이데올로기에 갇혀 신음하던 1980년대의 대중들에게 심리적 탈출구를 제공하고, 나아가 사랑이라는 순수한 가치를 대안으로 제시했다는 의미를 지닌다. 물론 오혜성이 코리안 시리즈에서 개인적인 사랑의 완성을 위해 패배를 자초한 플레이는 논란의 여지가 있다. 그러한 점에서 〈이장호의 외인구단〉의 흥행은 스포츠맨십과 관련한 논의가 미진했던 1980년대의 시대상을 역설적으로 보여주는 현상이기도 하다.

지금까지 살펴본 것처럼, 〈이장호의 외인구단〉과 〈지옥의 링〉은 1980년대의 사회 현실을 복합적으로 반영하고 있다. 특히 〈이장호의 외인구단〉은 스포츠 영화가 정치적, 사회적, 경제적 현실과 관련한 대중들의 욕망을 충족시켜 줌으로써 카타르시스를 제공할 수 있다는 사실을 확인시켜 준다. 오혜성은 대중들을 억압하던 여러 현실적 요소를 극복하는 것은 물론 대안까지 제시함으로써 관객들의 적극적인 지지를 확보했기 때문이다. 이에 비해 〈지옥의 링〉의 오혜성은 사랑이라는 진정한 과업을 달성하지 못하며, 자아실현과 내면 성장을 이루는 데도 실패한다. 또한 〈지옥의 링〉은 오혜성이 챔피언이 되는 과정을 대부분 생략함으로써 관객들의 감정 이입을 끌어내지 못한다. 즉 〈지옥의 링〉은 주류 이데올로기와 차별화되는 새로운 패러다임을 제시하지 못하고, 관객들의 욕망을 충족시키지도 못한 작품이 되고 만다.

물론 〈이장호의 외인구단〉과 〈지옥의 링〉의 대중성의 차이는 다양한 측면에서 살펴볼 수 있다. 영화의 흥행은 감독, 연출, 배우, 개봉 시기 등 다양한 요소에 의해 좌우되기 때문이다. 실제로 〈이장호의 외인구단〉은 스타 감독 이장호가 연출하고 스타 배우 안성기, 이보희, 최재성이 출연해 대중의 관심을 모았다. 반면 〈지옥의 링〉에는 무명 감독과 배우가 참여했다. 〈이장호의 외인구단〉에서 조상구 역을 맡았던 배우가 주인공 오혜성으로 출연해 대중들에게 혼란을 준 점도 〈지옥의 링〉의 흥행에 부정적인 영향을 미쳤다고 할 수 있다. 하지만 대중문화가 대중의 무의식을 반영하고 작품의 주제가 시대의 이데올로기와 연결된다는 점에 주목하면, 감독이나 배우와 같은 요소가 두 영화의 대중성에 미친 영향은 제한적일 수 있다.

1980년대 스포츠 영화의 이러한 특징은 텍스트에 포함된 멜로 영화적인 요소에서도 나타난다는 점에서 흥미롭다. 그중에서 〈이장호의 외인구단〉은 국내 멜로 영화의 역사적 맥락에서도 의미가 있는 작품이다. 주인공 오혜성의 행적은 1990년대 후반의 멜로 영화에 새롭게 나타난 남성 인물의 성격과 관련지어서 파악할 수 있다. 〈이장호의 외인구단〉은 가부장적 이데올로기에 사로잡힌 남성 인물 대신에 여성과 공감, 소통하는 남성 인물, 지고지순한 순애보를 보여주는 남성 인물의 본격적인 등장을 예고한 영화인 셈이다. 그렇다면 〈이장호의 외인구단〉은 정치적, 사회적, 경제적, 문화적인 측면에서 1980년대의 시대적 표상을 종합적으로 보여준 스포츠 영화라고 평가할 수 있다.

2장

스포츠 지도자의 리더십 유형과 시대별 변화-〈우리 생애 최고의 순간〉

스포츠 영화에는 여러 유형의 지도자가 등장한다. 그런데 지도자의 가치관과 행동 유형은 매우 다양하고 상대적이다. 같은 지도자의 행동 방식이 상황에 따라 변하기도 하고, 같은 리더십에 대한 평가가 시대에 따라서 달라질 수도 있다. 그래서 스포츠 영화의 지도자와 리더십을 통해 제작 당시의 여러 사회 현상 및 대중들의 정서를 파악할 수 있다. 스포츠 영화에 나타난 지도자의 선수 지도 방식, 지도자와 선수의 관계를 비중 있게 다루어야 하는 배경이다. 실제로 스포츠 영화에 나타난 지도자의 리더십을 꼼꼼하게 살펴보면 특정 시대, 특정 사회의 이데올로기를 확인할 수 있다.

리더십의 사전적인 의미는 '무리를 이끌어가는 지도자로서의 능력'이다. 구체적으로는 공동의 목표를 달성하기 위해 이뤄지는 구성원에 대한 영향력 및 그와 관련한 행동이다. 그렇다면 스포츠에서 리더십은 감독, 코치가 선수(팀)에게 영향을 미치는 행동이라고 할 수 있다. 스포츠에서 지도자와 선수(팀)는 경기에서 승리하기 위해 구성된 집단이다. 이 스포츠 집단이 승리라는 목표를 달성하기 위해서는 다양한 요인이 유기적으로 작동해야 한다. 그리고 지도자는 선수 개인은 물론 팀과 관련한 모든 결정을 하고 그에 대한 책임을 진다. 따라서 지도자의 역량은 선수(팀)의 경기력에 절대적인 영향을 미친다. 같은 선수 혹은 팀이라도 지도자의 리더십에 따라서 선수(팀)의 경기력에 큰 차이가 생기는 것이다.

1. 실패한 감독과 성공한 리더의 차이

〈우리 생애 최고의 순간〉(2008)은 지도자의 역할과 유형 그리고 리더십이 선수들에게 미치는 영향을 종합적으로 살펴볼 수 있는 영화이다. 이 작품에는 다양한 유형의 지도자와 행동 방식, 지도자와 선수의 관계를 묘사한 장면이 다수 등장한다. 관객은 특히 영화의 전반부와 후반부에 정반대로 나타나는 지도자의 행적을 통해 바람직한 리더십이 무엇인지를 성찰할 수 있다. 〈우리 생애 최고의 순간〉은 작품성과 대중성을 모두 확보한 스포츠 영화이다. 이는 작품의 메시지와 이데올로기를 관객들이 수용했다는 의미이다. 특히 김혜경 감독대행과 안승필 감독은 21세기 시대정신에

지도자의 리더십 대비가 선명한 〈우생순〉.

부합하는 리더십이 무엇인지를 분명하게 제시해 준다.

　〈우리 생애 최고의 순간〉은 여자핸드볼 국가대표팀이 2004년 아테네올림픽에서 은메달을 차지한 실화를 각색한 작품이다. 당시 여자핸드볼 국가대표팀은 결승전에서 덴마크와 2차례 연장전을 거쳐 승부 던지기까지 하는 혈투를 벌였다. AP통신이 '아테네올림픽 10대 명승부'에 선정할 만큼 멋진 경기였다. 〈우리 생애 최고의 순간〉은 그 경기의 생생한 기억을 감동적으로 재현한다. 영화의 주요 인물은 소속팀이 해체되는 바람에 갑자기 대형 마트 점원으로 일하게 된 한미숙, 국가대표 감독대행을 지낸 후 선수로 변신한 김혜경, 스타 출신의 독일 유학파 안승필 감독이다. 이들 중에서 지도자의 리더십과 관련해서는 김혜경 감독대행과 안승필 감독의 행적을 주목할 만하다.

김혜경은 일본 실업팀에서 활약하다가 국가대표팀의 감독대행으로 부임한 지도자이다. 김혜경은 감독대행이 되자마자 라이벌 한미숙을 찾아간다. 국가대표팀의 에이스인 한미숙은 현재 심각한 곤경에 처해 있다. 남편이 진 빚 때문에 아이와 함께 거처를 옮겨 다니고, 사채업자들에게 험악한 욕설까지 듣고, 대형 마트에서 호객행위를 하면서 어렵게 생활하고 있다. 김혜경 감독대행은 그러한 한미숙에게 자신을 도와달라고 부탁하고, 한미숙은 올림픽 포상금으로 빚을 갚기 위해 국가대표팀에 합류한다. 그런데 김혜경은 젊은 선수들에게는 무시무시한 호랑이 감독이다. 선수들의 훈련은 물론 개인 생활도 엄격하게 관리하고 통제한다. 즉 김혜경의 리더십은 선수와의 관계에 따라 다르게 나타난다.

김혜경 감독대행의 후임으로 부임한 안승필 감독은 남자핸드볼 최고의 스타 선수 출신이다. 안승필 감독은 김혜경 감독대행과 정반대 방향에서 팀을 이끈다. 그는 팀의 베테랑 선수들을 '아줌마 3총사'라고 부르면서 무시하고, 세대교체를 내세워 장보람을 비롯한 젊은 선수들을 중용한다. 또 안승필 감독은 과학적인 프로그램과 독일식 훈련 방법을 도입한다. 그의 훈련 방식은 눈엣가시인 베테랑 선수들을 국가대표팀에서 탈락시키려는 속셈과도 연결된다. 그로 인해 안승필 감독은 '아줌마 3총사'와 갈등을 일으킨다. 하지만 안승필 감독의 계획은 금세 어그러진다. 그가 야심 차게 도입한 과학 훈련과 체력 훈련에서 베테랑들이 젊은 선수들을 압도했기 때문이다.

〈우리 생애 최고의 순간〉에 나타난 리더십에는 흥미로운 점이 있다. 똑같은 지도자가 영화의 전반부와 후반부에 서로 대비되는 리더십을 발휘한다. 즉 후배들에게 권위적이었던 김혜경은 감독대행에서 물러나 선수로 복귀한 뒤에 체육관 마룻바닥을 직접 걸레질하고, 한미숙을 위해 자신을 희생하는 모습을 보여준다. 또 베테랑을 "아줌마"라고 부르며 비하했던 안승필 감독은 김혜경과 한미숙의 도전정신을 인정하면서 소통의 리더십으로 팀을 이끈다. 이로 인해 젊은 선수들은 김혜경과 안승필 감독을 진심으로 따르게 되고, 최고의 팀워크를 이룬 국가대표팀은 아테네올림픽에서 은메달을 획득한다. 따라서 〈우리 생애 최고의 순간〉은 지도자의 리더십이 선수들에게 미치는 영향을 비교해 볼 수 있는 작품이다. 이제 두 인물의 행적을 구체적으로 살펴보자.

김혜경 감독대행은 한국형 핸드볼을 신봉한다. 유럽 선수들과 대결해 승리하기 위해서는 스피드를 활용해야 한다고 믿는다. 그래서 팀플레이를 중시하고, 훈련 시간에 늦은 선수의 머리에 공을 던져서 혼낼 만큼 규율을 강조한다. 하지만 김혜경의 감독대행 역할은 금세 끝나고 만다. 이러한 결과는 김혜경의 리더십과 어느 정도 관련이 있다. 국가대표팀에는 김혜경 감독대행과 선수 생활을 함께한 베테랑과 20대 선수들이 함께 속해 있다. 그런데 김혜경 감독대행은 자신과 친한 베테랑들을 편애한다. 그래서 젊은 선수들의 불만이 쌓이고, 팀워크가 깨지고, 연습경기에서 남자고교 팀에 참패한다. 설상가상으로 베테랑과 후배 선수가 머리채를 붙잡고 싸우는 상황까지 발생한다. 이에 핸드볼협회는 김혜경을 감독대행에서 해임한다.

이때 김혜경은 뜻밖의 결정을 한다. 자존심을 접고 선수로 복귀한다. 올림픽 금메달을 목에 걸기 위해서다. '선수' 김혜경이 보여준 리더십은 인상적이다. 가장 대표적인 것이 마라톤 대결이다. 김혜경은 안승필 감독이 한미숙을 엔트리에서 탈락시키자 불암산 마라톤 완주 대결을 제안한다. 경주에서 지면 자신이 대표팀에서 나가겠다는 조건을 내건다. 김혜경에게는 금메달 트라우마가 있다. 바르셀로나올림픽에서 부상으로 경기에 출전하지 못했는데도 금메달을 목에 걸었기 때문이다. 또 한미숙에 밀려 언제나 이인자에 머물렀다. 그런데도 김혜경은 한미숙을 위해 정정당당한 올림픽 메달의 꿈을 희생하고자 한다.

안승필 감독은 한국 남자핸드볼을 대표하는 슈퍼스타 출신이다. 핸드볼협회장이 그를 축구의 차범근, 야구의 박찬호와 비교할 정도이다. 안승필 감독은 창의적인 핸드볼을 주장한다. 스피드를 중시하는 김혜경의 한국식 핸드볼을 폐기하고, 선수 개개인의 능력과 특징에 맞는 합리적이고 효율적인 훈련 시스템을 도입한다. 하지만 선수들은 안승필 감독의 새로운 훈련 방식과 전술을 수용하지 못해 힘들어한다. 안승필 감독은 겉으로 드러난 수치와 기록을 중시하며, 선수들과의 스킨십이나 개인적인 소통은 무시한다. 하지만 그는 후반부에서 완전히 다른 사람으로 변모한다. 베테랑 선수들의 핸드볼에 대한 열정과 꿈을 인정하고, '아줌마 3총사'와 젊은 선수들이 화합을 이루도록 지도한다.

〈우리 생애 최고의 순간〉에서 주요 인물들은 초반에 복잡한 갈등 관계에 놓여 있다. 베테랑인 김혜경과 한미숙은 돈 문제로 불화를 겪는다. 김혜경이 개인 돈으로 한미숙의 빚을 몰래 갚아준 것이 원인이다. 여기에는 국가대표팀 에이스라는 자존심 문제도 바탕에 깔려있다. 또 베테랑과 젊은 선수들은 세대 차이로 인해 물과 기름처럼 분리돼 있다. 베테랑들은 서로 화기애애하다. 김혜경, 한미숙, 송정란 등은 함께 어울려 회식을 하고, 보약을 나눠 먹기도 한다. 반면 안승필 감독은 베테랑 선수들을 괄시하는 대신 젊은 선수들을 중심으로 팀을 운영한다. 안승필 감독과 김혜경이 한때 연인이었다는 점도 갈등의 배경이 된다.

이로 인해 국가대표팀은 심각한 갈등과 내분에 휩싸인다. 젊은 선수들은 김혜경 감독대행에게 노골적으로 불만을 터트린다. 안승필 감독도 자신과 나이가 비슷한 베테랑 선수들과 감정 섞인 언쟁을 벌인다. 그 결과 감독과 선수, 선수와 선수 사이에 높다란 벽이 세워진다. 그들에게서 정서적 공감이나 연대감은 전혀 찾아볼 수 없다. 한미숙은 안승필 감독에게 소통과 공감의 리더십을 강조하면서, 전임 감독은 선수 아버지의 제사까지 챙겼다고 조언한다. 하지만 국가대표팀은 김혜경과 안승필 감독의 불암산 마라톤 완주 대결 이후 한

마음이 되어 훈련한 뒤 아테네로 출발한다. 김혜경, 한미숙, 송정란 등 '아줌마 3총사'도 후배들과 화해한 뒤 아테네올림픽 결승전에서 맹활약한다.

〈우리 생애 최고의 순간〉에 나타난 이러한 갈등은 현실 세계의 운동부나 체육교육 현장에서도 자주 발견되는 현상이다. 그런데 갈등이 언제나 팀에 부정적인 영향을 미치는 것은 아니다. 갈등이 창조적인 긴장을 가져오기도 하고, 전화위복이 되면 팀워크를 더 강화하는 효과를 발휘하기 때문이다. 〈우리 생애 최고의 순간〉에서도 선수들은 분열의 씨앗이었던 갈등을 성공적으로 극복한 후에는 더욱 단단한 팀워크를 구축했다. 그리고 갈등 해결의 첫 번째 비결은 자기희생에서 찾을 수 있다. 〈우리 생애 최고의 순간〉의 이러한 서사는 스포츠 영화의 클리셰이지만, 주제를 구현하는 데는 효과적인 장치이기도 하다.

〈우리 생애 최고의 순간〉에 등장하는 지도자인 김혜경 감독대행과 안승필 감독의 리더십에는 몇 가지 공통점이 있다. 첫째, 김혜경 감독대행과 안승필 감독은 확실한 목표를 설정하고 이를 선수들에게 각인시킨다. 두 지도자는 모두 올림픽 금메달 획득을 목표로 제시한다. 그들은 구체적인 목표를 설정한 후, 그 목표를 이루었을 때 얻을 수 있는 대가까지 제시한다. 김혜경이 한미숙에게 올림픽 포상금을 거론한 것이 대표적인 사례이다. 김혜경 감독대행과 안승필 감독은 초반에 매우 구체적이고 실질적인 목표지향적 리더십으로 선수들을 이끈 것이다.

둘째, 김혜경 감독대행과 안승필 감독은 목표 달성을 위해 선수들의 훈련을 직접 지휘, 감독한다. 〈우리 생애 최고의 순간〉에서 두 지도자는 다양한 방식의 훈련을 한다. 물론 지도자마다 훈련 방식과 스타일은 차이가 난다. 김혜경 감독대행은 엄격한 규율과 체력 훈련을 중시한다. 안승필 감독은 과학적이고 체계적인 훈련과 유럽식 핸드볼을 강조한다. 모두 금메달 획득이라는 목표를 달성하기 위한 행동이다. 그들은 또한 경기장에서 작전 구사, 선수 교체, 선수 독려, 상대 팀 감독과의 신경전 등 다양한 역할을 담당한다. 즉 김혜경 감독대행과 안승필 감독은 지도자의 기본 역할을 충실하게 수행한다.

셋째, 두 지도자는 선수들의 정신적인 변화와 성숙을 끌어낸다. 이는 스포츠 영화가 팀의 승리라는 결과보다 인물의 내면 성장을 더 강조하는 점과 관련이 있다. 〈우리 생애 최고의 순간〉에서는 청소년 대표팀 에이스 출신 장보람이 대표적인 인물이다. 장보람은 스타 의식에 젖어있는 개인주의자로서 팀 훈련에 늦어도 미안해하지 않고, 휴식 시간에는 방에서 헤드셋을 끼고 자기만의 시간을 즐긴다. 하지만 후반부에서 장보람은 훈련 시간에 자발적으로 주전자를 나르고, 팀 승리를 위해 부상을 무릅쓰고 경기 출전을 강행한다. 한편, 끼리끼리 뭉쳤던 베테랑들이 태릉선수촌의 남자 선수들로부터 후배들을 보호해 주면서 선배 역할을 해내는 것도 지도자의 리더십 변화가 가져온 효과이다.

〈우리 생애 최고의 순간〉에서 지도자들이 조직을 운영하는 방식은 각자 다르다. 김혜경 감독대행과 안승필 감독은 초반에 독선적이고 권위적인 리더십을 보여주지만, 나중에는 자유로운 분위기 속에서 선수들과 상호 소통하는 관계를 유지한다. 두 지도자는 자신들의 권위적, 독단적인 리더십이 잘못됐다는 점을 깨닫고 이를 즉시 수정한다. 이들의 리더십은 영국 프리미어리그 맨체스터 유나이티드의 명감독 알렉스 퍼거슨의 사례와 비교해볼 수 있다. 퍼거슨은 누구보다 강력한 카리스마와 권위를 지닌 인물이지만, 평소에는 손자뻘 선수들과 내기할 정도로 친화력을 지닌 감독이었다. 만약 김혜경과 안승필 감독이 권위와 카리스마만 내세우고 선수들과 소통하지 않았다면 올림픽 은메달을 획득하지 못했을 것이다.

〈우리 생애 최고의 순간〉에서 지도자와 선수의 소통, 친밀함의 중요성을 강조하는 에피소드가 있다. 전임 감독과 안승필 감독의 리더십 차이를 비교해 볼 수 있는 장면이다. 한미숙은 국가대표팀 엔트리에서 제외된 뒤 초등학교 지도자로 변신한 전임 감독을 찾아간다. 한미숙과 전임 감독은 벤치에서 어린 학생들의 훈련 모습을 함께 지켜본다. 이때 두 사람 사이에 엔트리 탈락이나 집안 문제와 관련한 대화는 없다. 전임 감독도 한미숙에게 사정을 묻지 않는다. 그래도 한미숙은 큰 위안과 용기를 얻는다. 굳이 말하지 않아도 사정을 알고, 위로하지 않아도 위로를 받는 이심전심의 순간이다. 전임 감독이 한미숙의 아들을 반갑게 맞아주는 장면도 지도자와 선수의 친밀한 관계를 잘 보여준다.

반면 안승필 감독의 행동은 전임 감독과 대비된다. 그는 갈 곳 없는 한미숙의 아들을 코트에서 내쫓고, 한미숙의 힘든 가정사를 끄집어내 조롱하기까지 한다. 한미숙은 그러한 안승필 감독에게 전임 감독의 사례를 들려주면서 변화를 촉구한다. 남자 코치들이 연습경기에서 부진한 젊은 선수를 비난하는 장면에서도 비슷한 상황이 발생한다. 김혜경은 남자 코치들에게 여성 선수의 생리 현상을 설명하고, 선수들의 상황을 세심하게 관찰할 것을 요구한다. 이러한 에피소드를 통해서 〈우리 생애 최고의 순간〉은 지도자의 리더십은 힘과 권위, 카리스마가 아니라 선수들과의 공감과 소통, 세심한 배려에서 나온다는 것을 다시 일깨워준다. 진정한 리더십은 선수의 마음을 움직이는 데서 나오는 것이다.

2. 21세기 시대정신과 바람직한 지도자상

다니엘 골먼, 리처드 보이에치스, 애니 맥키는 리더란 불안하거나 위협적인 상황에서, 혹은 수행해야 할 과업이 있을 때 사람들에게 확신과 명쾌함을 주는 존재라고 정의한다. 그리고 리더십의 유형을 전망 제시형, 코치형, 관계 중시형, 민주형, 선도형, 지시형으로 분류한다. 저자들은 전망 제시형과 코치형, 관계 중시형, 민주형은 긍정적인 리더십으로 정리하고, 선도형과 지시형은 부정적인 리더십으로 평가한다. 다니엘 골먼 등이 제시한 리더십 유형의 특징은 〈표1〉과 같다(다니엘 골먼 외, 2003). 〈우리 생애 최고의 순간〉의 김혜경 감독대행과 안승필 감독의 리더십도 다니엘 골먼 등이 제시한 여섯 가지 리더십 유형으로 정리할 수 있다.

〈표1〉 다니엘 골먼 등이 제시한 리더십의 여섯 가지 유형

유형	특징	장단점
전망 제시형	꿈과 미래의 열정 공유. 조직이 나아갈 방향 제시. 감정이입 능력 중요. 직원들의 자발적인 참여 끌어냄. 사람들에게 그의 위치를 정확하게 알려줌. 가장 효과적인 방법.	의욕 고취. 감성 지능과 솔직함 필요. 목표 달성 방법은 제시하지 않음.
코치형	개인적인 문제에 관한 대화를 통해 유대와 신뢰 쌓음. 높은 수준의 과업 부과. 상담자 역할. 감정이입과 친밀감 중요. 지나친 간섭 금물.	진취적인 직원에게 효과. 동기 부여 확실.
관계 중시형	협동 능력 뛰어남. 공감, 조화 추구. 친밀한 상호작용 가능한 분위기 조성. 조직 침체기에 유용. 감정이입 능력 중요.	사기 진작에 효과. 업무 수행 능력 교정에 소홀.
민주형	신뢰와 존중의 관계 구축한 후 자발적 참여 끌어냄. 현명한 직원들의 생각 경청. 귀 기울여 듣는 열린 마음 필요.	문제해결 지연. 긴급 상황엔 부적절.
선도형	업무 수행 능력 향상에 초점. 흥미로운 목표 제시. 군림하는 리더. 목표 달성에만 집중. 성장이 최우선인 단계에서 유용. 외적인 보상보다 자신의 능력을 확인하려는 욕구가 강함.	함께 일하는 사람들에게 무신경. 의사소통, 협동 능력 부족. 직원 도구화.
지시형	강압적인 조직 운영. 공포 분위기 조성. '시키는 대로 해.'라는 명령. 모든 상황 직접 통제. 칭찬에 인색. 냉정한 리더. 위기 상황에서 전환 꾀할 때 효과적. 자기제어 필요.	불화로 나아가는 전형적인 길. 효과가 가장 나쁜 유형.

〈우리 생애 최고의 순간〉의 초반부에는 지시형, 선도형 리더십이 주로 등장한다. 안승필 감독은 강압적이고 권위적으로 팀을 운영한다. 그는 걸핏하면 "선수촌에서 퇴출시키겠다."라고 선수들을 협박하며 공포 분위기를 조성한다. 그는 선수단이 위기 상황일 때 감독으로 부임했다. 그래서 안승필 감독의 리더십은 초반에 혼란스러운 팀 분위기를 전환하는 데는 효과를 발휘한다. 하지만 안승필 감독은 선수들에게 무관심하고, 자기를 제어하지 못한 채 명령만 남발함으로써 팀워크를 해친다. 김혜경 감독대행은 베테랑 선수들과는 친밀하게 지내지만 젊은 선수들에게는 군림하는 행동을 한다. 초보 리더인 김혜경 감독대행과 안승필 감독은 자신의 지도 방식에 순응하거나 자신과 친밀한 그룹은 감싸주고, 그렇지 않은 그룹은 배척하는 편향적인 리더십을 보여준다.

안승필 감독과 김혜경은 상황이 바뀌면서 새로운 리더십으로 팀을 이끈다. 안승필 감독은 후반부에는 선수들과 혼연일체가 되고, 신뢰 관계를 구축한다. 또 김혜경의 의견을 받아들여 한국형 핸드볼로 복귀하는 열린 태도로 팀의 화합을 만들어낸다. 김혜경 역시 변화된 리더십을 발휘한다. 그는 선수들의 맏언니로서 평가전 패배의 책임을 뒤집어쓴 후배를 감싸주는 공감과 조화의 리더십을 보여준다. 또 김혜경은 태극마크를 반납하겠다는 자기희생적인 행동으로 안승필의 변화를 끌어냄으로써 올림픽 은메달 획득에 결정적인 역할을 한다. 즉 안승필 감독과 김혜경은 부정적인 유형의 리더에서 긍정적인 유형의 리더로 변화한 것이다.

이처럼 〈우리 생애 최고의 순간〉에는 한 인물에게서 긍정적인 리더십과 부정적인 리더십 유형을 동시에 발견할 수 있다. 그래서 이 영화를 통해 각 리더십 유형의 장단점과 핵심 요소를 파악할 수 있다. 전망 제시형, 코치형, 관계 중시형, 민주형 리더십에서는 감정 이입 능력과 친밀감이 중요한 요소로 꼽힌다. 즉 지도자는 선수들과 꿈을 공유하면서 열린 마음으로 대화하고 소통함으로써 일체감을 형성해야 한다. 그런데 선도형, 지시형 지도자는 선수들 위에 군림 하면서 강압적인 방법으로 조직을 끌어나간다. 따라서 선도형, 지시형 지도자와 선수들 사이에는 불화가 발생하며, 이는 팀워크의 균열로 이어진다. 그러한 점에서 현장의 스포츠 지도자와 체육 교사들은 영화 초반의 안승필 감독과 김혜경을 타산지석으로 삼을 수 있다.

안승필 감독과 김혜경의 사례에서 알 수 있는 것처럼, 지도자의 리더십은 특정 유형에 고정돼 있지 않다. 한 명의 지도자도 상황에 따라 서로 다른 리더십을 발휘한다. 실제로 안승필 감독과 김혜경은 초반부의 부정적인 리더십을 벗어나 단결, 공감, 조화를 바탕으로 한 전망 제시형, 관계 중시형, 민주형, 코치형 지도자로 거듭난다. 이를 통해 여자핸드볼 국가대표팀 역시 이전과 달리 팀워크가 강화된 팀으로 변화한다. 스포츠 경기에서 팀이 승리하기 위해서는 구성원들의 상호작용이 효과적으로 이루어져야 한다. 〈우리 생애 최고의 순간〉은 지도자의 리더십 유형이 팀워크에 절대적인 영향을 미친다는 점을 잘 보여준다.

그중에서도 스포츠 집단의 팀워크와 직결되는 것은 관계 중시형 리더십이다. 다니엘 골먼 등은 이러한 리더십의 대표적인 인물로 메이저리그 뉴욕 양키스의 조 토리 감독을 제시한다. 그는 1999년 월드시리즈 우승 시상식에서 자신에게 특별한 의미를 지닌 선수들을 포옹해 주었는데, 그중 한 명이 폴 오닐이었다. 폴 오닐은 경기 직전에 아버지가 세상을 떠났는데도 불구하고 출전을 감행했고, 경기가 끝난 뒤에야 울음을 터트렸다. 조 토리는 오닐을 '전사'라고 부르며 그가 얼마나 갈등했는지를 잘 알고 있다고 말했다. 조 토리 감독은 형이 심장 이식을 기다리다가 목숨이 위태롭게 되거나 자신이 전립선암 치료를 받을 때도 선수들에게 자신의 감정을 솔직히 드러냈다. 이처럼 사람들과 감정을 함께 나누는 리더들은 타인의 감정도 소중하게 생각한다. 구성원들의 감성적 욕구에 주안점을 두고 서로 간의 조화를 끌어냄으로써 공감하는 팀 분위기를 조성하는 것이다.

〈우리 생애 최고의 순간〉의 김혜경 감독대행과 전반부의 안승필 감독의 리더십은 〈이장호의 외인구단〉의 손병호 감독과 유사하다. 그들은 구성원들의 능력이나 성격, 그들이 처한 개인적인 상황과 상관없이 지시형, 선도형 리더십으로 팀을 이끈다. 김혜경 감독대행, 안승필 감독, 손병호 감독 가운데 선수들의 내면이나 감정을 챙기는 인물은 없다. 그들은 오직 목표 달성만을 제시할 뿐이다. 하지만 결말에서는 지도자의 리더십에 차이가 난다. 선수로 변신한 김혜경과 후반부의 안승필 감독은 관계 중시형, 코치형, 민주형 리더십으로 선수들을 이끈다. 그러한 변화가 감독과 선수를 하나로 연결하고, 긍정적인 결과를 만들어낸다. 반면 손병호 감독은 지시형, 선도형 리더십으로 일관함으로써 파국을 맞이한다.

〈우리 생애 최고의 순간〉에 나타난 지도자의 리더십 유형은 초중고등학교 체육 교사나 각종 스포츠팀의 감독들에게 시사하는 바가 크다. 선도형, 지시형 리더십을 발휘하던 김혜경 감독대행과 안승필 감독만이 실패를 경험하기 때문이다. 영화 초반부에서 두 지도자는 자신의 가치관에 사로잡혀 수직적인 관계 속에서 선수들을 권위적, 강압적인 방식으로 지도한다. 하지만 김혜경 감독대행과 안승필 감독은 실패를 통해 교훈을 얻은 뒤에는 수평적인 관계 속에서 선수들과 소통하는 리더로 변신하고, 이를 통해 여자핸드볼 국가대표팀을 새로운 집단으로 변화시킨다. 〈우리 생애 최고의 순간〉에 나타난 지도자의 행적은 21세기 한국의 사회상 및 바람직한 리더십과 관련해서 중요한 방향을 제시해 준다.

〈우리 생애 최고의 순간〉에 나타난 지도자들의 다양한 역할과 리더십 유형을 살펴본 이 글이 스포츠 지도자와 체육 교사들에게 주는 의미는 네 가지로 정리할 수 있다. 첫째, 스포츠 영화를 통해 바람직한 리더십 유형을 간접 체험할 수 있다. 스포츠 지도자와 체육 교사들은 영화를 보면서 자신이 전망 제시형, 관계 중시형, 민주형, 코치형 리더인지 아닌지 성찰할 수 있다. 둘째, 부정적인 리더십을 반면교사로 삼을 수 있다. 김혜경 감독대행과 전반부의 안승필 감독이 보여주는 행동이 구체적인 사례가 된다. 셋째, 21세기 시대정신에 부합하는 지도자의 역할과 리더십 유형을 경험할 수 있다. 〈우리 생애 최고의 순간〉에서는 권위주의적 리더와 21세기 민주적 리더의 차이가 선명하게 드러난다. 넷째, 훈련과 체육수업에서 스포츠 영화를 활용하는 방안을 모색할 수 있다. 스포츠 영화의 감상은 다양한 교육적 효과를 얻을 수 있기 때문이다. 따라서 〈우리 생애 최고의 순간〉을 포함한 스포츠 영화 속 지도자들의 리더십 유형은 스포츠 지도자와 체육 교사들에게 본보기가 될 수 있을 것이다.

〈표2〉. 〈우리 생애 최고의 순간〉 김혜경 감독대행의 전반부 리더십

구분	내용
가치관	스피드 중시하는 한국적인 핸드볼 주장. 팀워크 우선주의. 원칙 중시.
지도 방식	선수들의 동작을 일일이 점검하며 지도. 개인행동을 하는 선수 강력 제재. 폭력적인 언행.
말투	사무적, 명령투.
대사	-남자 감독이어도 이혼 경력이 문제가 됐을까요? -나한테는 밥보다 자존심이 더 중요해.
행동	목표 달성을 위해 라이벌 한미숙을 찾아가 국가대표팀 합류 설득. 포상금이라고 속여서 한미숙의 빚을 해결해 줌. 훈련에 늦은 선수의 머리에 공을 던져 질책. 플레이가 마음에 들지 않는 선수에게 호통을 치고 모욕을 줌.
훈련 방식	빠른 스피드 중시. 베테랑들에게 칭찬과 격려, 젊은 선수들에게는 고함과 질책.
팀의 분위기	베테랑과 젊은 선수 간 불화 심각. 급기야 두 그룹 사이에 몸싸움 발생.
갈등 해결 방법	자신의 고집 유지. 핸드볼협회장과 언쟁.
성격의 변화	카리스마 중시. 독선적, 강압적.

〈표3〉. 〈우리 생애 최고의 순간〉 김혜경의 후반부 리더십

구분	내용
가치관	스피드 중시하는 한국적인 핸드볼 주장. 팀의 화합과 단결 중시.
지도 방식	감독 대행에서 물러난 뒤 훈련 때 솔선수범. 선수들의 내면을 중시.
말투	친근하고 정다운 태도
대사	–핸드볼은 단체경기예요. (너 때문에 졌다는) 그런 말이 어디 있어요. –감독이 선수들 못 믿으면 그 경기 백전백패야. –감독이란 선수 형편도 봐주고 해야 하는 거야. 니가 미숙이 마음을 알어?
행동	포상금이라고 속여서 한미숙에게 빚 갚을 돈을 마련해줌. 밤에 혼자서 코트를 닦음. 한미숙을 엔트리에서 제외한다는 감독의 방침에 항의해 불암산 완주 대결을 자청하고, .경주에서 지면 자신의 태극마크도 반납하겠다고 제의. 선수로 복귀한 후에는 후배들의 방패막이이자 맏언니 역할을 함. 평가전 패배의 핵심으로 지목된 후배를 변호.
훈련 방식	핸드볼 기술, 체력 강화 훈련 병행
팀의 분위기	베테랑과 젊은 선수들의 팀워크 강화. 자발적인 훈련. 감독과의 사이도 부드러워짐.
갈등 해결 방법	자기희생 통해 한미숙의 엔트리 제외를 막아냄.
성격의 변화	헌신적, 후배들의 어려운 점 보살펴줌.

〈표4〉. 〈우리 생애 최고의 순간〉 안승필 감독의 전반부 리더십

구분	내용
가치관	창의적인 핸드볼, 합리적인 훈련 시스템 도입 표방. 베테랑보다 젊은 선수 선호. 한국식 핸드볼은 한물갔다고 주장.
지도 방식	객관적인 자료에 근거한 선수 평가 강조. 선수와의 대화, 소통 무시.
말투	딱딱하고 사무적. 거리감 주는 높임말 사용.
대사	–(김혜경에게) 많이 늙었다, 아줌마 되더니. 팀 분위기 어수선하게 왔다리갔다리 하냐. –내가 그딴 걸 왜 알아야 하는데. (전임 감독은 선수 개인사까지 챙겼다는 말을 듣고) –여기서 한 마디만 더 보태면 퇴출시키겠습니다.

행동	베테랑 선수들을 대놓고 무시함. 개인별 식단, 개인별 맞춤 훈련 실시. 훈련에서 도태되면 퇴촌시키겠다는 말을 수차례 반복. 협회장과 말다툼. 한미숙의 아들 구박. 김혜경과의 불암산 완주 경쟁에서 승리하기 위해 전력 질주.
훈련 방식	독일식 훈련 도입. 기계 사용해 다양한 신체 능력 측정. 일자 수비 훈련. 한국식 핸드볼 주장하는 김혜경의 의견 무시. 청소년 대표 출신 장보람을 주전 공격수로 기용.
팀의 분위기	베테랑 무시, 젊은 선수 우대로 갈등 잠복.
갈등 해결 방법	자기만의 세계에 갇혀 타협 허용하지 않음.
성격	도도하고 건방진 스타일. 독선적.

〈표5〉. 〈우리 생애 최고의 순간〉 안승필 감독의 후반부 리더십

구분	내용
가치관	베테랑과 젊은 선수를 동등하게 대우. 한국식 핸드볼 수용.
지도 방식	선수들과 일심동체가 되어 행동.
말투	명령 투의 대화 사라짐.
대사	-내가 대한민국 아줌마들 안 믿으면 누굴 믿어. -우리 약속 하나만 합시다. 만약 지더라도 울지 않기로. 결과가 어떻게 되든 여러분은 오늘 생애 최고의 순간을 보여줬습니다. 저에게도 지금이 생애 최고의 순간입니다.
행동	김혜경과 한미숙을 존중. 한미숙을 엔트리에 포함함. 선수들과 함께 훈련. 김혜경과 연인 관계 복원.
훈련 방식	한국식 핸드볼의 장점 살린 스피드 중시. 한미숙을 주전 공격수로 기용.
팀의 분위기	베테랑과 젊은 선수들의 갈등 해소로 최고의 팀워크 구축. 막내인 장보람이 주전자를 알아서 챙기고, 경기에서는 부상 위험을 무릅쓰고 팀 승리를 위해 출전 의사 밝힘.
갈등 해결 방법	베테랑 선수들의 열정과 꿈을 인정하고 수용.
성격의 변화	대화하고 소통하는 스타일.

3장

아웃사이더 출신 지도자의 헌신과 소통
-〈국가대표〉, 〈국가대표2〉

       스포츠계에는 지도자의 리더십과 관련한 특이한 속설이 있다. '스타 선수는 명감독이 되지 못한다.' 혹은 '스타 선수는 명감독이 되기 어렵다.'라는 것이다. '못 한다.'이든 '어렵다.'이든, 두 문장이 말하고자 하는 의미는 크게 다르지 않다. 선수 시절에 스타였던 선수는 감독이 되면 좋은 성적을 내기 힘들다는 것이다. 그런데 이 속설은 어디까지나 낭설에 불과하다. 공식적인 표본이나 자료가 있는 것도 아니고, 과학적인 근거도 없다. 또 성격이 완전히 다른 두 능력을 굳이 연결해서 비교하는 시각이 적절한지도 의문이다. 명감독의 기준이 명확하지 않은 점도 문제이다. 그런데도 이 속설은 스포츠계에서 슈퍼스타가 새로 지도자가 될 때마다 감초처럼 언급되고 있다.

       그렇다면 사람들은 뛰어난 운동 능력을 발휘해 스타로 활약했던 선수는 왜 지도력이 뛰어난 명감독이 되지 못한다고 생각하는 것일까? 이 질문과 관련해 자주 언급되는 단어가 '공감'이다. 즉 '스타 출신 감독은 평범한 선수의 능력과 심리 등을 잘 이해하지 못한다'라는 것이다. 어떤 선수가 특정 플레이나 작전을 수행하지 못할 때, 감독은 그 선수의 능력이나 심리가 어떠한지 혹은 자신이 무엇을 개선할지를 생각해야 한다. 그런데 스타 출신 지도자가 자신의 눈높이를 기준으로 삼아 '이렇게 쉬운 것도 못 해?'라고 생각하는 순간, 감독과 선수 사이에는 틈이 벌어진다. 그리고 그 틈은 경기력 저하로 이어진다. 즉 지도자에게는 선수에 대한 이해와 공감 능력이 필수인데, 스타 출신 감독은 그 점이 부족하다는 것이다.

스타 출신 선수가 감독이라는 직책의 '역할'을 정확하게 인식하지 못한 결과라는 해석도 가능하다. 스타 선수는 대부분 팀의 핵심 플레이어였고, 언제나 스포트라이트를 받았고, 그래서 자기중심적인 성격이 되기 쉽다. 반면 스포츠 지도자는 오케스트라의 지휘자와 같다. 보이지 않는 곳에서 언제나 선수 전원을 관리하고 조율해야 한다. 그런데 스타 출신 감독은 이와 같은 역할에 익숙하지 않다는 것이다. 탁월한 능력을 지닌 스타 선수는 전교 1등을 했던 학생과 비슷하고, 그래서 평범한 학생을 가르치는 법에 익숙하지 못하다는 것이 두 번째 해석의 핵심이다. 하지만 공감이든 역할이든, 이 속설은 '믿거나 말거나'에 가깝다. 그렇다면 스타 출신이 아닌 선수는 모두 명감독이 되어야 하는데, 현실에서는 그렇지 않기 때문이다.

아웃사이더 지도자의 성공 드라마 〈국가대표〉.

    이와 관련하여, 슈퍼스타 출신이 아니면서 뛰어난 리더십으로 스포트라이트를 받은 지도자에 주목해 보자. 박항서 베트남 청소년 축구대표팀 전 감독이 대표적인 인물이다. 경신고와 한양대를 졸업한 박항서 감독은 선수 시절 국가대표를 지냈다. 하지만 소위 말하는 슈퍼스타는 아니었다. 그런데 박항서 감독은 2017년 10월 베트남 청소년축구대표팀 사령탑에 취임해 불과 4개월 만에 아시아축구연맹(AFC) 선수권대회 결승에 진출했고, 2018 자카르타 · 팔렘방 아시안게임 4위에 오르는 성과를 거뒀다. 청소년축구대표팀이 두 대회에서 거둔 성적은 베트남 역사상 최초의 기록이었다. 박항서 감독은 그 후에도 베트남 축구사에 남을 빼어난 성적을 잇달아 거뒀고, 2023년까지 5년 4개월 동안 베트남에서 최장수 축구 국가대표팀 감독을 지냈다. 베트남 정부는 박항서 감독의 공로를 인정해 2020년 2급 노동 훈장을 수여했다.

박항서 감독은 국내에서 다양한 지도자 경력을 쌓았다. 전남 드래곤즈, 경남 FC와 같은 프로팀의 감독을 지냈다. 특히 2002한일월드컵에서는 축구 국가대표팀 수석코치를 맡아 히딩크 감독과 함께 사상 첫 4강 신화를 만들었다. 하지만 박항서 감독의 리더십이 본격적으로 화제가 된 것은 '베트남의 영웅'으로 떠오른 이후다. 언론은 특히 그의 '포용의 리더십'에 주목했다. 박항서 감독은 오후에 반드시 휴식을 취하는 베트남 문화를 수용하고, 어린 선수들에게 어머니 선물을 묻는 것과 같은 친화력을 발휘했다. 박항서 감독의 열린 행동은 선수들의 마음을 움직였고, 그 결과 국제대회에서 좋은 성적을 거두었다고 보기 때문이다.

스포츠 영화의 지도자 중에는 국가대표나 스타 출신이 아닌 인물이 더 많다. 태극마크를 달아보기는커녕 팀에서 주전으로 뛰지 못하고, 은퇴한 후에도 선후배로부터 무시당하기 일쑤인 인물이 지도자로 등장하기도 한다. 이 지도자들은 국가대표 감독이든 특정 팀 코치이든, 일단 직장이 생긴 것에 만족한다. 사회적, 경제적으로 매우 궁핍한 처지에 놓여 있었기 때문에 감독, 코치직을 하늘에서 내려온 구원의 동아줄로 여긴다. 그래서일까? 이 인물들은 새로 맡은 감독, 코치 역할에 열정을 쏟는다. 협회 차원에서 자신을 일회용으로 활용하든 말든 상관하지 않는다. 〈국가대표〉의 방종삼 코치, 〈국가대표2〉의 강대웅 감독이 그러한 인물이다.

1. '못난 놈'이 '못난 놈'을 품어주는 포용의 리더십

〈국가대표〉(2009)는 스키점프 국가대표팀의 실화를 각색한 작품이다. 이 영화는 스키점프 국가대표 선수들이 1998년 나가노동계올림픽에 출전하는 과정을 주로 다룬다. 그런데 영화의 소재가 된 스키점프 국가대표 선수 가운데 일부는 무려 20년 동안 태극마크를 달았다. 1998년 나가노동계올림픽에 출전했던 선수 가운데 3명은 2018년 평창동계올림픽에도 선수로 출전했다. 그만큼 스키점프의 저변은 열악하다. 〈국가대표〉의 주요 인물은 급조된 스키점프 국가대표팀 코치가 된 방종삼, 친어머니를 찾아 미국에서 귀국한 입양아 밥(차현태), 나이트클럽 웨이터 최흥철, 고깃집 사장의 아들 마재복, 소년 가장 강칠구와 봉구 형제이다. 〈국가대표〉는 비주류인 이 인물들이 우여곡절 끝에 올림픽에 출전하는 과정을 선형적으로 다룬다.

방종삼 코치는 덕유산 인근에 있는 어린이 스키 교실 강사 출신이다. 방종삼 코치의 과거 경력에 대해서는 알려진 바가 없다. 다만 현재 상황이나 단편적인 정보를 종합하면, 그가 동계스포츠 종목에서 비중 있는 인물이 아니라는 점은 쉽게 짐작할 수 있다. 스키점프 국가대표팀은 우리나라가 무주동계올림픽을 유치하기 위해 급조된 팀이다. 한국 동계스포츠의 인기와 팀 숫자 부족을 지적한 IOC에 보여주기 위해서 만들어졌다. 그래서 올림픽조직위원장은 우리나라가 무주동계올림픽 유치에 실패하자 별 고민 없이 스키점프 국가대표팀의 해체를 지시한다. 이때 방종삼 코치는 올림픽조직위원장을 찾아가 무릎을 꿇고 읍소한다. 그러면서 "이런 일 생겼을 때 별 탈 없으라고 뽑으신 줄 잘 압니다."라고 말한다. 즉 방종삼 코치는 아무 때나 코치직에서 해고해도 뒤탈이 없는 인물이다.

〈국가대표〉가 다루는 스키점프는 생소한 종목이다. 방종삼 코치의 첫 번째 임무가 선수를 찾아내 국가대표팀을 구성하는 것이니 그 사정을 굳이 강조할 필요도 없다. 실제로 방종삼 코치가 우여곡절 끝에 구성한 국가대표 선수들의 면면은 황당한 수준이다. 선수 4명 중에서 스키점프 경력자는 없다. 미국 주니어 알파인스키 국가대표였던 차헌태가 그나마 실력파다. 나머지 3명은 현재 스키와 관련이 없는 일을 한다. 고교 시절 금지약물 복용으로 선수 자격을 박탈당한 최흥철은 나이트클럽에서 일하고, 마재복은 폭압적인 아버지 밑에서 식당 일을 돕고 있다. 청년 가장 강칠구는 청각 장애 할머니와 어린 동생을 돌봐야 한다. 그래서 방종삼 코치는 개인의 현실을 고려한 맞춤형 당근을 제시하며 선수들을 모집한다.

방종삼 코치가 어렵게 꾸린 스키점프 국가대표팀이 마주친 훈련 환경은 참담하다. 명색이 국가대표인데도 불구하고 그들에게는 연습장도, 장비도 없다. 선수들이 부푼 꿈을 안고 도착한 훈련장은 흙 먼지 풀풀 날리는 공사장이다. 그래서 선수들은 점프대를 직접 만들고, 오토바이 헬멧이나 공사장 안전모를 쓰고 승합차 지붕에 올라탄 채 질주 훈련을 한다. 이처럼 열악한 환경을 극복하고 선수들은 1998년 나가노동계올림픽 출전권을 획득한다. 그 기적과 같은 성과를 낸 비결은 무엇일까? 방종삼 코치가 보여준 소통과 공감, 수평적인 리더십을 빼놓을 수 없다. 〈국가대표〉는 지도자의 리더십이 선수들을 어떻게 변화시키는지를 실감 나게 보여준다.

〈국가대표〉에서 방종삼 코치는 선수들과 숙식 및 훈련을 함께하고, 선수들의 개인적인 꿈과 현재 상황을 모두 파악하고 이를 최대한 인정해 준다. 무엇보다 권위주의를 탈피해 선수들보다 낮은 위치에서 그들을 보살펴주는 리더십을 발휘한다. 그리고 그의 포용적인 리더십은 모래알 같던 선수들을 하나로 모으는 원동력이 된다. 방종삼 코치의 섬기는 리더십이 성격도, 경력도, 목표도 제각각인 선수들을 원팀으로 만든 것이다. 그런데 방종삼 코치의 리더십은 아웃사이더인 그가 처해 있던 환경과 관련이 있다. 그러한 점이 비주류인 선수들과 소통하고 일심동체가 되는 밑바탕이 된다. '못난 놈'이 '못난 놈'을 품어준 셈이다.

스키점프 국가대표팀은 오합지졸로 출발한다. 방종삼 코치만 해도 스키점프 문외한이다. 그는 트럭이 오가는 공사장 흙바닥에서 선수들에게 스키점프에 관해 설명하면서 ski를 sky라고 쓴다. 보다 못한 차헌태가 글자를 수정해 준다. 선수들 간의 팀워크나 훈련도 엉망이다. 차헌태와 최흥철은 만나자마자 주먹다짐을 한다. 마재복은 훈련 도중에 툭하면 식당 일을 해야 한다고 빠져나가고, 다단계 판매를 하는 방종삼 코치의 딸이 옥 장판 불량품을 들고 찾아와 문제를 일으킨다. 그래도 방종삼 코치는 포기하지 않는다. 시속 90km로 달리는 승합차 덮개 위에서 활강 자세를 연습하고, 승합차 뒤에 리어카를 매달아 달리며 속도감을 체험하도록 한다. 방종삼 코치는 선수들과 함께 고장 난 수도를 직접 고치고, 폐장한 놀이공원의 기구를 개조해 점프대로 만들어 사용한다.

그렇게 고난과 시련의 훈련을 마친 선수들은 올림픽에 출전할 꿈에 부푼다. 하지만 무주동계올림픽 유치에 실패한 올림픽조직위원회는 이미 팀 해체를 선언한 상황. 그래서 국가대표팀은 자비로 대회에 출전한다. 선수들은 나가노동계올림픽에서 예상 밖의 선전을 펼치지만, 메달 획득에는 실패한다. 그 결과 방종삼 코치는 선수들에게 약속했던 아파트, 군 면제와 같은 선물을 주지 못한다. 하지만 올림픽 출전을 계기로 차헌태에게는 어머니와 만날 가능성이 생기고, 최흥철과 방종삼 코치의 딸은 연인이 되고, 마재복은 폭군 아버지와 화해한다. 방종삼 코치는 마지막 순간까지 스키점프 국가대표팀의 미래를 걱정한다. 올림픽조직위원장에게 우리나라가 평창동계올림픽 유치 신청을 하는지를 확인한다. 그래야 스키점프 국가대표팀이 유지될 수 있기 때문이다.

방종삼 코치는 선수로서 뛰어난 경력을 쌓지 못한 인물이다. 또 지방의 소규모 도시에서 작은 스키 교실을 운영하며 소박하게 생활했다. 올림픽조직위원장은 처음부터 스키점프 국가대표팀을 키워줄 생각이 없었다. 그가 방종삼을 국가대표팀 코치로 발탁한 이유는 단순하다. 방종삼이 문제를 일으키지 않을 인물이라고 판단했기 때문이다. 하지만 방종삼 코치는 소통과 공감, 섬김과 포용의 리더십으로 선수들을 이끈다. 선수 개인의 문제를 정확하게 파악하고 해결책까지 제시함으로써 신뢰를 쌓는다. 선수들이 자발적으로 연습장을 만들고, 훈련 과정에서 서로를 도와주고, 미국 선수들과의 난투극에서 야구의 벤치 클리어링을 연상시킬 만큼 똘똘 뭉치게 된 것은 방종삼 코치의 리더십이 가져온 결과이다. 방종삼 코치는 선수들과 수평적인 관계를 유지하고, 목표를 제시하되 강요하지 않고, 선수들의 마음과 처지를 일일이 헤아려주는 공감의 리더십을 보여준 지도자이다.

〈표6〉. 영화 〈국가대표〉 방종삼 코치의 리더십

구분	내용
가치관	먹고살기 위해서 국가대표 코치직 제안 수락. 스포츠나 삶에 대한 철학은 없어 보임. 스키점프에 대한 지식 부족…스키를 SKY라고 표기.
지도 방식	선수들에게 친엄마와 함께 살 아파트, 군 면제와 같은 뚜렷한 목표와 보상 제시. 선수들과 동고동락하며 모든 훈련을 함께 진행. 개인의 명예나 영리를 위한 행동이 없음. 선수들이 알아서 훈련하도록 분위기 조성. 선수 개개인의 사정을 모두 인정.

말투	친근한 구어체로 대화. "미친 새끼" "미친년", "새캬"와 같은 비속어의 빈번한 사용.
대사	-더 이상 쓰레기로 살지 말라고. (아무도 안 하는 걸 왜 우리가 해야 하느냐는 질문에 대한 대답) -설마 8개 팀 중 6위 안에 못 들겠냐. (나가노동계올림픽 출전권이 걸린 대회를 앞두고) -우리 4년만 더해 보자. 정말 너희한테 미안하다. -하도 병신같이 살아서 국가대표 코치해서 니들 등 좀 쳐서 먹고살려고 그랬다. -나는 너희들이 진짜 국가대표라고 생각한다. 너희들 인생을 대표해서 니들이 산 거야. 니들이 진짜 대표야. 우린 절대 꼴등이 아니야. 고맙다.
행동	모든 선수를 일일이 찾아다니며 국가대표팀 참여를 집요하게 설득. 어수룩하고 코믹한 장면 연출. 위원장의 비위를 맞추기 위해 아부로 느껴지는 행동을 서슴지 않음. 감정 변화가 심하고, 그 감정을 직설적으로 표현. 부상 위험이 있는데도 경기를 강행하는 주최 측에 강력하게 항의하다가 끌려 나감. 경기가 끝난 뒤 메달 획득에 실패했음에도 불구하고 태극기를 걸고 애국가 제창.
훈련 방식	트럭이 오가는 허허벌판 공사장에서 훈련 시작. 오토바이 헬멧이나 공사장 안전모를 쓰고 훈련. 승합차 지붕에 올라타거나 승합차에 리어카 매달고 질주하며 속도감 훈련…방종삼 코치가 직접 운전. 자비로 올림픽 출전. 무주올림픽 유치 실패 후 훈련장이 폐쇄되는 시련 겪음.
팀 분위기	자유롭고 수평적인 관계. 선수들의 연대감이 강함.
갈등 해결 방법	자존심 버리고 읍소. 무주올림픽 유치 실패 후 국가대표팀 해체가 결정되자 위원장 앞에서 무릎 꿇고 호소. "저는 버러지 같은 놈…(그래도)팀 해체 말고 올림픽 보내주십시오."
성격	시종일관 낮은 자세로 선수들과 함께 호흡. 헌신적. 소통 중시.

2. 자격 미달 천덕꾸러기 감독의 공감 리더십

　　〈국가대표2〉에 나타난 지도자와 리더십 유형도 〈국가대표〉와 매우 유사하다. 〈국가대표〉(2016)에서도 아이스하키 협회는 올림픽 유치를 위한 임시 팀으로 여자아이스하키 국가대표팀을 구성한다. 그리고 국가대표팀 감독을 공모하는데, 지원자가 단 한 명도 없다. 협회에서 몇몇 후보들에게 개인적으로 연락했는데 아무도 대답하지 않은 것이다. 그런데 협회에서 유일하게 연락하지 않은 인물이 있다. 바로 강대웅이다. 협회 직원이 협회장에게 강대웅의 이력서를 내밀자, 협회 간부는 화들짝 놀란다. 강대웅의 친구인 그 간부는 "그래도 레벨이 있는데. 얘는……"이라고 말한다. 강대웅은 그만큼 자격 미달인 인물이다. 하지만 대안이 없다. 아이스하키 협회는 울며 겨자 먹기로 강대웅을 여자아이스하키 국가대표팀 감독에 선임한다.

　　〈국가대표2〉는 이어지는 시퀀스에서 강대웅이 술에 취해 잠꼬대하는 모습을 보여준다. 실업자인 그는 아버지의 카드로 술을 마시고, 밥상에서 아버지에게 숟가락으로 머리를 얻어맞는 신세이다. 국가대표 감독이 됐다는 그의 말에 가족들은 '보이스 피싱이다.', '친구들 장난이다.'라는 반응을 보인다. 강대웅의 위상과 현실을 단번에 설명해 주는 에피소드이다. 〈국가대표2〉의 이러한 연출은 도입부에서 강대웅의 성격을 관객에게 설명하고, 강대웅이 정신적 재탄생을 이룬 영웅적인 인물이라는 점을 강조하는 효과가 있다. 하지만 이로 인해 〈국가대표2〉는 강대웅의 서사와 탈북자이자 팀의 리더인 리지원의 서사가 뒤얽힌 작품이 되고 만다. 더구나 강대웅과 리지원 사이에 접점이 거의 없다는 점에서 영화의 주제가 흐려지게 된다.

　여자아이스하키 국가대표팀이 감독을 구했다고 해서 문제가 해결된 것은 아니다. 선수를 모집하는 과정도 난관이다. 우리나라에는 여자아이스하키팀도, 선수도 없기 때문이다. 그래서 협회 직원은 벼룩시장 등에 국가대표 모집 공고를 낸다. 그 이후 전개는 〈국가대표〉와 거의 똑같다. 강대웅 감독은 식당에서 아르바이트하는 리지원을 직접 찾아간다. 그리고 북한 국가대표 출신으로서 핀란드 이민을 꿈꾸는 리지원에게 아시안게임 메달 획득과 비자 발급 가능성을 설명한다. 이어서 아이스하키와 관련 없는 인물들이 국가대표 선수가 된다. 그 이후 〈국가대표2〉는 선수들끼리 벌이는 신경전, 연습경기 참패, 남해안 어촌의 전지훈련 장면을 잇달아 소개한다. 선수들이 받은 훈련 장비에서 땀 냄새가 진동하고, 전기료를 내지 않아 훈련장에서 쫓겨나는 열악한 훈련 환경도 배경으로 등장한다.

　그런데 강대웅 감독의 초반 행동은 비상식적이다. 그는 술 냄새를 풍기며 훈련장에 오고, 훈련 도중 친구 전화가 오자 선수들을 팽개치고 술을 마시러 나간다. 이처럼 여자아이스하키 국가대표팀은 선수들의 경력과 실력, 감독의 자세 등 모든 면에서 기대할 것이 하나도 없는 집단이다. 감독이 선수들에게 아이스하키 기본 용어와 장비 이름, 경기 규칙을 소개하는 장면도 익숙하다. 하지만 여자아이스하키 국가대표팀은 결말에서 눈을 비비고 다시 쳐다봐야 할 만큼 달라진 모습을 보여준다. 2003년 아오모리동계아시안게임에서 1승을 기록하는 것이다. 그러한 변화 배경의 하나로 강대웅 감독의 리더십을 꼽을 수 있다. 이러한 점도 〈국가대표〉와 같은 맥락이다.

　여자아이스하키 국가대표팀은 첫 번째 연습경기에서 초등학교 팀에 0대5로 패한다. 그러자 협회 간부가 노발대발해 훈련장을 찾아온다. 그는 선수들 앞에서 강대웅 감독의 따귀를 때리고 나서 "감독 자격도 안 되는 거 감독시켜 놨더니 아주 기어오른다. 사고만 치지 말랬지. 한심한 새끼야."라고 호통친다. 강대웅 감독으로서는 연습경기 패배보다 더 치욕적인 순간이다. 그는 선수들을 남겨두고 씁쓸한 표정으로 훈련장을 떠나간다. 그런데 다음 날 뜻밖의 상황이 벌어진다. 강대웅 감독은 선수들보다 훈련장에 먼저 나와서 땀 흘리며 몸을 푼 뒤 훈련을 지휘한다. 탈북자 리지원, 쇼트트랙 국가대표였다가 반칙으로 '국민 밉상'이 돼 아이스하키팀으로 유배 온 박채경 등은 이 순간에 강대웅 감독과 동질감을 느낀다.

　그 치욕적인 따귀 사건 이후, 강대웅 감독과 선수들은 한마음이 된다. 그들은 훈련장이 없어서 고육지책으로 남해안 섬에서 자체 전지훈련을 진행한다. 이때 강대웅 감독은 선수들과 함께 연습장을 만들고, 선수들에게 오징어를 구워주고, 회식 때는 직접 술과 음료수를 날라준다. 하지만 임시 팀으로 출범한 여자아이스하키 국가대표팀은 올림픽 유치가 좌절되자 해체 위기에 놓인다. 이때 강대웅 감독은 선수들과 함께 협회를 찾아가 무릎을 꿇고 회장에게 읍소함으로써 목적을 달성한다. 〈국가대표2〉의 강대웅 감독은 천덕꾸러기였던 무명의 지도자가 선수들과 한마음이 됐을 때 어떤 결과가 나타나는지를 다시 확인하게 해준다.

〈국가대표〉의 방종삼 코치와 〈국가대표2〉의 강대웅 감독은 거울과 같은 관계이다. 실제로 두 영화에 등장하는 지도자의 경력과 성격, 선수들의 프로필은 거의 똑같다. 기본 설정이 이러하니 〈국가대표〉와 〈국가대표2〉는 작품의 사건, 주제, 구성, 전개, 결말 등 거의 모든 요소가 붕어빵처럼 닮아있다. 영화가 다루는 종목만 스키점프와 여자아이스하키로 다를 뿐이다. 두 영화에 나타난 방종삼 코치와 강대웅 감독의 리더십도 동어반복에 가깝다. 방종삼 코치와 강대웅 감독은 철저한 아웃사이더이다. 또 선수들은 우리 사회의 비주류이자 낙오자들이다. 그런데 지도자와 선수의 이러한 특징이 그들 사이를 연결해 주는 끈이 된다. 그리고 방종삼 코치와 강대웅 감독은 소통과 공감의 리더십으로 팀을 성공적으로 이끈다. 〈국가대표〉와 〈국가대표2〉는, 작품의 만듦새나 완성도는 큰 차이가 있지만, 지도자의 리더십에 관해서는 많은 생각거리를 제공해 주는 영화이다.

04

제4부

실화의 감동과
'진정한 영웅'의 탄생

스포츠 영화는 대개 인물의 영웅적인
면모를 강조하며, 이로 인해 주인공이
스포츠를 통해 새로운 인물로 재탄생하는
과정에 초점을 맞춘다. 경쟁과 승리가 아니라
내면 성장이 중요하기 때문이다.

1장

장애인 소재 스포츠 영화의 스토리텔링
-〈말아톤〉, 〈글러브〉

영화는 탄생 초기부터 다른 매체를 적극적으로 수용해 왔다. 1895년 세계 최초의 영화 〈열차의 도착〉을 선보인 뤼미에르 형제와 1902년 SF영화의 효시 〈달나라 여행〉을 연출한 조르주 멜리에스도 성경이나 동화를 각색해 영화로 제작했다. 공연 장면을 카메라에 담아 상영하는 일도 잦았다. 영화 발전의 기념비적인 작품으로 꼽히는 미국 감독 D. W 그리피스의 〈국가의 탄생〉(1914)도 토머스 딕슨의 소설 『클랜스맨』을 각색한 것이다. 현대에도 각색은 영화 제작에서 매우 큰 비중을 차지한다. 『쥐라기 공원』과 『양들의 침묵』처럼 아예 영화화를 염두에 두고 쓴 소설도 많다. 그런데 문학작품을 영화로 제작하는 과정은 간단하지 않으며, 각색 영화가 원작보다 열등한 것도 아니다. 그래서 소설이나 희곡을 영화화하는 것은 순수한 시나리오를 활용하는 것보다 더 많은 기술과 독창성을 필요로 한다

(루이스 자네티, 1999).

소설을 영화로 각색하는 과정은 활자 매체가 시각 매체로, 즉 문자가 시각 이미지로 전환되는 것이다. 이러한 과정은 문학과 영화가 서사 매체라는 데 기반을 두고 있다. 이는 셰익스피어, 헤밍웨이, 에밀리 브론테, 플로베르 등의 고전 문학작품이 21세기에도 계속 영화로 만들어지고 있는 배경의 하나이다. 그래서 영문학자 김성곤은 영화를 문학 텍스트의 이동이자 확장으로 보는 것도 생각해 보아야 한다고 주장한다. 장르의 해체와 확산, 고급문화와 대중문화의 혼합으로 인해 영화와 문학의 구분이 예전처럼 명확하지 않기 때문이다. 즉 영화와 문학은 라이벌인 동시에 서로의 영역을 넘나드는 긴밀한 관계에 있는 것이다(김성곤, 2005). 우리나라 고전 판소리 소설 『춘향전』이 영화로 15편이나 제작된 것도 같은 맥락에서 살펴볼 수 있다.

각색에 관해서는 많은 이론가가 다양한 주장을 전개해 왔다. 루이스 자네티는 각색을 '대략적(loose) 각색', '충실한(faithful) 각색', '축자적(literal) 각색'으로 나눈다. '대략적 각색'은 하나의 아이디어, 상황 혹은 인물을 선택하여 원작과는 독립적으로 영화를 전개해 나가는 것이다. '충실한 각색'은 원작의 정신에 최대한 접근하여, 원천으로 삼은 문학작품을 충실하게 재현하려고 한다. '축자적 각색'은 행동과 대사가 기본 양식인 희곡을 원작으로 하는 경우에 한정된다. 이러한 세 가지 각색 방법의 차이는 근본적으로는 정도의 문제로 귀결된다(루이스 자네티, 1999). 이밖에 지프리 와그너는 각색의 세 가지 범주를 전환, 논평, 유사로 구분한다. 마이클 클라인과 길리안 파커는 원작 그대로의 각색, 비판적 각색, 자유 각색으로 나눈다. 또한 더들리 앤드류는 각색의 기본 양상을 차용, 교차, 변형으로 제시한다. 이처럼 각색에 관한 다양한 이론과 용어들이 존재하지만, 내용 측면에서는 각 이론 사이에 차이가 크지 않다.

실화를 소재로 한 스포츠 영화는 기본적으로 '충실한 각색'에 해당한다. 즉 원천소스로 삼은 실화의 인물과 사건, 배경 등을 최대한 충실하게 재현하려고 노력한다. 장애인이 주인공인 〈말아톤〉(2005)과 〈글러브〉(2011)도 실화 각색 스포츠 영화의 이러한 특징을 잘 따르고 있다. 〈말아톤〉은 자폐증 및 지적 장애를 지닌 배형진 씨가 2001년 조선일보춘천마라톤대회에서 서브스리(마라톤 풀코스를 3시간 이내에 완주하는 것)를 달성한 이야기를 다룬다. 〈말아톤〉은 자막을 통해 영화의 서사가 실화에 충실하다는 점을 강조한다. 즉 "배형진 씨가 2001년에 19세로 춘천 마라톤대회에 참가, 42.195km를 2시간 57분 7초에 완주하며 서브스리(sub 3)를 달성했다."라고 소개한다. 〈글러브〉 역시 충주성심학교 청각 장애 야구부원들이 봉황대기 전국 야구대회에 출전한 사실을 자막으로 안내한다.

〈말아톤〉과 〈글러브〉는 실제 인물의 이야기를 다룬다는 점에서 소설의 각색과 다른 양상을 띤다. 실화 소재 스포츠 영화에서는 실화의 사실성이 허구적 상상력의 개입을 제한하고, 이로 인해 실제 사건의 변형이 부분적으로만 이루어진다. 스포츠 분야에서는 경기나 선수 관련 정보가 객관적인 기록으로 남아 있고, 이 기록은 영화 서사의 전제조건이 된다. 예를 들어 한국 여자핸드볼 국가대표팀은 2004년 아테네올림픽에서 은메달을 획득했는데, 영화 〈우리 생애 최고의 순간〉이 우리나라가 금메달을 딴 것으로 이야기를 변형시킬 수는 없다. 이는 허구의 창작물이 허구의 창작물로 전환되는 문학작품의 영화화가 원작의 인물, 배경, 사건, 주제 등을 비교적 자유롭게 변형하는 것과 다른 점이다. 특히 〈말아톤〉과 〈글러브〉는 장애인의 실화를 소재로 한 영화라는 점에서 훨씬 더 섬세한 스토리텔링이 필요하다.

1. 장애 에피소드의 반복과 관객의 감정이입

우리나라에서 장애인을 다룬 영화는 적지 않다. 예를 들어 1978년부터 2016년까지 제작된 영화 중 장애인이 주인공으로 등장하는 작품은 81편이다. 장르별로는 드라마, 멜로, 코미디의 순서로 많으며, 장애 유형별로는 지체 장애(33편), 지적 장애와 청각 장애(각 18편)가 대다수를 차지한다(이미란, 2017). 또 장애인이 만든 작품을 상영하는 프로그램도 있고, 장애인을 위한 영화제도 전국에서 개최되고 있다. 2002년 시작된 서울 장애인 인권영화제는 "장애인 당사자들이 직접 제작한, 장애인의 삶을 주제로 한 영화들을 상영"하는 대표적인 행사이다. 또 배리어프리영화제는 영화 내용을 음성으

실화를 소재로 한 〈글러브〉.

로 설명해 주거나 화자 및 대사, 음악, 소리 정보를 알려주는 한글 자막을 넣어서 시·청각 장애인들도 영화를 즐길 수 있도록 한다. 이밖에 전국의 여러 도시에서 장애인(인권)영화제가 열리고 있다.

〈말아톤〉과 〈글러브〉는 이러한 사회 환경 속에서 탄생했는데, 두 영화 모두 실화를 소재로 한 스포츠 영화의 장르적 특징을 잘 구현한 작품이라는 평가를 받고 있다. 〈말아톤〉은 주인공 초원의 어린 시절부터 그가 서브스리를 달성한 스무 살까지의 행적을 시간 순서대로 정리한다. 〈글러브〉는 충주성심학교 청각 장애 야구부원들이 전국대회 1승을 위해 고군분투하는 과정을 담아낸다. 그러한 점에서 〈말아톤〉과 〈글러브〉는 스포츠 영화가 실존 인물의 어떠한 점에 주목하고,

어떠한 방식으로 인물의 성격과 사건을 구축하고, 어떠한 점이 대중과 소통하는 데 긍정적으로 작용했는지를 파악해 볼 수 있는 텍스트이다. 두 작품이 장애인이 주인공인 실화 각색 스포츠 영화라는 점은 인물의 영웅적인 측면을 강조하는 데 중요한 요소가 된다.

〈말아톤〉의 모델인 배형진 씨의 실제 행적은 『달려라! 형진아』에 잘 나타나 있다. '자폐아를 鐵人으로 만든 어머니 手記'라는 부제가 붙은 이 책은 2002년 8월 속초에서 열린 철인3종경기인 '2002 아이언맨 코리아 트라이애슬론대회'에 출전한 배형진 씨의 경기 모습을 자세히 소개한 서장(序章), 그의 성장 과정에 중점을 둔 본문, 에필로그 등으로 구성돼 있다. 배형진 씨가 1998년 조선일보춘천마라톤대회에서 처음 42.195km를 완주한 사실을 보도한 신문 기사, 코치와 지인들의 경험담은 부록에 실려 있다.

『달려라! 형진아』는 배형진 씨의 어머니 박미경 씨가 아들의 성장 과정을 자신의 시점으로 정리한 책이다. 박미경 씨는 이 수기에서 아들 배형진 씨의 장애 관련 에피소드는 물론 자폐아 아들을 키우면서 겪어야 했던 수모와 슬픔, 자신의 교육 철학도 비중 있게 서술하고 있다. 『달려라! 형진아』의 주요 내용을 정리하면 다음과 같다. '결혼과 출산-아들의 자폐 및 정서장애 판정-유년기의 자폐 증상 에피소드-자폐 극복 노력-학교 교육-다양한 운동과 훈련-마라톤 훈련과 대회 출전-위장병 수술-여러 지도자의 도움-마라톤대회 입상-서브스리 달성-트라이애슬론 도전' 등이다.

영화 〈말아톤〉은 주인공 초원의 장애 관련 에피소드와 훈련 과정, 마라톤대회 경기 내용에 초점을 맞춰 실화를 재구성한다. 특히 초원의 자폐증과 관련한 에피소드를 도입부에 집중적으로 배치한다. 첫 번째 에피소드는 대여섯 살쯤 된 초원이 밥 먹기를 거부하며 발버둥치다가 초코파이를 냉큼 집어 들고 달아나는 장면이다. 두 번째 에피소드는 높다란 벽 앞에서 우산을 받쳐 든 엄마가 "비가 주룩주룩 내려요."라는 말을 반복하고, 초원은 그저 무심한 표정으로 서 있는 장면이다. 〈말아톤〉은 이어서 초원이 수영장을 알몸으로 돌아다니고, 동생에게 존댓말을 사용하고, 얼룩무늬 핸드백을 든 여성을 무심코 쫓아갔다가 성추행범으로 몰려 봉변을 당하는 사건을 연속적으로 소개한다. 〈말아톤〉은 이를 통해 관객들에게 초원의 인물 특징과 이미지를 강렬하게 심어준다.

『달려라! 형진아』에 의하면, 배형진 씨는 어려서부터 영화관이나 농구장 현장 교육과 언어치료, 시계 보기와 전화 받기 연습 등을 열심히 했다. 운동만 해도 전문적인 사이클, 수영 훈련을 거쳐 트라이애슬론대회에 여러 차례 참가했고, 좋은 성적도 거두었다. 그런데 〈말아톤〉은 배형진 씨의 행적 중에서 마라톤과 직접 관련이 없는 에피소드는 최대한 삭제한다. 그 대신 초원의 자폐증으로 인해 발생한 일상 속의 사건들, 고된 달리기 훈련과 마라톤대회 경기 내용을 상세하게 보여준다. 실화의 여러 사건 가운데 장애 에피소드와 마라톤에 초점을 맞춰 캐릭터를 형상화하고 서사를 전개하는 것이다.

이처럼 실화라고 해도 영화 제작 과정에서는 이야기가 재구성되고 사건들은 새롭게 짜인다. 또 인물이나 에피소드의 세부 요소에 대한 수정, 삭제, 첨가도 제한적으로나마 이루어진다. 영화감독은 사건의 재현보다 그 의미를 추적하는 일에 더 관심을 가지기 때문이다(민혜숙, 2009). 스포츠 영화도 실화의 모든 구성 요소를 그대로 수용하지는 않는다. 〈말아톤〉은 자폐증과 관련한 사건을 전면에 배치해 인물의 타자성을 강조하고, 이를 통해 관객들에게 초원의 장애를 깊이 각인시킨다. 이는 초원의 서브스리 달성이 갖는 의미를 극대화함으로써 그의 정신적인 변화와 내면 성장, 즉 영웅적인 행적을 강조하기 위한 스토리텔링 전략이다. 〈말아톤〉의 이러한 연출은 스포츠 영화가 주로 비인기 종목 혹은 무명 선수를 주인공으로 선택하는 배경과도 맞닿아 있다.

실제로 초원은 매우 열악한 환경에 처해 있다. 초원은 영화의 홍보 카피에 나와 있듯이 "5살 지능의 20세 청년"이다. 가정환경도 썩 좋은 편이 아니다. 초원의 가정은 경제적으로 넉넉하지 않고, 부모는 사실상 별거 상태에 있다. 게다가 초원은 평생을 자폐증이라는 굴레에 얽매여 살아야 한다. 그런데 〈말아톤〉은 초원의 안타까운 장애 관련 에피소드와 가정 형편을 오히려 표면에 내세운다. 〈말아톤〉의 이러한 캐릭터 구축 방식은 스포츠 영화에서 흔히 볼 수 있다. 능력이나 환경이 보통 사람보다 못한 인물의 사연을 강조하면 관객의 공감을 자아내기가 수월하기 때문이다. 스포츠 영화의 이러한 스토리텔링은 경기 결과가 이미 알려진 실화의 단점을 보완하려는 목적도 있다.

〈말아톤〉에서 초원의 장애는 에피소드의 다양성이나 사건의 역동성에 걸림돌이 된다. 〈말아톤〉은 이러한 단점을 보완하기 위해 일상생활 속의 장애 관련 에피소드를 되풀이하는 방식을 선택한다. 비슷한 성격을 지닌 사건들을 잇달아 배치해 초원의 이미지를 구축한다. 초원의 단점을 스토리텔링의 장점으로 역이용하려는 전략이다. 그런데 〈말아톤〉에 나타난 초원의 생활 여건은 관객들의 삶의 방식과 유사한 점이 많다. 복도식 서민 아파트, 대형 마트에서 물건 구매하기, 동네 어른에게 인사하기, 김밥 심부름, 그림일기 쓰기 등은 소시민 가정의 일상적인 삶의 풍경과 다르지 않다. 〈말아톤〉은 이처럼 초원의 장애 및 일상과 관련한 에피소드를 반복함으로써 초원에 대한 관객들의 감정적 몰입을 유도한다.

〈말아톤〉의 초원은 비극적인 인물이다. 그는 태어나서 어떠한 과실도 저지르지 않았지만, 자폐증으로 인해 고통받는다. 더구나 초원 자신은 그러한 사실조차 인식하지 못한다. 그래서 관객들은 초원의 불행이 부당하다고 여기며, 그에게 특별한 감정을 갖게 된다. 아리스토텔레스에 의하면, 연민의 감정은 인물이 부당하게 불행에 빠지는 것을 볼 때, 공포의 감정은 우리 자신과 유사한 자가 불행에 빠지는 것을 볼 때 환기된다(아리스토텔레스, 1994). 초원은 관객들과 유사한 소시민 가정의 아들이며, 아무런 잘못이 없는 데도 선천적인 장애로 인해 부당한 고통을 받고 있다. 따라서 관객들은 초원에 대한 연민의 감정과 자신이 초원이 될 수도 있다는 두려움을 갖게 되며, 이러한 감정은 초원에 대한 관객들의 동일시를 끌어내는 요인이 된다.

초원은 우리 사회의 아웃사이더이며 지적인 능력은 보통 사람보다 열등하다. 그런데 초원은 마라톤을 통해 자폐증을 극복하려고 노력하고, 마침내 서브스리라는 어려운 과업을 혼자 힘으로 달성한다. 그래서 관객들은 자신과 다르지 않은 혹은 자신보다 열등한 인물인 초원을 통해 시련 극복의 희망을 발견한다. 초원에 대한 연민의 감정, 초원과 같은 불행이 나에게도 일어날지 모른다는 두려움이 희망의 언어로 바뀌는 것이다. 즉 관객들은 초원을 통해 희망과 위안을 발견한다. 그러한 배경에는 초원이 치러내는 평범한 일상생활 속의 장애 관련 에피소드를 반복하고, 이를 통해 초원에 대한 관객의 연민과 공감을 끌어낸 스토리텔링 전략이 자리 잡고 있다.

〈글러브〉가 실화를 각색하고 서사를 구성하는 방식도 〈말아톤〉과 유사하다. 〈글러브〉는 충주성심학교 청각 장애 야구부원들이 전국대회 1승 달성에 실패하는 과정을 있는 그대로 보여준다. 충주성심학교 야구부원들의 이야기는 여러 차례 TV 다큐멘터리로 소개됐는데, 그 가운데 〈창사 50년 특집 MBC 스페셜-충주성심학교 야구부〉는 2011년 한 해 동안 선수들이 경험한 고된 훈련과 전국대회 경기 내용, 선수들의 학교생활을 둘러싼 다양한 에피소드를 담고 있다. 이 다큐멘터리의 주요 인물은 청각 장애인 1호 프로야구 선수이자 메이저리거가 꿈인 길원, 중학교까지 일반 학교에 다니며 방황하다가 야구를 통해 희망을 발견한 준석, 열성적으로 선수들을 지도하고 지원하는 감독과 교장 선생님 등이다.

TV 다큐멘터리 〈충주성심학교 야구부〉는 선수들의 훈련과 경기 내용 등을 본편 1, 2부에 담고 있다. 이 다큐멘터리는 또 선수들의 개인사와 불우한 가정환경, 시험이나 숙소 생활, 여학생과의 관계, 선수들 간의 치열한 포지션 경쟁까지 다양하게 보여준다. 특히 길원이 집에서 엄마와 즐겁게 대화하는 모습을 사실적으로 담아낸 장면은 꽤 인상적이다. 인터뷰를 통해 여러 인물의 생각을 직접 전달하는 것도 다큐멘터리의 장르적 특징을 살린 장면들이다. 이 다큐멘터리의 주요 사건을 시간 순서대로 정리하면 다음과 같다. '아이들 교육을 위해 야구부 창단-오전수업 후 훈련-진흙탕이 된 충주야구장-고된 훈련-교장 및 매니저의 지원-충청, 전라 지역 고교 팀과의 경기-미국 방문 친선경기-무기력한 패배와 삭발-전국대회 첫 득점, 첫 선취점-메이저리거 추신수 선수의 지도' 등이다.

〈글러브〉도 MBC TV 다큐멘터리와 마찬가지로 충주성심학교 야구부원들이 겪은 한 시즌의 경험을 다룬다. 선수들이 청각 장애에도 불구하고 공부와 훈련을 병행하고, 무수한 시행착오를 겪고, 경기에서 1승을 거두지 못하는 점도 다큐멘터리와 똑같다. 하지만 〈글러브〉는 에피소드의 재구성을 통해 다큐멘터리와 다른 주제를 제시한다. 다큐멘터리에서는 선수들이 충청, 전라 지역 4개 고교 팀과 잇달아 경기해 콜드게임 패, 0대28 패배와 같은 쓰라린 경험을 한다. 〈글러브〉

는 이를 군산상고와 치른 두 차례 경기로 압축해서 보여준다. 충주성심학교 야구부원들은 군산상고와의 연습경기에서 0대32로 처참하게 패하지만, 전국대회인 봉황대기 야구대회에서는 연장 12회 접전 끝에 6대7로 아쉽게 패한다. 같은 팀과 치른 경기 내용의 차이를 통해 선수들의 변화를 명확하게 보여주기 위한 설정이다.

〈글러브〉가 TV 다큐멘터리와 가장 다른 부분은 인물의 성격 변화 여부이다. 〈글러브〉의 선수들은 초반에 소극적이고 수동적인 성격으로 묘사된다. 청각 장애로 인해 쉬운 플라이볼을 놓치고, 서로 소통이 안 돼서 실망하고, 경기에서 패해 주눅이 든 모습이다. 하지만 선수들은 결말에서 적극적, 능동적, 주체적인 인물로 변화한다. 그래서 강팀인 군산상고와 접전을 벌일 만큼 실력이 향상되고, 승리에 대한 희망을 품고 힘차게 구호를 외친다. 반면 다큐멘터리에서 선수들은 1부 중반에 이미 "야구를 하면서 힘 있게 커요.", "피땀 흘린 고통의 대가를 알아요."와 같이 성숙한 말을 한다. 다큐멘터리에서 선수들은 처음부터 시련에 꿋꿋하게 맞서 싸우는 인물로 등장한다. 즉 똑같은 선수들이 다큐멘터리에서는 평면적인 인물, 〈글러브〉에서는 가슴을 울컥하게 만드는 입체적인 인물로 묘사된다.

이처럼 〈말아톤〉의 초원과 〈글러브〉의 청각 장애 야구부원들의 성격과 행적, 그리고 그들의 실화를 영화로 제작하는 방법은 매우 비슷하다. 두 영화의 인물들은 장애로 인해 커다란 고통을 받지만, 그 장애와 군건히 맞서 싸우며 모험을 감행한다. 그 결과 〈말아톤〉의 초원과 〈글러브〉의 충주성심학교 야구부원들은 내면의 성장을 이루고, 나아가 이전과는 다른 인물이 된다. 두 영화는 서브스리 달성과 전국 대회 1승 실패라는 실화의 사실성을 기반으로 하되, 인물의 장애 관련 에피소드에 초점을 맞춰 이를 반복하는 스토리텔링 전략을 통해 인물의 영웅적인 면모를 강조한다. 그래서 초원과 충주성심학교 야구부원들의 행적은 관객들의 마음에 깊은 울림을 남긴다. 장애가 있는 초원과 충주성심학교 야구부원들은 자신들도 모르는 사이에 관객들의 지친 어깨를 토닥거려주고, 같이 힘을 내자고 격려하는 역할을 한다.

〈말아톤〉과 〈글러브〉는 실화의 사실성과 스포츠의 기록성을 전제로 한 작품이다. 두 영화에서는 실존 인물인 배형진 씨와 충주성심학교 청각 장애 야구부원들의 실제 행적이 서사의 뼈대를 이루며, 영화의 이야기는 그들의 장애 관련 에피소드를 바탕으로 전개된다. 그런데 〈말아톤〉과 〈글러브〉는 '장애인이 주인공인 실화 소재 스포츠 영화'라는 어려움에도 불구하고 효과적인 스토리텔링 전략으로 대중과의 소통에 성공한 작품이 됐다. 〈말아톤〉과 〈글러브〉는 일반적인 실화 각색 영화보다 더 복잡한 조건을 극복하기 위해 세 가지 스토리텔링 전략을 구사한다. 그 구체적인 양상은 다음과 같다.

첫째, 일상생활 속에서 발생하는 장애 관련 에피소드를 반복한다. 이를 통해 실화의 사실성이 주는 서사 확장의 한계를 극복하고, 인물에 대한 관객들의 감정적 몰입을 끌어낸다. 둘째, 인물이 지닌 도전과

실존 인물의 이야기를 각색한 〈말아톤〉.

모험의 주체성을 부각하고, 그들이 무수한 시련 속에서 내적 욕망을 실현하는 과정을 강조한다. 장애로 인해 수동적이고 순응적인 삶을 살았던 인물들은 스포츠를 통해 주체성을 확보하고, 자신의 내적 욕망을 실현하는 인간으로 변화했기 때문이다. 셋째, 영웅 신화의 서사 구조를 활용해 인물들의 행적을 정리하고, 나아가 그들의 내면 성장과 정신적 재탄생 과정을 구체적으로 형상화한다. 따라서 두 영화에서는 마라톤과 야구 경기가 신화 속 영웅의 모험과 도전에 해당한다.

초원과 충주성심학교 야구부원들은 장애를 딛고 홀로서기를 한다. 그들은 마라톤과 야구를 통해 이제 엄마나 코치가 없어도 스스로 결정하고 선택하는 성숙한 어른이 된 것이다. 〈말아톤〉과 〈글러브〉는 사실 '장애'와 '눈물'을 결합한 소재주의에 함몰될 수도 있었다. 하지만 두 영화는 관객의 감정을 억지로 자극하는 대신 인물들의 자립과 성장에 초점을 맞춤으로써 따뜻한 감동을 자아낸다. 실제로 정윤철 감독은 〈말아톤〉이 흥행에 성공한 배경을 다음과 같이 분석한다. 즉 "관객이 초반 한 시간은 초원과 가까워지고 후반 한 시간은 초원에게 들어가 하나가 되는 느낌을 만들어내는 데 초점을 맞췄어요. 초원이의 '자립'을 중심에 놓으면서 슬프거나 감동적인 '남의 이야기'가 아니라 누구나 겪는 성장 이야기로 끌고 간 게 유효했다고 봅니다."라고 설명한다(김은형·탁기완, 2005).

〈말아톤〉의 초원과 〈글러브〉의 충주성심학교 야구부원들은 수동적이고 폐쇄적인 인물이다. 그러나 이들은 혹독한 훈련을 거쳐 마라톤 풀코스를 완주해 서브스리를 달성하고, 전국대회에서 강팀과 멋진 경기를 펼친다. 초원과 충주성심학교 야구부원들은 우리 사회에서 흔히 사회적 타자, 아웃사이더로 지칭되는 인물들이다. 그렇지만 이들은 시련에 굴복하지 않고 모험을 감행함으로써 정신적인 재탄생을 이룬 인물로 거듭난다. 〈말아톤〉과 〈글러브〉의 이러한 연출은 장애인 주인공들의 영웅적인 면모를 강조하는 효과를 발휘한다. 결론적으로 〈말아톤〉과 〈글러브〉는 인물, 서사, 주제가 유기적으로 연결된 스토리텔링 전략을 실현한 작품이며, 이로 인해 대중과의 소통에 성공했다고 정리할 수 있다.

2. 통과제의 구조와 '다른 사람'으로 거듭나기

〈말아톤〉과 〈글러브〉는 장애를 지닌 주인공들이 스포츠를 통해 새로운 인물로 재탄생하는 이야기이다. 〈말아톤〉에서 초원은 정신적으로 미성숙한 상태일 때는 엄마와 코치의 말에 무조건 순종하지만, 결말에서는 스스로 마라톤대회 출전을 결정하고 실행하는 주체적인 인물로 변신한다. 즉 초원은 '마라톤 입문 이전의 초원-마라톤을 하는 초원-마라톤 풀코스를 완주한 초원'으로 나뉜다. 〈글러브〉의 충주성심학교 청각 장애 야구부원들이 잇단 패배로 인해 위축되어 있다가 결말에서 밝고 환하게 웃는 인물로 변화한 것도 같은 의미를 지닌다. 자폐아 초원과 청각 장애 야구부원들의 이러한 행적은 〈말아톤〉과 〈글러브〉에 통과제의 구조가 내재해있다는 점과 관련되며, 그러한 구조는 인물의 영웅적인 면모를 확인해주는 근거가 된다. 즉 인물이 일상 세계에서 분리돼 특정한 영역으로 모험을 떠나고, 그곳에서 커다란 시련을 겪고, 새로운 인물이 되어 일상 세계로 돌아오는 것이다.

스포츠 영화의 서사는 대개 인물들의 영웅적인 행적이 중심을 이룬다. 따라서 스포츠 영화는 영웅 신화의 인물 및 서사구조로 살펴볼 수 있다. 그런데 미국의 신화학자 조셉 캠벨이 설명한 것처럼 영웅 신화의 서사구조는 통과제의 구조에 토대를 두고 있다. 캠벨은 전 세계 영웅 신화에 반복적으로 나타나는 서사구조를 원질신화(原

質神話·monomyth)라고 불렀다. 캠벨이 제시한 영웅 신화의 서사구조는 '출발-입문-귀환'으로 요약된다. 영웅은 일상 세계에서 초자연적인 경이의 세계로 떠나고, 여기에서 엄청난 세력과 만나고, 결국은 결정적인 승리를 거둔다. 영웅은 이 모험에서 동료들에게 이익을 줄 수 있는 힘을 얻어 현실 세계로 돌아온다. 캠벨에 의하면, 영웅이 치르는 신화적 모험의 표준 궤도는 통과제의에 나타난 양식인 '분리-입문-회귀'의 확대판이다(조셉 캠벨, 2002).

통과제의는 한 개인이 삶의 새로운 국면으로 넘어갈 때 치르는 의식이다. 탄생, 성장, 결혼, 죽음과 관련한 의식이 이에 해당한다. 프랑스 인류학자 반 겐넵은 통과제의 구조를 '분리(seperation)-전이(transition)-통합(incorporation)'의 세 단계로 정리하고, 이 구조가 보편적 유사성을 가지고 있다고 말한다. 통과제의 구조에서 인물은 특정한 영역을 통과해야 하는데, 이 단계가 통과제의의 핵심이 된다. 그리고 통과제의는 인물의 사회적 변화를 가져오는 효과도 있다(A. 반 겐넵, 1996). 시몬느 비에른느는 통과제의 과정을 '준비-통과제의적 죽음(시련과 죽음)-재탄생'으로 정리하고, 이 구조를 활용해 문학작품, 영화, 만화 등의 텍스트를 분석했다. 통과제의를 거친 인물은 과거와 다른 지위, 상황, 신분 등을 갖게 됨으로써 존재론적 변화를 경험하는 특징이 있다(시몬느 비에른느, 1996). 그리고 통과제의는 다양한 문화, 예술 작품의 구조적 원형으로 평가받는다.

반 겐넵에 의하면, 통과제의 가운데 가장 보편적인 의식은 성년식이다. 한 인물은 성년식을 치름으로써 비로소 소년에서 성인이 되고, 집단의 새로운 구성원으로 재탄생한다. 성년식은 전통적으로 마을 혹은 부족 단위로 치러졌다. 신참자는 마을을 떠나 어른들이 미리 마련해 놓은 성소(오두막 혹은 동굴)에 머물면서 정신적·육체적인 시련을 겪고, 그 시험을 무사히 통과한 후에야 마을로 돌아올 수 있었다. 성년식을 무사히 통과한 소년만이 성인으로, 부족의 일원으로 인정받았다. 물론 통과제의가 소년에게만 해당하는 것은 아니다. 우리가 일상생활에서 치르는 입학식과 졸업식, 삭발과 출가, 예배와 미사, 결혼식, 장례식 등도 통과제의 의식에 포함된다.

〈말아톤〉에도 통과제의 구조가 내재 되어있으며, 이 영화의 서사는 기본적으로 초원이 성년식을 거쳐 성인으로 재탄생하는 과정이라고 할 수 있다. 초원은 한강 마라톤대회에서 3위에 입상한 것을 계기로 마라톤에 본격적으로 입문한다. 그리고 마라톤을 시작한 뒤 혹독한 훈련, 엄마와 코치의 불화, 마라톤 금지 명령 등의 시련을 겪는다. 하지만 초원은 모든 역경을 극복하고 조선일보춘천마라톤대회에서 풀코스를 완주한 후 엄마와 함께 집으로 돌아온다. 초원의 행적을 반 겐넵의 통과제의 구조로 정리하면 '마라톤을 통한 일상 세계에서의 분리-마라톤 세계로의 전이-정신적 재탄생 및 가족과의 통합'으로 정리할 수 있다.

초원은 조선일보춘천마라톤대회에서 서브스리를 달성한 후 엄마에게 "집에 가자."라고 말한다. 이 장면은 조셉 캠벨의 원질 신화 서사

구조 가운데 '귀환'에 해당하는 단계이다. 초원은 마라톤대회 출전이라는 모험을 끝낸 후 영약을 가지고 귀환하는 것이다. 이 대사는 짧지만 특별한 의미를 지니고 있다. 〈말아톤〉에서 초원에게 어떤 행동을 지시하는 인물은 주로 엄마였는데, 결말에서는 이러한 상황에 변화가 발생한다. 초원이 처음으로 엄마에게 특정 행동의 방향을 명시적으로 제시한 것이다. 초원의 이 대사는 초원이 엄마의 만류를 뿌리치고 조선일보춘천마라톤대회에 지원하고, 혼자서 풀코스를 완주한 행위에 이어 나온 것이어서 그 의미가 더욱 크다.

〈말아톤〉의 엔딩 장면은 더 상징적이다. 카메라는 초원과 가족들이 마라톤대회를 마치고 집에 돌아와 식사한 이후의 방안 모습을 비춘다. 햇살이 비스듬히 방안을 비추고, 빈 자장면 그릇들이 앉은뱅이 밥상 위에 놓여 있고, 빨랫줄에서는 빨래가 바람에 날리는 평화로운 정경이다. 그리고 벽에는 초원이 친척의 결혼식에서 입을 양복이 걸려 있다. 이 양복은 초원이 이제 성인의 대우를 받게 됐다는 사실을 알려주는 소품이다. 그렇다면 〈말아톤〉이 초원의 나이를 스무 살로 설정한 이유를 짐작할 수 있다. 초원의 영웅적인 모험과 정신적 재탄생의 의미를 강조하려는 의도이다. 초원에게는 마라톤, 구체적으로는 조선일보춘천마라톤대회가 성년식에 해당하는 셈이다. 비록 지능은 다섯 살 수준일지 모르지만, 통과제의를 거친 초원의 내면은 이제 어엿한 성인이 된 것이다.

〈말아톤〉은 초원에게 일어난 이러한 변화를 시각적인 대비를 통해서 보여준다. 엄마가 초원에게 비의 감촉을 느끼게 해주려고 하는 장면을 다시 보자. 엄마가 들고 있는 우산은 초원이 엄마의 보호를 받고 있으며, 동시에 그의 영혼이 갇혀 있는 상황임을 알려준다. 초원이 빗속에서 높다란 벽을 마주하고 서 있는 장면도 같은 의미를 지닌다. 초원이 처한 답답한 상황을 우산과 벽이라는 시각적인 이미지로 표현한 것이다. 반면 결말에서 초원은 얼룩말과 함께 드넓은 초원을 질주한다. 이 장면은 초원이 조선일보춘천마라톤대회에서 초코파이를 길에 버리고 다시 달리는 도중에 몽타주로 삽입된 것이다. 이때 초원은 엄마의 도움이나 간섭 없이 혼자서, 환하게 웃으며 달린다. 초원이 정신적, 육체적으로 성년이 되었음을 시각적으로 보여주기 위한 이미지이다.

〈말아톤〉의 이러한 연출과 이미지는 〈글러브〉에서도 확인할 수 있다. 영화의 초반에 충주성심학교 야구부 선수들은 훈련 도중 실수를 연발한 후에 상심한 표정으로 외야 펜스에 기대어 앉아 있다. 선수들은 프로야구 MVP 출신 김상남 코치의 지도를 받으면서 더 주눅이 들고, 강팀과의 경기에서 잇달아 패하면서 의기소침해진다. 김상남 코치는 강도 높은 훈련을 시키면서 선수들에게 정신적으로도 환골탈태할 것을 주문한다. 그 결과 후반에는 선수들이 봉황대기 전국고교야구대회에서 군산상고와 연장전을 치르면서 반드시 승리하겠다고 결의를 다진다. 선수들은 주먹으로 가슴을 치면서 응어리져 있던 슬픔을 토해내고, 울분과 오기를 담아 목청껏 외치면서 승리를 다짐한다. 충주성심학교 야구부는 이 경기에서 패하지만, 선수들은 어떤 강팀과 대결해도 승리할 수 있다는 자신감을 얻는다. 〈글러브〉에서도 인물의 변화는 대조적인 시각 이미지를 통해 관객에게 전달된다.

〈글러브〉의 어린 선수들에게는 야구, 특히 군산상고와의 경기가 성년식의 역할을 담당한다. 이 영화에서 정신적인 재탄생을 가장 극적으로 보여주는 인물은 투수인 차명재이다. 그는 군산상고와의 경기 도중 물집이 터지는 부상을 하고도 투구를 계속하겠다고 주장한다. 차명재는 김상남 코치에게 "경기를 하다 보면 내가 전부라고 생각하는 순간이 꼭 와요. 그땐 누가 뭐라 그래도 내 의지대로 가야죠. 그게 지금이니까. 내 뒤엔 애들이 있으니까. 혀 깨물고 던져볼래요. 이기고 싶어요. 미칠 만큼. 여기서 모든 것이 끝난다 해도. (가슴을 치며) 여기서 뭐가 자꾸 올라와요. 다 태워버리고 싶어요."라고 말하며 투혼을 발휘한다. 이처럼 차명재를 포함한 충주성심학교 청각 장애 야구부원에게는 전국대회 야구 경기가 내면 성장의 결정적인 계기가 된다. 그들은 야구를 통해 이전과 다른 성숙한 인물로 재탄생한다.

2장

경쟁의 초월과 존중의 미학
-〈퍼펙트게임〉, 〈걷기왕〉

우리나라에서 가장 인기 있는 스포츠 종목은 프로야구이다. 프로야구의 관중 수는 다른 종목과의 비교를 거부할 만큼 압도적으로 많다. 그렇다면 1982년 출범한 국내 프로야구에서 가장 뛰어난 선수는 누구일까? 혹은 가장 기억에 남는 경기는 무엇일까? 사실 이 질문은 우매하다. 팬이 응원하는 팀에 따라서, 대상이 투수인가 타자인가에 따라서 그 대답은 천양지차일 것이기 때문이다. 그래도 참조할 만한 기록은 있다. 한국야구위원회(KBO)가 2022년 한국프로야구 40주년을 맞아 팬 투표로 선정한 '레전드 40인' 조사 결과이다. 이 조사에서는 선동열 선수가 1위, 최동원 선수가 2위를 차지했다. 팬들은 두 선수가 한국프로야구 역사상 가장 훌륭한 성적을 남겼다고 평가한 것이다. 그렇다면 두 선수가 맞대결을 펼친 경기가 명승부로 기록되는 것은 당연한 일이다. 그중에서도 두 선수의 세 번째 맞대결이 하이라이트이다.

〈퍼펙트게임〉(2011)은 한국프로야구 역사에서 가장 뛰어난 선수이자 투수로 평가받는 최동원 선수와 선동열 선수의 맞대결 경기를 소재로 한 영화이다. 엄밀한 의미에서 이 문장에는 오류가 있다. '가장 뛰어난 투수'는 한 명뿐이기 때문이다. 또 KBO의 '레전드 40인' 조사에서는 선동열 선수가 1위를 차지했다. 그렇다고 해서 최동원 선수에게 이 최상급 표현이 어울리지 않는 것은 아니다. 그만큼 '무쇠팔' 최동원 선수와 '무등산 폭격기' 선동열 선수는 한국프로야구 최고의 투수들이다. 최동원 선수는 1984년 한국시리즈 4승과 통산 평균자책점 2위(2.46)에 빛나는 불꽃 같은 투수였다. 선동열 선수는 통산 평균자책점(1.20)과 완봉승(29회), 승률(0.785) 부문에서 1위에 오른 '국보급 투수'이다.

1980년대에 최동원 선수와 선동열 선수의 경기는 언제나 뜨거운 이슈였다. 경상도와 전라도, 롯데 자이언츠와 해태 타이거즈, 연세대와 고려대 출신, 주무기 커브와 슬라이더 등 흥밋거리가 많았다. 두 선수는 프로야구에서 세 차례 맞붙어 1승 1무 1패를 기록했다. 첫 번째 맞대결은 1986년 4월 이루어졌다. 해태의 1-0 승리. 최동원 선수는 3회 솔로홈런을 맞아 완투패를 당했고, 선동열 선수는 이 경기에서 프로 통산 첫 완봉승을 거뒀다. 그로부터 4개월 뒤에 최동원 선수가 설욕했다. 최동원 선수는 2-0 완봉승을 챙겼고, 선동열 선수는 완투패(비자책)를 떠안았다. 세 번째 대결은 1987년 5월

상호 존중의 미덕을 보여준 〈퍼펙트게임〉.

16일 부산 사직구장에서 펼쳐졌다. 이날 경기는 연장 15회, 4시간 56분 혈투 끝에 2대2 무승부로 끝났다. 이 경기에서 최동원 선수는 209개, 선동열 선수는 232개의 공을 던지며 나란히 완투했다.

〈퍼펙트게임〉과 정반대 방향에서 경쟁의 문제를 다룬 영화가 있다. 육상 중에서도 생소한 종목인 경보를 소재로 한 〈걷기왕〉이다. 프로야구와 달리 육상은 우리나라에서 인기 종목이 아니다. 육상의 한 종목인 마라톤이 한때 인기를 끌기도 했지만, 사실 그 인기는 황영조, 이봉주 등 몇몇 스타에 한정되어 있었다. 게다가 그들이 은퇴한 뒤 한국 마라톤은 세계대회 수상 경력이나 인기 측면에서 예전의 영광을 재현하지 못하고 있다. 〈걷기왕〉은 실화를 바탕으로 한 작품은 아니지만, 특정 지역과 학교, 대회 등을 통해 사실성을 최대한 강조하려고 한다. 또 〈걷기왕〉의 주제는 무한 경쟁에 내몰리는 고등학생들의 현실을 비판적으로 재현하고, 우리 시대에 진정한 영웅의 모습은 어떠해야 하는지를 탐색한다는 점에서 의미가 있는 영화이다.

1. 최동원-선동열의 전설적인 명승부와 사회적 의미

〈퍼펙트게임〉은 최동원 선수와 선동열 선수의 세 번째 맞대결을 주로 다룬 작품이다. 그런데 이 영화에서 두 선수의 화려한 경력은 배경으로만 활용된다. 탁월한 능력 대신 그들의 우정과 경쟁, 뜨거운 라이벌 의식과 승부욕, 야구에 대한 열정 등에 초점을 맞춘다. 영화의 첫 장면을 보자. 1981년 캐나다 토론토에서 대륙간컵대회 경기가 열리고 있다. 선배 최동원 선수의 손톱이 찢어졌고, 후배 선동열 선수가 그 상처에 정성스럽게 본드를 발라준다. 그 덕분일까? 최동원 선수는 9회 말 원아웃 만루 위기를 넘기고 대회 최우수 투수로 선정된다. 다른 대회에서는 국가대표 선배들이 후배들을 구타하고, 최동원 선수가 이에 항의하고, 선동열 선수가 방패막이로 나선다. 두 선수가 국가대표 선후배로서 우정을 나누는 장면들이자 〈퍼펙트게임〉의 주제를 드러내는 복선이다.

〈퍼펙트게임〉의 기본 플롯과 인물 구성은 스포츠 영화의 일반적인 장르 문법을 벗어나지 않는다. 최동원 선수와 관련한 사건은 '일구일생 일구일사(一球一生 一球一生死)'를 강조한 은사인 경남고 감독과 후배 선수, 지독한 어깨 부상, 팀원들과의 갈등 및 화해를 중심으로 펼쳐진다. 선동열 선수와 관련한 사건은 최동원 선배를 향한 존경과 질투, '독기'를 심어주기 위한 김응용 감독의 혹독한 조련, 무명 포수와의 남모를 사연 등으로 구성된다. 〈퍼펙트게임〉은 이러한 두 개의 플롯을 통해 최동원 선수와 선동열 선수의 인간적인 면모, 투지, 상대 선수에 대한 존중심 등을 관객들에게 전달한다. 두 선수가 탁월한 능력을 지닌 슈퍼스타이자 진정한 스포츠정신을 지닌 선수라는 점을 강조하기 위한 연출이다.

하지만 아무리 우정을 나누고 상대를 존중한다고 해도, 두 선수는 경기장에서는 한 치도 물러서지 않는다. 그래서 경기는 손을 대면 데일 듯 뜨겁고 치열하게 전개된다. 두 팀 선수도 초반부터 신경이 곤두서 있다. 최동원 선수와 선동열 선수의 선발투수 맞대결 경기가 갖는 의미를 누구보다 잘 알기 때문이다. 〈퍼펙트게임〉은 후반 50분가량을 두 선수의 투구 장면으로 채운다. 그 과정에서 카메라는 수술 자국이 거미줄처럼 엉켜 있는 최동원 선수의 오른쪽 어깨, 피가 뚝뚝 떨어질 듯이 너덜너덜해진 선동열 선수의 손가락을 클로즈업으로 보여준다. 그들이 얼마나 치열하게 대결하고 있는지를 시각적으로 확인시켜 주는 것이다. 두 선수의 투혼으로 더그아웃 분위기가 달아오르고, 티격태격하던 동료 선수와의 갈등도 해소되고, 야수로 출전한 선수들의 멋진 플레이가 잇달아 펼쳐지면서 경기의 긴장감이 최고조에 이른다.

그런데 최동원 선수와 선동열 선수의 치열한 경기 이면에는 1980년대 중반의 사회 현실이 어두운 그림자로 드리워져 있다. 먼저 군사독재 시대의 암울한 정치적인 상황이다. 〈퍼펙트게임〉에서는 정보기관 수장으로 보이는 인물이 부하들에게 최동원 선수와 선동열 선수의 경기를 추진하도록 지시하고, 구단 단장은 이를 감독에게 그대로 전달한다. 이때 정보기관 수장은 프로야구가 '각하' 때문에 생겼으니 이제 '각하'에게 선물해야 한다고 말한다. 그 '선물'이란 정부가 프로야구를 이용해 정치적 이득을 취하는 것이다. 정치가 스포츠에 개입하고, 스포츠 경기를 마음대로 조종할 수 있다는 삐뚤어진 의식이 그대로 드러나는 장면이다.

또 〈퍼펙트게임〉에서는 1980년대의 지역감정과 미성숙한 관중 문화도 엿볼 수 있다. 부산과 광주의 팬들이 각각 연고 팀인 롯데 자이언츠와 해태 타이거즈를 열광적으로 응원하고, 이 같은 열정이 지역감정으로 확산하는 장면도 여러 차례 등장한다. 그래서 최동원 선수는 부산에서, 선동열 선수는 광주에서 영웅으로 대접받는다. 롯데 자이언츠의 김용철 선수와 해태 타이거즈의 김일권 선수가 화장실에서 신경전을 벌이는 장면도 지역 연고제에 바탕을 둔 프로야구 문화의 한 부분이다. 술에 취한 관중이 경기장 그물망을 기어오르거나 선수들에게 오물을 투척하는 난동 장면도 1980년대의 프로야구 응원 문화를 보여주는 에피소드이다.

하지만 프로야구를 둘러싼 부정적인 요소들은 영화의 결말에서 깔끔하게 해소된다. 최동원 선수와 선동열 선수는 연장 15회까지 만화에나 나올 법한 완투 경기를 펼친다. 두 선수의 처절한 승부는 무승부로 끝난다. 그러자 김응용 해태 감독이 두 선수에게 아낌없는 박수를 보낸다. 동료 선수들은 아쉬운 표정으로 그라운드에 서 있던 최동원 선수와 선동열 선수를 헹가래 친다. 이어서 두 선수가 악수하고, 서로 손을 맞잡고, 두 손을 번쩍 들어 올린다. 이 순간, 최동원 선수와 선동열 선수는 라이벌이 아니다. 마지막 남은 땀방울까지 쥐어짜며 공을 던지고 난 후, 그들은 야구로 다시 하나가 된다. 관중석에서도 화합의 물결이 일렁인다. 롯데와 해태 팬들이 마음을 합쳐 파도타기 응원을 하고, 정보기관 수장은 뜻밖의 상황에 당황하며 서둘러 자리를 뜬다. 이러한 장면은 〈퍼펙트게임〉의 사회적인 메시지이기도 하다.

〈퍼펙트게임〉은 제작의 측면에서 보면 불리한 점이 많은 영화이다. 얼핏 최동원, 선동열이라는 슈퍼스타의 극적인 맞대결을 다루므로 장점이 많다고 생각하기 쉽다. 하지만 최동원 선수와 선동열 선수의 세 번째 맞대결은 널리 알려진 이야기이다. 경기와 관련한 내용과 기록은 물론 선수 개인의 정보도 거의 빠짐없이 공개돼 있다. 즉 영화 주인공 및 그들의 행적과 관련해서 비밀이 거의 없다. 따라서 각색 과정에서 상상력을 발휘해 새로운 에피소드를 창작하기가 어렵다. 게다가 영화가 전설처럼 전해지는 최동원 선수의 커브와 선동열 선수의 슬라이더를 실제 경기처럼 재현하는 것은 불가능하다. 동료 선수들의 플레이나 경기장 분위기를 전달하는 데도 한계가 있다.

또 〈퍼펙트게임〉의 인물은 스포츠 영화의 장르 문법에서 보면 이례적이다. 일반적으로 스포츠 영화의 주인공은 사회적인 타자, 낙오자, 실패자, 아웃사이더로 지칭되는 인물이 많다. 스포츠 영화는 그러한 인물들이 수많은 시련과 고난을 이겨내며 꿈을 향해 나아가는 과정을 주로 그린다. 반면 최동원 선수와 선동열 선수는 한국프로야구를 대표하는 슈퍼스타이다. 2000년대 스포츠 영화에서 인기 종목의 슈퍼스타가 주인공으로 등장하는 작품은 〈퍼펙트게임〉이 거의 유일하다. 〈코리아〉의 현정화도 스타 선수이지만, 탁구는 프로야구만큼 인기 종목이 아니다. 〈퍼펙트게임〉은 이러한 여러 난관에도 불구하고 한국프로야구 역사에 남아 있는 명승부를 비교적 성공적으로 재현했다고 평가할 수 있다.

그런데 〈퍼펙트게임〉에서 인물 묘사는 다소 아쉬운 점이 있다. 선동열 선수가 다양한 사건 속에서 내면의 성장을 이뤄가는 입체적인 캐릭터로 등장하는 것과 달리 최동원 선수는 처음부터 완성된 인물로 등장하는 평면적인 캐릭터로 묘사된다. 또 중반에 이르기까지 두 선수가 선후배 관계라는 점을 부각함으로써 최고 선수 대 최고 선수의 대결이라는 극적인 요소가 다소 무뎌진 점도 있다. 하지만 〈퍼펙트게임〉이 스포츠 경기에 담긴 사회적인 의미와 역할까지 담아낸 점은 돋보인다. 어떤 관객은 최동원 선수와 선동열 선수가 손을 맞잡고, 동료 선수들이 두 선수를 헹가래 치는 결말 장면이 다소 억지스럽다고 여길 수도 있다. 하지만 이 장면은 스포츠에서 진정한 승리가 무엇인지, 경쟁을 초월한 스포츠정신이 얼마나 소중한 것인지를 상징적으로 제시했다는 점에서 의미가 있다.

실제로 경쟁의 초월과 진정한 스포츠 정신의 구현은 스포츠 영화의 중요한 주제이다. 즉 스포츠 영화에서는 승리하는 것이 최고 가치가 아니며, 경기에서 패한 인물이 오히려 진정한 영웅이 될 수도 있다. 스포츠 영화의 이러한 특징은 비교적 초기작에 해당하는 1970년대의 〈섬 개구리 만세〉와 〈영광의 9회 말〉에서도 찾아볼 수 있다. '패배의 미학'이라고 부를 수 있는 스포츠 영화의 이러한 주체는 승리에 집착하지 않고, 결과보다 과정을 중시하고, 나와 승부를 겨룬 상대 선수를 존중하는 방식으로 표현된다. 〈퍼펙트게임〉에서 최동원 선수와 선동열 선수가 무승부를 기록한 장면은 스포츠 경기의 진정한 가치를 다시 강조한다. 그리고 스포츠에는 경쟁에서 승리하는 것보다 더 소중한 가치가 있다는 메시지를 통해 관객에게 위안과 용기를 준다.

2. 나는 왜 이렇게 빨리 달렸던 걸까?

경쟁의 초월이라는 스포츠 영화의 특징은 2000년대 영화에서 더욱 강화되고 있다. 예를 들어 〈걷기왕〉을 보자. 주인공 이만복은 인천 강화 제일고등학교의 학생으로, 4세 때 발견된 선천적 멀미 증후군으로 인해 모든 교통수단을 탈 수 없다. 그래서 이만복은 왕복 4시간 걸리는 학교를 걸어서 다닌다. 이 사실을 안 담임선생님의 추천으로 이만복은 경보를 시작한다. 경보는 달리기와 걷기의 중간쯤 되는 스포츠 종목이다. 달리면 안 되면서도 정해진 거리를 최대한 빨리 걸어야 한다. 이만복은 육상 선수 출신 선배와 갈등을 겪으면서 열심히 훈련한다. 그리고 우여곡절 끝에 서울에서 열리는 제99회 전국체육대회에 출전한다. 차를 탈 수 없어서 선배와 함께 걸어서 경기장에 도착한 직후이다.

〈걷기왕〉의 주제는 결말의 경기 장면에서 선명하게 드러난다. 이만복은 500m 거리를 왕복하는 10km 코스에 출전한다. 그리고 경기 초반부터 선두로 치고 나간다. 중반까지 1위를 달리던 이만복은 결국 페이스 조절에 실패한다. 체력이 달려 숨이 거칠어지고, 어깨가 올라가고, 얼굴이 찌푸려진다. 이만복의 폭주에 다른 선수들도 속도를 내기 시작하고, 마침내 속도 경쟁이 시작된다. 그러다가 마지막 1바퀴를 남기고 선수들이 줄줄이 트랙에 쓰러진다. 한 선수가 넘어지는 바람에 이만복도 덩달아 쓰러진다. 그 순간, 이만복은 트락에 누워 하늘을 보며 중요한 사실을 깨닫는다. "아, 근데 나 왜 이렇게 빨리 달렸던 걸까? 어쩌면 그냥 조금 느려도 괜찮지 않을까?"라고 독백한다. 그리고 경기 진행 요원이 "계속 뛸 거예요, 말 거예요?"라고 묻자 이만복은 "아니오. 그만할래요" 대답하고는 아스팔트에 그냥 큰대자로 눕는다.

이만복은 원래 별다른 꿈도, 열정도 없는 천하태평의 학생이다. 그런데 주변 상황은 녹록하지 않다. 특히 담임선생님은 '꿈과 열정'을 내세워 이만복을 압박한다. '간절히 원하면 우주가 도와준다.'라면서 이만복이 무엇이든 할 수 있고, 해야 한다고 강조한다. 하지만 이만복은 담임선생님으로 상징되는 우리 사회의 꿈과 열정 강박증, 성공 신화에 매몰되지 않는다. 이만복의 마지막 대사는 경쟁 시대에 대한 강력한 질문이자 저항이다. 이만복은 경보를 그만둔 후 원래의 이만복으로 돌아온다. 손가락 사진으로 비행기를 백 번 찍으면 소원이 이뤄진다고 믿고, 수업 시간에는 엎드려 잠을 자고, 그러다가도 학교 앞 떡볶이집 자리를 차지하려고 운동장을 숨 가쁘게 달려간다. 이때의 이만복은 그 누구보다 해맑고 행복한 여학생이다.

〈걷기왕〉에는 담임선생님과 대립하는 인물이 또 있다. 이만복의 단짝 친구인 윤지현이다. 담임선생님은 꿈과 열정, 인내를 입에 달고 사는 인물이다. 그런데 윤지현은 담임선생님에게 당당하게 맞선다. "안 그래도 힘들어 죽겠는데 뭘 자꾸 참고 견디라고 하는 건데요"라고 말하거나, "저는 그냥 공무원 돼서 칼퇴하고 집에서 맘 편히 맥주나 한잔 때리고 싶어요. 아 뭐, 꿈이 어쩌고 열정이 어쩌고 저는 그런 거 딱 질색이에요. 그냥 적당히 하고 싶다고요."라고 대꾸한다. 윤지현의 대사는 이만복이 경보 대회에서 경주를 포기하고, 조금 느려도 괜찮지 않으냐고 질문한 것과 같은 맥락이다.

〈걷기왕〉에서 이만복과 윤지현은 스포츠에서 그리고 삶에서 무엇이 진짜 소중한 가치인지를 묻는다. 그리고 스포츠 영화에서 '진정한 승리'는 1위도, 승리도, 목표 달성도 아니라는 점을 다시 일깨워준다. 스포츠 영화의 이러한 주제는 주인공이 최동원, 선동열 선수와 같은 슈퍼스타이든 이만복과 같은 평범한 여고생이든 똑같이 표현된다. 그리고 보면 스포츠 영화에서 주인공들이 승리하는 결말은 의외로 많지 않다. 설령 주인공이 승리한다고 해도 그 승리는 다른 가치를 실현하는 과정의 하나일 뿐이며, 경기에서 패한 인물이 반드시 목표를 달성하지 못하는 것도 아니다. 그러한 점에서 〈걷기왕〉이 경보라는 종목을 선택한 점은 절묘하다. 경보는 달리면 안 되는 스포츠 종목이기 때문이다. ✴

이 책에 등장하는 작품 관련 정보는 한국영상자료원의 한국 영화 데이터베이스 (KMDB)를 토대로 삼았다. 특히 1980년대 이전 영화의 제목, 개봉 연도, 스토리 등은 KMDB의 자료를 참조했음을 밝힌다.

〈참고문헌〉

- 강만길, 『20세기 우리 역사』, 창작과비평사, 1999.
- 강준만, 『한국현대사산책: 1980년대 편』 1권, 인물과 사상사, 2003.
- 공영민, 「김기덕 편」, 『2016년 한국영화사 구술채록연구 시리즈 〈주제사〉 1960~1970년대 한국영화 2-김기덕 · 김수동 · 김종래』, 한국영상자료원, 2016.
- 김미현 책임편집, 『한국영화사-開化期에서 開花期까지』, 커뮤니케이션북스, 2006.
- 김성곤, 『문학과 영화』, 민음사, 2005.
- 김은식, 「한국 야구의 발전과 프로야구의 제도화 과정」, 한국학중앙연구원 박사논문, 2022.
- 김은식, 「야구야」, 오마이뉴스, 2022. 05. 03.
- 김은형·탁기완, 「500만 관객 눈앞 '말아톤 정윤철 감독」, 한겨레신문, 2005. 03, 07.
- 김창남, 「영웅 없는 시대의 영웅 신화, 이현세의 까치」, 곽대원 외, 『한국만화의 모험가들』, 열화당, 1996.

- 다니엘 골먼·리처드 보이에이스·애니 맥키, 『감성의 리더십』, 장석훈 옮김, 청림출판, 2003.
- 루이스 자네티, 『영화의 이해』, 김진해 옮김, 현암사, 1999.
- 민혜숙, 「영화 〈실미도〉의 대중성 연구」, 『현대문학이론연구』 37권, 현대문학이론학회, 2009.
- A. 반 겐넵, 『통과의례』, 전경수 옮김, 문학동네, 1996.
- 박미경, 『달려라! 형진아』, 월간조선, 2005.
- 시몬느 비에른느, 『통과제의와 문학』, 이재실 옮김, 문학동네, 1996.
- 신동흔, 『살아있는 우리 신화』, 한겨레신문사, 2004.
- 신광철, 「만화를 통한 신화 읽기: 〈천국의 신화〉(이현세 作)의 경우」, 『한신인문학연구』 2집, 한신대학교 한신인문학연구소, 2001.
- 아리스토텔레스, 『시학』, 천병희 옮김, 문예출판사, 1994.
- 이미란, 「장애인을 주인공으로 그린 영화의 분석」, 『예술인문사회융합멀티미디어논문지』 7권 7호, 2017.
- 이세기, 『죽기 전에 꼭 봐야 할 한국영화 1001』, 마로니에북스, 2011.
- 이영일, 『한국영화전사』, 소도, 2004.
- 이종남, 『종횡무진 인천야구』, 파로스, 2005.
- 이준희, 「1950년대 말 불황과 호황의 접점, 영화 주제가」, 2010,

https://www.kmdb.or.kr/story/130/3045.

- 이준희, 「이현세의 만화 〈공포의 외인구단〉에 나타나는 정서적 과잉과 그 정치적 함의-1980년대 '청년-독자'들의 감정구조와의 연관성을 중심으로」, 『대중서사연구』 23권 4호, 대중서사학회, 2017.

- 이현세, 『신화가 된 만화가 이현세』, 예문, 2006.

- 임소아·김순영·남윤자, 「영화에 나타난 대한제국기 신여성 의상 이미지-〈가비〉, 〈YMCA 야구단〉, 〈그림자 살인〉을 중심으로」, 『한국의류산업학학회지』 16권 4호, 2014.

- 임석원·박성수·김대한, 「일제강점기 '륜패천하(輪覇天下)'의 주역 엄복동 생애의 명과 암에 관한 논고」, 『한국체육학회지』 53권3호, 2014.

- 임정식, 「스포츠 영화와 영웅 신화의 인물 유형 비교」, 『문학과 영상』 15권 4호, 문학과 영상학회, 2014.

- 장승현·이근모·이남미, 「종합격투기경기에서 재현되는 남성성의 상징체계에 대한 기호학적 접근」, 『한국스포츠사회학회지』 23권 4호, 한국스포츠사회학회, 2010.

- 전금숙, 「여대생의 결혼관에 대한 시대적 비교」, 『가정관리연구』 8호, 성균관대학교 가정관리학과, 1989.

- 정윤경·김경희·배진아·김찬아, 「우리나라 성인의 결혼관 연구: 성

별, 결혼여부별, 지역별 비교 분석」, 『연구논총』, 이화여자대학교 대학원, 1997.

- 조셉 캠벨, 『천의 얼굴을 가진 영웅』, 이윤기 옮김, 민음사, 2002.

- 조동일. 『민중영웅이야기』. 문예출판사. 1992.

- 주디스 스와들링, 『올림픽 2780년의 역사』, 김병화 옮김, 효형출판, 2004.

- 크리스토퍼 보글러, 『신화, 영웅 그리고 시나리오 쓰기』, 함춘성 옮김, 비즈앤비즈, 2013.

- 하웅용·이용우, 「엄복동 자전거의 문화·기술사적 해석」, 『한국체육사학회지』 42권 2호, 2012.

- 한보영, 『한국의 세계 챔피언들:도전과 방어, 그 영욕의 기록』, 다인미디어, 2004.